新编21世纪职业教育精品教材

人工智能技术与AIGC应用

主　编/徐华伟　王　峰
副主编/赵　峰　沈利迪　邓春新　黄盈盈　金斌英
颜银筱　李福安　谭家政　胡　臣

中国人民大学出版社
·北京·

图书在版编目（CIP）数据

人工智能技术与 AIGC 应用 / 徐华伟，王峰主编.
北京：中国人民大学出版社，2025. 8. --（新编 21 世纪
职业教育精品教材）. -- ISBN 978-7-300-34182-8

Ⅰ. TP18

中国国家版本馆 CIP 数据核字第 2025Y29H08 号

新编 21 世纪职业教育精品教材

人工智能技术与 AIGC 应用

主　编　徐华伟　王　峰

副主编　赵　峰　沈利迪　邓春新　黄盈盈　金斌英
　　　　颜银筱　李福安　谭家政　胡　臣

Rengong Zhineng Jishu yu AIGC Yingyong

出版发行	中国人民大学出版社		
社　　址	北京中关村大街 31 号	**邮政编码**	100080
电　　话	010－62511242（总编室）		010－62511770（质管部）
	010－82501766（邮购部）		010－62514148（门市部）
	010－62511173（发行公司）		010－62515275（盗版举报）
网　　址	http://www.crup.com.cn		
经　　销	新华书店		
印　　刷	北京溢漾印刷有限公司		
开　　本	787 mm × 1092 mm　1/16	**版　　次**	2025 年 8 月第 1 版
印　　张	13.25	**印　　次**	2025 年 8 月第 1 次印刷
字　　数	300 000	**定　　价**	49.00 元

前　言 ▸ PREFACE

党的二十届三中全会提出，加强关键共性技术、前沿引领技术、现代工程技术、颠覆性技术创新。人工智能作为关键共性技术，是当今世界前沿的引领技术，也是颠覆性技术，在现代工程技术群中发挥着主导作用。加快人工智能技术创新及应用步伐，对促进我国经济高质量发展、经济结构转型升级和现代化产业体系建设具有重大战略意义。

当今科技飞速发展，人工智能已成为推动社会进步和经济发展的核心力量。从智能语音助手到自动驾驶汽车，从精准医疗诊断到个性化教育服务，人工智能的身影无处不在，并深刻改变着我们的生活、工作与思维方式。为顺应这一科技浪潮，培养具备人工智能素养的复合型人才，我们精心编写了这本旨在普及人工智能知识、提升读者对人工智能与 AIGC 的认知水平的教材。

本教材旨在为读者打开人工智能世界的大门，无论读者的专业背景如何，都能通过本教材对人工智能形成全面且深入的认识。上篇“通识基础：探究人工智能的奥秘”，从人工智能的基础概念、起源发展到核心技术，再到我国产业概况与大模型技术，逐步引导读者搭建扎实的理论知识框架。下篇“实践实训：开启人工智能的创新探索”则着重将理论知识转化为实际应用能力，通过生成式人工智能、提示词工程、多元应用场景以及机器狗创新实践等内容，让读者在实践中深化对知识的理解，培养创新思维与动手能力。

本教材的编写团队中有在人工智能领域具有丰富教学和实践经验的专家、学者。我们不仅将专业知识融入书中，还结合最新的科研成果和行业趋势，确保内容的时效性和前沿性。我们希望通过本教材的学习，读者不仅能掌握人工智能与 AIGC 的基础知识与技能，更能激发对这些领域的浓厚兴趣，为未来的学习和职业发展打下坚实的基础。

本教材适合作为人工智能及相关专业的教材，也可作为人工智能技术爱好者的入门读物。

本教材由台州职业技术学院徐华伟、王峰担任主编，由台州职业技术学院沈利迪、邓春新、黄盈盈、金斌英、颜银筱，泰州职业技术学院赵峰，浙江工商职业技术学院李福安，重庆市江南职业学校谭家政，天津华大科技有限公司胡臣担任副主编，其中徐华伟、王峰、沈利迪、邓春新、黄盈盈、金斌英、颜银筱还负责了微课视频的录制工作，本教材由徐华伟统稿。

由于编写时间有限，本教材中难免存在一些不足之处。我们诚挚地欢迎广大读者在使用过程中提出宝贵的意见和建议，以使我们不断完善和更新教材内容。

编者

目 录 ▸ CONTENTS

上篇 通识基础：探究人工智能的奥秘

上篇

通识基础：探究人工智能的奥秘

第一章

认识人工智能

导读

在数字化时代，人工智能（Artificial Intelligence，AI）已成为推动科技进步和社会发展的核心力量。本章将带领读者走进人工智能的世界，从其定义、起源、发展脉络，到核心技术要素、特征与典型应用，全面揭开人工智能的神秘面纱。

学习目标

知识目标

1. 理解人工智能的定义和基本概念。
2. 掌握人工智能的三要素。
3. 熟悉人工智能的特征。

技能目标

1. 学会收集、整理和分析数据的方法，理解数据在人工智能中的重要性。
2. 能够分析人工智能系统的基本架构，理解其组成部分及其功能。

素质目标

1. 培养对新技术的敏感性和创新意识，激发对人工智能发展的探索精神。
2. 通过了解人工智能涉及的多学科知识，培养跨学科思维能力，提升综合解决问题的能力。
3. 提高对前沿技术的理解和应用能力，增强对人工智能技术发展的适应性和前瞻性。
4. 引导读者思考人工智能技术对社会、经济、生活的影响，如自动驾驶对交通行业的变革、人脸识别在公共安全中的应用等，培养在技术应用中考虑社会公平、伦理道德和可持续发展的意识，增强社会责任感。

第一节 人工智能概述

一、什么是人工智能

从远古时代起，人类便渴望创造具有“人类智慧”的机器。从古希腊神话中守护欧罗巴岛的机器巨人塔罗斯，到文艺复兴时期列奥纳多·达·芬奇设计的机械骑士，这种追求始终伴随人类的发展历程，随着科学技术的发展，这个梦想逐渐从科幻小说走进现实，人工智能（Artificial Intelligence，AI）就是实现这个梦想的关键，它是一门研究如何模拟、扩展，甚至超越人类智能的学科。

人工智能是一个非常广泛的概念，它包括计算机科学、认知科学、心理学、生物学、哲学等多个学科。它的研究对象不仅包括计算机和机器，还包括人类大脑和神经系统。它试图让计算机像人类一样思考、学习、解决问题和进行决策，以满足人类在各个领域的需求。随着科技的进步，人工智能已经在图像识别、自然语言处理（Natural Language Processing，NLP）、语音识别、自动驾驶等领域取得了显著的成果。

一般而言，我们可以将智能分为两类：人工智能和自然智能。人工智能是一种由人类开发、具备一定智能水平的计算机系统或机器装置，而自然智能是生物（例如人类）与生俱来的智慧能力。它们的主要差异体现在智能的起源以及具体表现方式上。人工智能是通过计算机编程和算法实现的，它的表现形式是计算机软件和硬件；而自然智能是通过基因、神经元和大脑实现的，它的表现形式是生物体的行为和思维。

二、人工智能的三要素

人工智能有三大核心要素，分别是数据、算法和算力。

1. 数据

数据是智慧体获取知识的核心资源，如果缺乏数据，智慧体的学习进程将受到极大的阻碍。当今时代，语音、文本、影像等各种数据随时产生，随着人工智能产业的迅猛发展，垂直领域的数据需求也在不断涌现。数据的处理与分析是 AI 的核心环节，通过大数据分析、机器学习等手段，AI 可以从海量数据中提取有价值的信息，发现数据潜在的趋势和规律，为决策提供支持。

AI 系统的核心是训练框架和数据。在实际的工程应用中，约 20% AI 系统落地效果取决于算法，约 80% 取决于数据的质量，可以说数据是 AI 的“原油”，其作用至关重要。全球领先的信息技术研究和咨询公司高德纳（Gartner）在发布的报告中提到，自适应 AI 系统通过反复训练模型，并在运行和开发环境中使用新的数据进行学习，以迅速适应在最初开发过程中无法预见的现实世界的情况变化。

2. 算法

算法是用于解决特定问题的一系列规则，它是计算机科学领域的一个核心概念。AI 算法是数据驱动型算法，主流的算法主要分为传统的机器学习算法和神经网络算法。目前，由于深度学习的快速发展神经网络算法的发展达到了高潮。

随着计算机性能的提升和大数据技术的不断进步，人工智能算法进入了快速发展的阶段。以 AlphaGo 为例，它在比赛中取得胜利的关键正是其先进的算法应用。2012 年 10 月，在体现计算机图像识别技术前沿水平的 ImageNet 竞赛中，AI 算法的识别准确率甚至超过了普通人类。目前，AI 算法在语音识别、数据挖掘、自然语言处理等不同领域取得了显著成果，这些成果逐渐应用于交通运输、银行、保险、医疗、教育和法律等领域，实现了 AI 技术与产业链的有机结合。

3. 算力

算力是指计算机或其他计算设备在一定时间内可以处理的数据量或完成的计算任务的数量。算力常用于衡量计算机或其他计算设备的性能表现，是评估设备处理能力的关键参数。算力概念的起源可以追溯到计算机发明之初，最初的计算机是由机械装置完成计算任务的，算力指的是机械装置完成计算任务的能力。随着计算机技术的不断进步，算力的内涵也在逐步扩展。如今，算力更多地体现为计算机硬件与软件（包括操作系统、编译器、应用程序等）之间的协同作用能力。在 AI 技术中，算力是算法和数据的基础，它支撑着算法的运行和数据的处理，进而影响 AI 的发展。算力的大小代表数据处理能力的强弱。

算力与 AI 之间的关系密切，AI 通常需要很强的计算能力来进行训练。AI 的应用领域涵盖机器学习、深度学习、自然语言处理（Natural Language Processing，NLP）、计算机视觉等，这些领域需要处理大量的数据，进行复杂的数学运算和统计分析。因此，强大的计算能力是 AI 应用的基础。

值得关注的是，量子计算依托量子物理学原理，是一种极具潜力的新型计算模式，能够在很大程度上提升计算的速度与效率。随着量子计算技术的持续进步，量子计算机的运算能力有望不断增强，进而攻克一些传统计算机难以解决的复杂问题。

图 1-1 所示为 AI 中算法、算力、数据之间的关系。

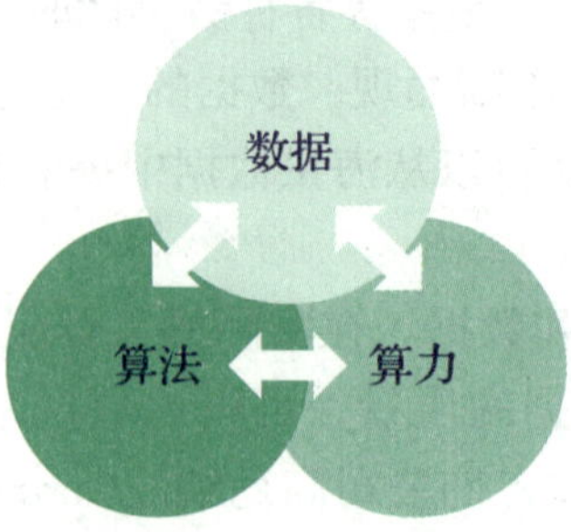

图 1-1 算法、算力、数据之间的关系

拓展新知

人工智能的分类

人工智能是研究和开发用于模拟、延伸和扩展人的智能的理论、方法、技术及应用系统的一门新的技术科学。人工智能主要分为以下八类：机器学习、神经网络、深度学习、机器人技术、自然语言处理、机器感知、语音识别、计算机视觉。

机器学习：在先进技术方面，机器学习是最重要的技术之一，当AI服务公司以高度创新的方式为消费者推出新产品时，机器学习通常是背后的推动力量。机器学习是一门使用机器翻译、执行和研究数据解决实际问题的科学。机器学习算法是由复杂的数学技能构建的，这些技能利用机器语言编码，构成一个完整的机器学习系统。机器学习对给定数据集的数据进行分类、解密和估计。

神经网络：神经网络结合了认知科学和机器，是人工智能的一个分支，它利用了神经病学的原理（涉及人脑神经和神经系统生物学的一部分）。神经网络的目标是模拟人脑的功能。人脑拥有大量的神经元，而神经网络试图将这些神经元编码到系统或机器中。

深度学习：深度学习是指学习样本数据的内在规律和表示层次，从这些学习过程中获得的信息，对诸如文字、图像和声音等数据的解释有很大帮助。深度学习的最终目标是让机器能够像人一样具有分析学习的能力，能够识别文字、图像和声音等数据。深度学习是一种复杂的机器学习算法，它在语音和图像识别方面取得的效果，远远超过先前的相关技术。

机器人技术：机器人技术的研究和开发主要集中在机器人的设计和建造上。机器人技术是科学与工程的一个跨学科领域，它与机械工程、电气工程、计算机科学以及许多其他学科交叉。机器人技术决定了机器人的设计、生产、操作和使用，它能够处理计算机系统的控制、智能结果和信息转换。机器人能够稳定地执行复杂的任务，例如汽车制造流水线上的机器人。

自然语言处理：学习新的语言是很困难的，人类要花很多时间才能掌握一门语言。自然语言处理有助于人们使用人类语言（例如英语）与机器进行交流，它是通过计算机程序对人类语言进行处理的，如通过查看电子邮件的一行文字或文本的主题来检测是否为垃圾邮件。自然语言处理的任务是文本翻译、情感分析和语音识别。推特（Twitter）公司使用该技术来过滤其推文中的某些内容，亚马逊公司则用该技术来解释用户评论并增强用户体验。

机器感知：让机器具有类似于人的感知能力，如视觉、触觉、听觉、味觉和嗅觉。机器感知是通过一连串复杂的程序所组成的大规模信息处理系统而实现的。在这个系统中，信息需要由很多常规的传感器采集，经过一系列的程序处理后，最终得到一些非基本感官所能获取的结果。

语音识别：语音识别技术是一门涉及数字信号处理、人工智能、语言学、数理统计学、声学、情感学及心理学等多学科交叉的科学。这项技术可应用于自动客服、自动语音翻译、命令控制和语音验证码等。

计算机视觉：计算机视觉是指机器感知环境的能力。计算机视觉领域中的经典任务有图像形成、图像处理、图像提取和图像的三维推理，物体检测和人脸识别是其比较成功的研究领域。

三、人工智能的特征及典型应用

1. 人工智能的特征

（1）通过计算和数据，为人类提供服务。

从根本上说，人工智能系统必须以人为本，这些系统是人类设计出的机器，它们按照人类设定的程序逻辑或软件算法、通过人类发明的芯片等硬件载体来运行或工作，人工智能的本质体现为计算，通过对数据的采集、加工、处理、分析和挖掘，形成有价值的信息流和知识模型，为人类提供延伸人类能力的服务，实现对人类期望的一些“智能行为”的模拟。在理想情况下，人工智能必须体现服务人类的特点，而不应该伤害人类，特别是不应该有目的地做出伤害人类的行为。

（2）对外界环境进行感知，人机交互互补。

人工智能系统应能借助传感器等产生对外界环境（包括人类）进行感知的能力，它们可以像人一样通过听觉、视觉、嗅觉、触觉等接收来自环境的各种信息，对外界的输入产生文字、语音、表情、动作（控制执行）等必要的反应，甚至影响环境或人类。借助按钮、键盘、鼠标、屏幕、手势、体态、表情、力反馈、虚拟现实 / 增强现实等方式，人与机器可以产生交互与互动，使机器越来越“理解”人类乃至与人类协作、优势互补。这样，人工智能系统能够帮助人类做人类不擅长、不喜欢但机器能够完成的工作，而人类则去做需要创造力、洞察力、想象力或需要投入感情的一些工作。

（3）拥有适应和学习特性，可以演化迭代。

在理想情况下人工智能系统应具有一定的自适应特性和学习能力，即具有一定的随环境、数据或任务变化而自适应调节参数或更新优化模型的能力，并且能够在此基础上通过与云、端、人、物进行越来越广泛深入的数字化连接扩展，实现机器客体乃至人类主体的演化迭代，以使系统具有适应性、灵活性、可扩展性，以应对不断变化的现实环境，从而使人工智能系统在各行各业产生丰富的应用。

2. 人工智能的典型应用

人工智能的应用范围很广，包括计算机科学、金融、贸易、医药、工业、运输、远程通信、法律、科学、游戏、音乐等诸多方面。下面给出几个典型的人工智能应用的例子。

（1）无人驾驶。

据英国《金融时报》报道，Alphabet 旗下的自动驾驶汽车公司 Waymo，在美国亚利桑那州推出了付费无人的士服务——Waymo One，在全球率先开启自动驾驶技术的商业化进程。Waymo One 是 Alphabet 研究了长达 10 年的项目，被视作无人驾驶商业化的一个重要里程碑。在获得美国加利福尼亚州监管部门的批准后，Waymo 利用机器人出租车运送乘客。图 1－2 所示为无人驾驶示意图。

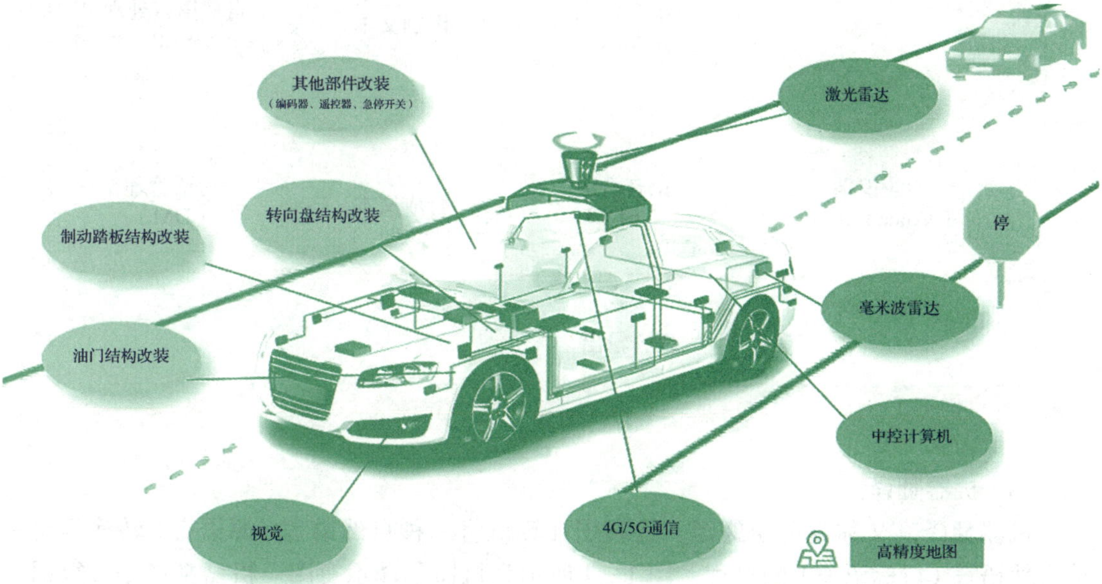

图 1－2　无人驾驶示意图

智慧碰撞

自动驾驶技术的发展会对社会产生多方面的深远影响。请结合本章内容，讨论自动驾驶技术可能带来的积极影响和潜在的风险，并思考如何在技术发展的同时解决伦理和社会问题。

（2）语音识别。

2019 年 1 月 16 日，在百度输入法“AI · 新输入　全感官输入 2.0”发布会上，国内首款真正意义上的 AI 输入法——百度输入法 AI 探索版正式亮相，这是一款默认输入方式为全语音输入，并调动表情、肢体等进行全感官输入的产品。同时，百度宣布流式截断的多层注意力建模将在线语音识别精度提升了 15%，并在世界范围内首次实现了基于 Attention 技术的在线语音识别服务的大规模应用。2021 年 10 月，百度语音团队发布了基于历史信息抽象的流式截断 Conformer 建模技术——SMLTA2，解决了 Transformer 模型用于在线语音识别任务面临的问题，实现了在线语音识别历史上的又一次重大突破。图 1－3 所示为语音识别框架图。

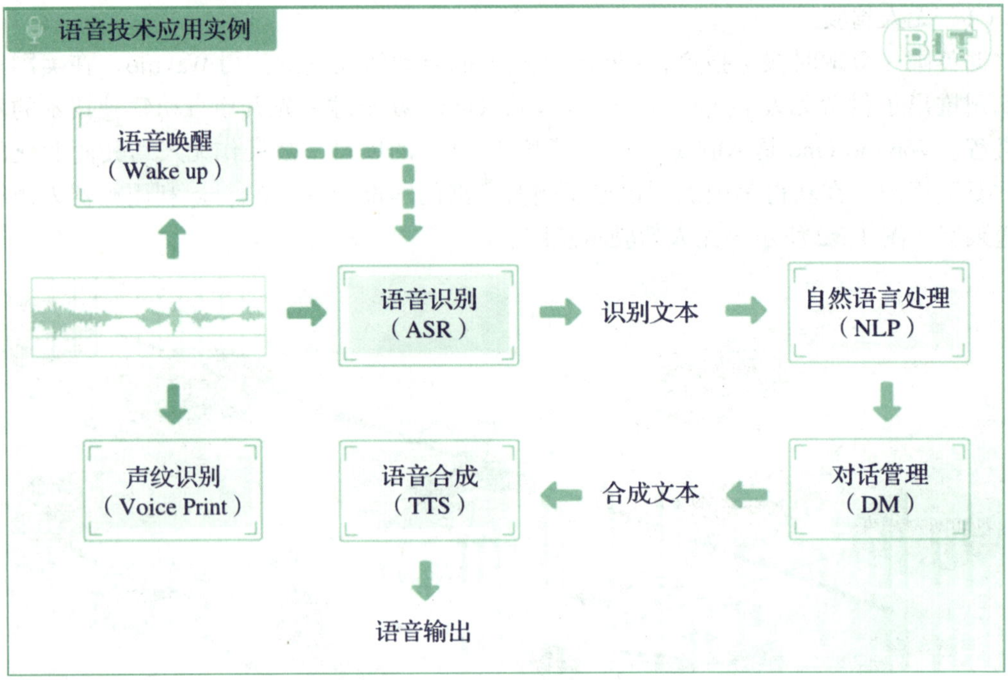

图 1－3　语音识别框架图

（3）机器翻译。

机器翻译，又称为自动翻译，是利用计算机将一种自然语言（源语言）转换为另一种自然语言（目标语言）的过程。图 1－4 所示为机器翻译示意图。机器翻译是计算语言学的一个分支，也是人工智能的终极目标之一，具有重要的科学研究价值。同时，机器翻译具有重要的实用价值。随着经济全球化及互联网的飞速发展，机器翻译技术在促进政治、经济、文化交流等方面起到越来越重要的作用。

自 2004 年下半年，谷歌翻译进入迅速发展阶段，在 2005 年和 2006 年的 NIST 机器翻译比赛中表现优异，成功拿下多个第一。2016 年谷歌发布谷歌神经机器翻译系统（简称 GNMT 系统），能够实现 103 种语言的翻译，每天为超过两亿人提供免费的多种语言的翻译服务。

中国的机器翻译研究起步于 20 世纪 50 年代，是世界上第 4 个开始研究机器翻译的国家。中国社会科学院语言研究所、中国科学技术情报研究所、中国科学院计算技术研究所、黑龙江大学、哈尔滨工业大学等单位都在进行机器翻译研究，进行过上机实验的机器翻译系统已有十多个，翻译的语种和类型有英汉、俄汉、法汉、日汉、德汉等一对一系统，还有汉译英、法、日、俄、德的一对多系统。此外，中国还建立了一个汉语语料库和一个科技英语语料库。中国机器翻译系统的规模正在不断扩大，内容正在不断完善。近年来，中国的互联网公司也发布了互联网翻译系统，如“百度翻译”“有道翻译”等。

人工智能的应用领域有很多，如智能客服、灾害预警、人脸识别等。随着人工智能技术的发展以及人工智能与不同学科研究的交叉，人工智能的应用必将进入更多的领域。

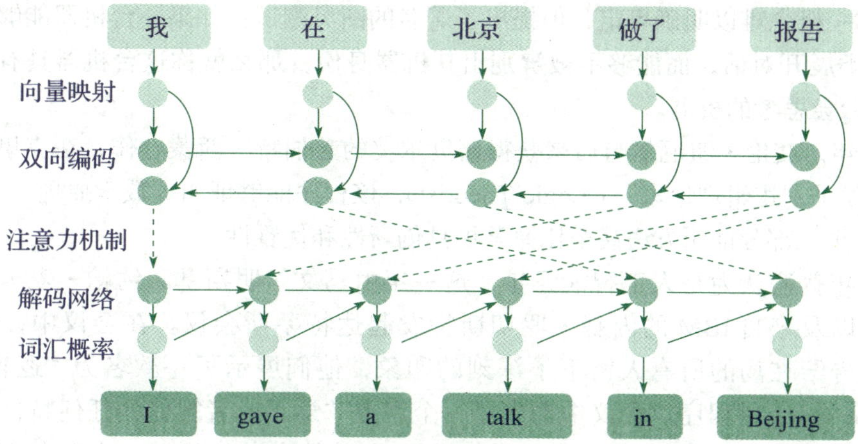

图 1－4 机器翻译示意图

第二节 人工智能的起源与发展

近代科幻小说中，频繁出现机器人和具有思考能力的人造人等元素。时至今日，人工智能依然是科幻小说的核心题材之一，同时诞生了多部备受瞩目的电影。自从人类发明了第一台计算机，人工智能开始有了实质性的发展，发展至今已超过半个世纪，期间经历了三次热潮，每次都因为某些技术上的困难无法突破而陷入低谷。下面介绍人工智能发展的历史，以及每一次热潮兴起的原因与遇到的困难。

一、人工智能的诞生

20 世纪 30 年代末到 50 年代初的一系列科学进展，推动了最初的人工智能研究。神经学研究表明，大脑是一个由海量神经元构成的复杂电子网络。这些神经元之间的触发电位仅有“开”和“关”两种状态，不存在中间过渡状态。诺伯特·维纳的控制论描述了电子网络的控制和稳定性。克劳德·香农提出的信息论则描述了数字信号（即高低电平代表的二进制信号）。艾伦·图灵的计算理论证明了数字信号足以描述任何形式的计算。这些密切相关的研究和理论证明了构建电子大脑的可能性。

这一阶段的工作包括一些机器人的研发，例如格雷·沃尔特的“乌龟”（Turtles）和“约翰斯·霍普金斯兽”(Johns Hopkins Beast)。这些机器并未使用计算机、数字电路和符号推理，控制它们的是纯粹的仿真电路。

沃尔特·皮茨和沃伦·麦卡洛克对理想化人工神经元网络进行了研究，并揭示了其执行简单逻辑运算的原理，他们是首次描述“神经网络”概念的学者，马文·明斯基是他们的学生，1951 年，他与迪恩·爱德蒙兹合作制造了首台神经网络机器——SNARC。在随后的五十年间，明斯基成为人工智能领域最具影响力的领导者和创新者之一。

1950 年，图灵发表了一篇论文，预言了制造出真正具有智能的机器的可能性。由于

“智能”这一概念难以明确界定，他提出了著名的图灵测试：如果一台机器能够通过传输设备与人类展开对话，而能够不被辨别出其机器身份，那么就称这台机器具有智能，代表这是一台会思考的机器。

1955 年，艾伦·纽厄尔与后来获得诺贝尔奖的赫伯特·西蒙合作，在克里夫·肖的协助下开发了“逻辑理论家”（Logic Theorist），该程序能够证明《数学原理》中 52 个定理中的 38 个，部分证明方法甚至比原著更具创新性和优雅性。

1956 年普遍认为是人工智能元年，这一年由马文·明斯基、约翰·麦卡锡、克劳德·香农以及来自 IBM 的内森·罗切斯特发起达特茅斯会议。在会议中，纽厄尔和西蒙的报告给在场的所有人留下了深刻的印象，他们展示了一款名为“逻辑理论家”（Logic Theorist）的程序。会议中提出了一个观点“学习或者智能的任何特性都应能被精确地加以描述，使得机器可以对其进行模拟。”总的来说，在 1956 年达特茅斯会议之前，人工智能一词并非广泛地被研究者们接受。麦卡锡和明斯基的建议书里列出了他们计划研究的七个领域，具体如下。

（1）自动计算机，所谓“自动”指的是可编程。

（2）程序语言。

（3）神经网络。

（4）计算规模的理论，指的是计算复杂性。

（5）自我改进，即机器学习。

（6）抽象。

（7）随机性和创见性。

达特茅斯会议促成了人工智能领域的研究项目，诞生了最早的研究成果，会聚了一批研究者，因此这一事件被普遍视为人工智能诞生的标志。

二、黄金时期

达特茅斯会议之后，人工智能进入了一个快速发展的黄金时期。随后的几年，成为人工智能领域充满活力与突破性进展的重要阶段。1958 年麦卡锡从达特茅斯转到了麻省理工学院（MIT）任教，同年，明斯基也搬到了 MIT，他们共同创建了世界上第一个人工智能实验室——MIT AI Lab。在 MIT 期间，麦卡锡做出了三项重要贡献。首先，他定义了高级编程语言——Lisp，这种语言长期以来是人工智能应用领域的重要工具。当时，稀缺且昂贵的计算机资源是一个重大挑战。因此，麦卡锡和其他 MIT 的同事发明了分时系统技术。麦卡锡发表了论文《具有常识的程序》，文中描述了一个假设的程序系统，取名为“意见接收者”（Advice Taker），目的是使用知识来搜寻问题的解答，这个假设的程序系统被看成是第一个完整的人工智能系统。

在这一时期，众多成功的人工智能程序相继涌现，同时也催生了许多新的研究方向。搜索式推理作为一种基本算法，被广泛应用于人工智能程序中。其工作原理类似于在迷宫中探索路径：程序会逐步向前推进，若遇到无法继续前进的“死胡同”，则会回溯到上一步，尝试其他可能的路径；当迷宫里可能的路径非常多时，回溯的方式就会遇到困难，因此研究者使用启发式算法去掉那些不太可能导出正确答案的支路，从而缩小搜索范围。

艾伦·纽厄尔和赫伯特·西蒙试图通过通用解题器（General Problem Solver）程序，将这一算法推广到一般情形。例如，赫伯特·吉宁特的几何定理证明机（1958 年）和马文·明斯基的学生詹姆斯·斯拉格尔开发的符号自动积分器 SAINT（1961 年）是基于搜索算法证明几何与代数问题的程序，斯坦福大学为控制机器人 Shakey 而开发的 STRIPS 系统程序则通过搜索目标和子目标做出决策。

人工智能的一个关键研究方向是让计算机能够通过自然语言（如英语）进行交流。Eliza 是由约瑟夫·维森鲍姆开发的首个聊天机器人，它是一个有趣且能用英语对话的程序。实际上，Eliza 只是按照预设的模式回答问题，或者以符合语法的方式重新表述问题，它并非真正理解语言的语法和语义。然而，与 Eliza 交流的用户有时会误以为自己是在和真人对话，而不是在与一个程序交流。

随着人工智能技术发展的突飞猛进，第一代人工智能的研究者纷纷进行了预言。1958 年，艾伦·纽厄尔和赫伯特·西蒙认为十年之内，数字计算机将成为国际象棋的世界冠军，且数字计算机将发现并证明一个重要的数学定理；1965 年，赫伯特·西蒙提出二十年内机器将能完成人能做到的一切工作；1967 年，马文·明斯基认为在一代人的时间内创造人工智能的问题将得到实质上的解决；1970 年，马文·明斯基提出在三到八年的时间里，人们将得到一台具有人类平均智能的机器。

当时，无论是在私下交流还是在公开论文中，学术界的研究人员都表现出极为乐观的态度，坚信完全智能的机器将在二十年内问世。在这种乐观氛围的推动下，ARPA（美国国防部高级研究计划署）等政府机构纷纷向人工智能这一新兴领域投入了大量资金。1963 年 6 月，MIT 获得了 220 万美元的资助，并在此后的每年获得 300 万美元的经费支持，直至 20 世纪 70 年代。ARPA 还对艾伦·纽厄尔和赫伯特·西蒙在卡耐基·梅隆大学的工作组以及斯坦福大学的人工智能项目进行了资助。一个重要的人工智能实验编程部门是英国爱丁堡大学的唐纳德·米奇于 1965 年建立的。接下来的许多年，这些研究机构一直是人工智能学术界的研究重镇，获得了许多研究经费。

三、第一次低谷

早期的人工智能项目曾激发了人们的极大热情和极高期望，然而，这种过度乐观导致期望值过高，人工智能的研究者未能准确评估课题的难度。由于方法的局限性，人工智能领域的研究遇到瓶颈和困难，再加上没有真正令人振奋的项目出现，研究机构对人工智能的资助缩减或取消，人工智能陷入了低潮。

20 世纪 60 年代，占领人工智能话语权制高点的是逻辑理论，很多今天仍被认为是人工智能核心的技术方案（比如神经网络的构想、机器学习领域的基础算法）在那时都已经被提出。在 20 年的发展中，基于逻辑理论的人工智能程序取得了许多令人瞩目的成就。例如，在西洋跳棋比赛中击败人类选手、独立解决代数问题等。这些成果在当时引发了长达 20 年的社会关注，然而，基于逻辑理论的人工智能系统在工程化方面面临诸多困难。在耗费了巨额资金、经过了漫长的等待后，依然没有带来具有实际价值的人工智能系统。同时，由于马文·明斯基对感知机的激烈批评，神经网络销声匿迹了十年。尽管遭受了公众的误解，人工智能在逻辑编程、常识推理等一些领域还是有所进展的。比如 1962 年，IBM 的阿瑟·萨缪尔研制的西洋跳棋程序击败了全美最强选手之一的罗伯特·尼雷。

20 世纪 70 年代初，人工智能遇到了瓶颈。人工智能领域的研究者遇到了根本性难题，虽然人工智能的部分局限性后来得以突破，但许多问题至今仍未得到圆满的解决。

第一个问题是计算机的运算能力不足，当时计算机有限的内存和处理速度不足以解决任何实际的人工智能问题，例如在自然语言方面的研究，只能用一个含有 20 个单词的词汇表进行演示，因为当时的内存只能存储这么多词汇。1976 年，汉斯·莫拉维克指出，由于计算机硬件性能的限制，计算机距离实现智能的要求还差上百万倍。因为人工智能需要极高的计算能力，随着计算能力的提升，许多问题将变得容易解决。

第二个问题是计算复杂性和指数爆炸。1972 年，理察德·卡普根据斯蒂芬·库克和列昂尼德·莱文于 1971 年提出的 Cook-Levin 理论，证明计算时间与输入规模的幂成正比，因此许多问题只可能在指数时间内获解。除了那些最简单的情况之外，想要解决这些问题，需要近乎无限长的时间，意味着人工智能中的许多程序恐怕永远也不会发展为实用的系统。

第三个问题是常识与推理问题。许多关键的人工智能应用，如机器视觉和自然语言处理，都需要大量的世界知识作为基础。程序需要明白它所看到或所说的内容，这就要求它具备"儿童对世界的认知水平"。然而，研究者很快意识到这一要求极为苛刻。20 世纪 70 年代，没有人能够构建出如此庞大的数据库，也没有人知道如何让程序学会如此丰富的信息。

早在 1966 年，ALPAC（Automatic Language Processing Advisory Committee，自动语言处理咨询委员会）的报告中就有批评机器翻译进展的意味，1973 年詹姆斯·莱特希尔爵士针对英国人工智能的研究状况提出了报告，用详尽的数据和调查结果狠狠批判了人工智能产业的发展现状，并且断言"人工智能研究没有带来任何重要影响"。他指责人工智能在实现其雄心勃勃的目标上彻底失败。报告中提到的指数爆炸问题被认为是人工智能失败的原因之一。这份报告引发了英国人工智能研究的低谷，并促使西方各国政府大幅削减相关的研究经费。此外，美国在 1969 年通过了曼斯菲尔德修正案，此后 ARPA 的资助仅限于有明确任务方向的研究项目，而非无明确目标的基础研究。至此，20 世纪 60 年代对自由探索式研究的资助模式不复存在，研究经费仅流向目标明确的特定项目。

四、第二次荣景

进入 20 世纪 80 年代，全球很多公司开始引入一种名为专家系统的人工智能程序（见图 1－5），知识处理逐渐成为人工智能领域的核心研究方向。这一时期正值日本经济的腾飞阶段，日本政府大力投资人工智能，以推动第五代计算机的发展。与此同时，20 世纪 80 年代初，约翰·霍普菲尔德和大卫·鲁梅尔哈特对神经网络的研究，为人工智能带来了新的突破，使其再次取得显著进展。

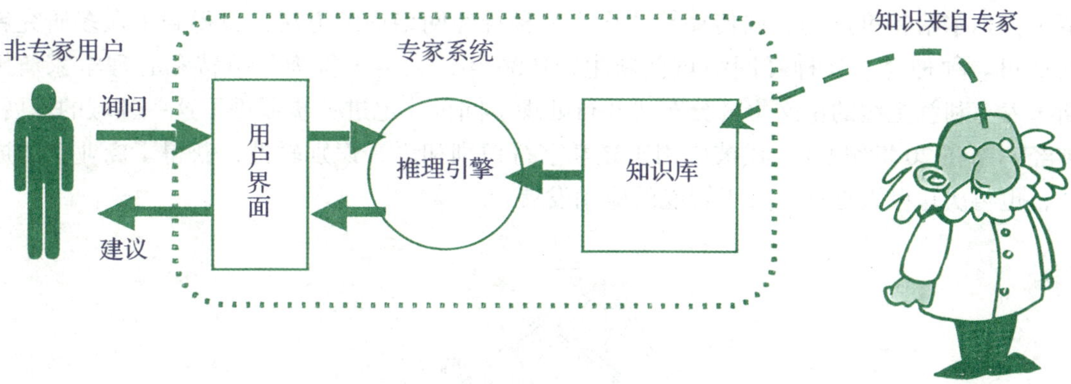

图 1-5 专家系统示意图

专家系统的能力来自存储的专业知识，除了知识本身，还包含专家们的推理。这是20世纪70年代以来人工智能研究的一个新方向，专家系统仅限于一个很小的知识领域，其简单的设计使它能够较为容易地编程或修改。专家系统最早的一个例子是爱德华·费根鲍姆和他的学生们开发的Dendral，此系统能够根据分光计的读数分辨混合物，1972年设计的MYCIN能够诊断血液传染病。专家系统能够依据一组从专门知识中推演出的逻辑规则，在某一特定的领域回答或解决问题。

1980年，卡耐基·梅隆大学为DEC公司设计了一个名为XCON的专家系统。该系统展现出强大的功能，在1986年之前每年为DEC公司节省了4 000万美元。全球众多公司纷纷效仿，开始投入研发和应用专家系统。到1985年，全球企业在人工智能领域的投入已超过10亿美元，其中大部分资金用于企业内部的人工智能部门建设。

专家系统是一种程序，能够根据一组从专门知识中推演出的逻辑规则，在某一特定领域回答或解决问题，它的成功让知识库系统和知识工程成为20世纪80年代人工智能研究的主要方向。专家系统专注于解决特定领域的问题，也有人想要将其应用到一般的常识中，斯坦福大学教授道格拉斯·莱纳特发起和领导了第一个试图解决常识问题的程序Cyc，他认为让机器理解人类概念的唯一方法是一个一个地教会它们，因此必须建立一个容纳一个普通人知道的所有常识的巨型数据库，但是因为知识量过于巨大，数据库无法将所有常识纳入而失败。

1981年，日本经济产业省宣布支持第五代计算机项目，计划投入8.5亿美元用于开发能够运行Prolog语言的智能计算机。这种计算机将具备与人类对话、翻译语言、识别图像以及进行推理的能力。其他国家担心自己在人工智能领域落后，纷纷效仿并加大投入。美国成立了一个企业协会组织——微电子与计算机技术公司（MCC），向人工智能和信息技术的大规模项目提供资助；对高阶技术研究不遗余力投入资金的DARPA，也组织了战略计算促进会（Strategic Computing Initiative），1988年其对人工智能技术发展的投资是1984年的3倍。在英国，因为Alvey的报告而被削减的研究经费也在这一时期得以恢复，开始了耗资3.5亿英镑的Alvey工程。

1982年，物理学家约翰·霍普菲尔德提出了一种新型神经网络，即Hopfield网络（见图1-6），证明其可以通过一种创新的方式进行学习和信息处理。与此同时，大卫·鲁梅尔哈特推广的反向传播算法作为一种神经网络训练方法，也得到了众多研究者的认可。种种努力让神经网络重获新生，1986 年，大卫·鲁梅尔哈特和心理学家詹姆斯·麦克利兰主编的论文集《分布式并行处理》问世，也进一步促进了这一领域的发展。神经网络在 20 世纪 90 年代被应用于光学字符识别和语音识别软件，获得了商业上的成功，也再次让世人见证了人工智能的应用发展。

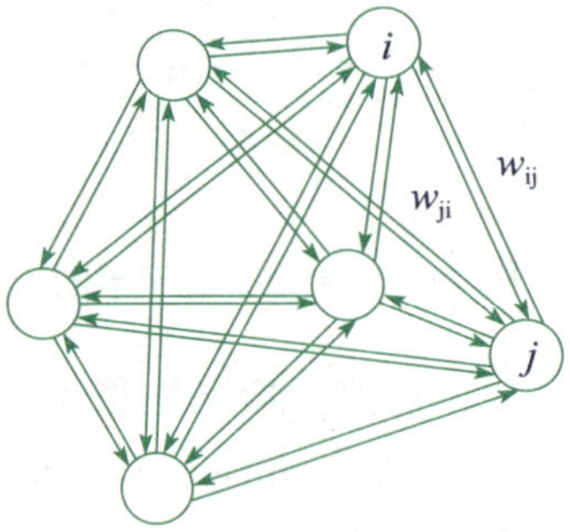

图 1－6　Hopfield 神经网络结构

拓展新知

在人工智能研究发展期间，不同学科的学者对人工智能提出了不同的观点，因此产生了不同的学派。其中，对人工智能研究影响较大的学派有下列 3 家。

1. 符号主义

符号主义又称逻辑主义（Logicism）。持该观点的科学家认为人工智能源于数理逻辑，主张用计算机科学的方法研究人工智能。

数理逻辑从 19 世纪末得以迅速发展，到 20 世纪 30 年代开始用于描述智能行为。计算机出现后，科学家们在计算机上实现了逻辑演绎系统。其代表性成果为启发式程序 LT 逻辑理论家，它证明了 38 条数学定理，表明可以应用计算机来研究人的思维过程，模拟人的智能活动。正是这些符号主义者，在 1956 年采用了"人工智能"这个术语。后来又发展了启发式算法、专家系统、知识工程理论与技术，并在 20 世纪 80 年代取得了很大发展。符号主义曾长期一枝独秀，为人工智能的发展做出了重要贡献，尤其是专家系统的成功开发与应用，对人工智能走向工程应用和实现理论联系实际具有特别重要的意义。在人工智能的其他学派出现之后，符号主义仍然是人工智能的主流学派。这个学派的代表人物有纽厄尔、西蒙和尼尔森等。

符号主义的观点如下。

（1）人工智能的基本单元是符号，人类的认知过程是用各种符号进行推理运算的过程。

（2）人是一个物理符号系统，计算机也是一个物理符号系统，因此，能用计算机来模拟人的智能行为。

（3）知识表示、知识推理、知识运用是人工智能的核心。

符号主义认为知识和概念可以用符号表示，认知就是符号处理的过程，推理就是采用启发式知识及启发式搜索对问题求解的过程。

2. 连接主义

连接主义又称仿生学派。持该观点的科学家认为人工智能源于仿生学，主张用生物学的方法研究人工智能。此学派的研究者非常注重对人脑模型的研究，他们认为人类智能的基本单位是神经元，认知过程是由神经元构成的网络的信息传递。其原理主要是神经网络、神经网络间的连接机制及学习算法。

连接主义中，一个概念用一组数字、向量、矩阵或张量表示。概念由整个网络的特定激活模式表示。每个节点没有特定的意义，但是每个节点都参与了整个概念的表示。例如，在符号主义中，猫的概念可以由一个“猫节点”或表示猫的属性的一组节点表示，例如“两只眼睛”“四条腿”“蓬松的”，但是，在连接主义中，各个节点并不表示特定的概念，要找到“猫节点”或“眼睛神经元”是不可能的。

1943 年，生理学家沃伦·麦卡洛克和数理逻辑学家沃尔特·皮茨创立的脑模型奠定了连接主义的理论基础，开创了用电子装置模仿人脑结构和功能的新途径，从神经元开始进而研究神经网络模型和脑模型，开辟了人工智能的又一发展道路。20 世纪六七十年代，连接主义尤其是对以感知机（Perceptron）为代表的脑模型的研究开始盛行。由于受到当时的理论模型、生物原型和技术条件的限制，脑模型研究在 20 世纪 70 年代后期至 80 年代初期落入低谷。直到霍普菲尔德分别在 1982 年和 1984 年发表了重要论文，提出用硬件模拟神经网络，连接主义才重新抬头。1986 年，鲁梅尔哈特等人提出多层网络中的 BP 算法。此后，连接主义势头大振，从模型到算法，从理论分析到工程实现，为神经网络计算机走向市场打下了基础。现在，连接主义的研究者们对人工神经网络的研究热情仍然较高，但研究成果没有预期的那样好。

3. 行为主义

行为主义又称为控制论学派。持该观点的科学家认为人工智能源于控制论，认为智能取决于感知和行动。该理论的核心是用控制替代知识表示。早在 20 世纪四五十年代控制论思想就成为时代思潮的重要部分，智能取决于感知和行动，控制论学派提出智能行为的“感知—动作”模式，该学派认为：智能不需要知识、不需要表示、不需要推理；人工智能可以像人类智能一样逐步进化；智能行为只能在现实世界中，通过与周围环境的不断交互而表现出来。

麦卡洛克等人提出的控制论和自组织系统，以及钱学森等人提出的工程控制论和生物控制论，影响了许多领域。控制论把神经系统的工作原理与信息理论、控制理论、逻辑、计算机联系起来。早期研究工作的重点是模拟人在控制过程中的智能行为和作用，如对自寻优、自适应、自镇定、自组织和自学习等控制论系统的研究，并进行“控制论动物”的研制。20 世纪六七十年代，上述这些控制论系统的研究取得了一定的进展，播下了智能控制和智能机器人的种子，20 世纪 80 年代智能控制和智能机器人系统诞生了。行为主义是 20 世纪末才以人工智能新学派的面孔出现的，引起了许多人的兴趣。这一学派的代表作有布鲁克斯的六足行走机器人，它被看作是新一代的“控制论动物”，是一个基于“感知—动作”模式模拟昆虫行为的控制系统。

五、第二次低谷

专家系统的成功让人工智能重新受到广泛关注，但一部分经历过早期低谷的研究者察觉到人们对专家系统的盲目追捧，担心历史会重演。果不其然，从 20 世纪 80 年代末至 90 年代初，人工智能领域再次陷入财政困境。

一方面，为了人工智能的发展而生产的设备非常昂贵；另一方面，1987 年由 Apple 和 IBM 生产的台式机的性能不断提升，超过了人工智能的 Lisp 机器，因此造成人工智能硬件市场需求突然下跌，在一夕之间令人工智能硬件产业土崩瓦解。

专家系统在取得巨大成功后，其在实用性方面的局限性也逐渐显现。以 XCON 等早期取得显著成果的专家系统为例，它们的维护成本高昂，升级过程复杂且困难，用户体验极差。当输入数据出现异常时，系统往往会报出难以理解的错误。这些问题使得人们开始质疑专家系统所代表的人工智能是否真正具备实用价值。

20 世纪 80 年代末期，战略计算促进会与 DARPA 对人工智能技术的态度有了大幅度的转变，因此大幅削减对人工智能的资助。雪上加霜的是，1991 年，日本支持的第五代计算机项目没有实现。

六、现在的人工智能

2016 年 3 月，AlphaGo 战胜李世石，成为首个在正式比赛中击败职业围棋棋手且未让子的计算机程序。这一事件让机器学习、深度学习等人工智能领域的术语迅速广为人知。然而，在这看似辉煌的成绩背后，人工智能的发展仍面临着许多挑战。除了在下棋上的表现，发展时间超过半个世纪的人工智能终于实现了一些最初的目标，并被成功地用在技术产业中，有些还成功地进入了人们的生活。这些成就有的归功于计算机性能的提升，有的则是研究者在科学责任感的驱使下对特定的课题不断追求而获得的。

1993 年以来，随着计算机性能的大幅提升，以及新的算法的提出，人工智能的发展也有长足的进步，以下是几个重要的事件。

1997 年 5 月 11 日，深蓝战胜了国际象棋世界冠军加里·卡斯帕罗夫。

2005 年，斯坦福大学开发的机器人在一条沙漠小径上成功地自动行驶了 131 英里，赢得了 DARPA 挑战大赛头奖。

2009 年，蓝脑计划声称已经成功地模拟了部分鼠脑。

2011 年，IBM 的华生参加危险边缘节目，打败了人类选手。

2016 年 3 月，AlphaGo 击败了李世石。

2017 年 5 月，AlphaGo 在中国乌镇围棋峰会的三局比赛中击败了当时世界排名第一的中国棋手柯洁。

上述成果并未对人们的生活产生实际影响，然而在 20 世纪 90 年代，“智能代理”这一新范式逐渐被广泛认可，它有可能给人们的生活带来变化。智能代理是一个系统，可以感知周围环境，接着再采取相应的措施将成功的概率最大化。智能代理可以应用于智能家居的场景，并可导入目前的机器学习策略，以达到居家环境的优化。智能代理范式将人工智能的研究聚焦于“智能代理的学习”这一方向。这一定义是对早期概念的拓展，它不仅突破了对人类智能的研究范畴，还涵盖了对各种类型智能的探索。

1988 年，图灵奖得主犹大·伯尔将概率论和决策理论引入人工智能。现在，人工智能的研究使用了新的工具，包括贝叶斯网络、隐马尔可夫模型、信息论、随机模型和经典优化理论等，另外，针对神经网络和进化算法等计算智能范式，精确数学描述也已经发展。

机器学习（Machine Learning）属于人工智能的一部分，是人工智能的一个分支。人工智能的研究经历了以推理为核心到以知识为基础，再到以学习为关键的转变。机器学习的目标是赋予计算机人类的学习能力，从而解决人工智能领域的问题，是实现人工智能的重要方式之一。机器学习理论主要是设计和分析一些让计算机可以自动学习的算法。若要让计算机像人类一样具有学习与判断的能力，就要把人类大脑学习与判断的流程转移到计算机上，运用数据进行训练与预测，包括获取数据、分析数据、建立模型、预测未来四个步骤，所以说机器学习算法是一类从资料中自动分析获得规律，并利用规律对未知数据进行预测的算法。

机器学习目前已广泛应用于资料勘探、计算机视觉、自然语言处理、生物特征识别、搜索引擎、医学诊断、检测信用卡欺诈、证券市场分析、DNA 序列测序、语音和手写识别、战略游戏和机器人等领域。

深度学习（Deep Learning）是机器学习的一个分支，通过一个有着很多层处理单元的深层网络对数据中的高级抽象进行建模。理论上，隐藏层数量越多，模型的自由度和精确度就会越高，但实际情况并非如此。因此，深度学习还采用了其他方法以提升精确度，例如结合自动编码器进行无监督学习。深度学习并不是万能的，它也有自身的缺点，例如循环神经网络的一个常见的问题是梯度消失问题，在反向传播的过程中，随着时间的推移，梯度逐渐减小到 0 附近，造成学习停滞，为了解决此类问题，有很多模型被提出。

自深度学习兴起以来，先进的神经网络架构在某些领域已能够达到甚至超越人类平均水平，尤其在计算机视觉和语音识别方面表现卓越。语音识别中的 TIMIT 和图像识别中的 ImageNet、Cifar10 的实验证明，深度学习能够提高识别的精度；前文提到的人工智能程序 AlaphaGo，则在复杂度极高的围棋上“打遍天下无敌手”。

智慧碰撞

随着人工智能技术的快速发展，未来的职业市场将发生巨大变化。请结合本章内容，思考人工智能在未来可能改变的职业领域，并讨论个人如何在这一趋势下做好职业规划。

德润课堂

党的十八大以来，以习近平同志为核心的党中央高度重视我国新一代人工智能发展。习近平总书记深刻把握世界科技发展大势，深刻洞察人工智能的战略意义，指出："人工智能是引领这一轮科技革命和产业变革的战略性技术，具有溢出带动性很强的'头雁'效应""加快发展新一代人工智能是事关我国能否抓住新一轮科技革命和产业变革机遇的战略问题"。人工智能具备典型通用技术特征，是培育和发展新质生产力的重要引擎。当前和今后一个时期是以中国式现代化全面推进强国建设、民族复兴伟业的关键时期。我们要深刻领会习近平总书记关于人工智能的重要论述，加快落实一系列相关重大决策部署，与时代同频共振，抢抓人工智能发展的历史性机遇，实现高水平科技自立自强，推动经济社会高质量发展。

本章小结

本章主要介绍了人工智能的基本概念、发展历程、核心技术要素以及典型应用。首先介绍了人工智能的定义和起源，阐述了人工智能是一门模拟、扩展甚至超越人类智能的学科，其涵盖计算机科学、认知科学、心理学等多个领域，并通过历史背景展示了人类对智能机器的长期追求。其次介绍了人工智能的三要素——数据、算法和算力，详细解释了这三大要素在人工智能系统中的作用及相互的关系，强调了数据作为"原油"的重要性、算法的多样性以及算力对 AI 发展的支撑作用。最后介绍了人工智能的特征及其在自动驾驶、人脸识别、医学图像处理、机器人、智能家居等领域的典型应用，并回顾了人工智能从诞生到复兴的发展历程，包括其经历的起伏和取得的重要突破。

通过本章的学习，读者能够全面了解人工智能的基础知识，掌握其核心要素和关键技术，熟悉人工智能在多个领域的应用现状和前景，并对人工智能的发展历程有更清晰的认识，为后续深入学习人工智能的理论与实践奠定坚实的基础。

课后研思

一、填空题

1. 人工智能（Artificial Intelligence，AI）是一门研究如何模拟、扩展，甚至超越________的学科。

2. 人工智能的三大核心要素分别是________、________和________。

3. 人工智能的典型应用包括自动驾驶、人脸识别、________、机器人和智能家居等。

4. 1956 年，由马文·明斯基、约翰·麦卡锡等人发起的________被认为是人工智能诞生的标志。

5. 人工智能的发展经历了多次起伏，其中 20 世纪 70 年代初，由于计算机运算能力不足、计算复杂性和指数爆炸等问题，人工智能陷入了________。

6. 专家系统是一种能够根据一组从专门知识中推演出的逻辑规则，在某一特定领域回答或解决问题的________。

7. 深度学习是机器学习的一个分支，通过一个有着很多层处理单元的 ________ 对数据中的高级抽象进行建模。

8. 2016 年，________ 击败李世石，成为第一个不让子而击败职业围棋棋手的计算机围棋程序。

二、简答题

1. 简述人工智能的三要素及其作用。
2. 列举人工智能的两个典型应用，并说明其在实际生活中的作用。
3. 简述人工智能发展历程中的“第一次低谷”产生的原因。
4. 什么是机器学习？它与人工智能的关系是什么？

第二章

人工智能核心技术

导读

随着人工智能的飞速发展，其核心技术已成为推动现代科技变革的关键力量。本章将深入探讨人工智能领域的核心技术：自然语言处理、机器学习、神经网络与深度学习，以及计算机视觉和语音识别。这些技术不仅在学术研究中占据重要地位，还在实际应用中展现出巨大的潜力和价值。

学习目标

知识目标

1. 理解自然语言处理（NLP）的基本概念，包括其研究任务、处理对象，以及基于规则和基于语料库的两种主要方法。

2. 理解机器学习的定义、发展历史，以及监督学习、无监督学习和强化学习的基本原理和应用场景。

3. 熟悉神经网络与深度学习的基础知识，包括神经元模型、激活函数、感知机、多层神经网络以及深度学习的基本架构。

技能目标

1. 能够运用自然语言处理技术解决实际问题，如信息抽取、自动文摘和语音识别。

2. 掌握机器学习算法的实现和应用，包括监督学习、无监督学习和强化学习的基本方法。

3. 学会构建和训练简单的神经网络模型，并能够使用深度学习框架解决图像识别、语音识别等任务。

素质目标

1. 培养逻辑思维和分析能力，通过学习人工智能核心技术，提升对复杂问题的分析和解决能力。

2. 增强自主学习能力，主动探索人工智能领域的最新技术和应用。

3. 提高团队协作能力，通过小组讨论和项目实践，培养团队合作精神和沟通能力。

4. 弘扬爱国主义精神，通过学习我国在人工智能领域的成就，激发民族自豪感和爱国情怀，立志为国家的科技进步贡献力量。

第一节　自然语言处理

一、自然语言处理的概念

自然语言处理通常指的是利用计算机对人类的自然语言进行有意义的分析和处理，其处理对象涵盖字、词、句子、段落以及篇章。图 2 - 1 列出了自然语言处理的各级别对应的研究任务。

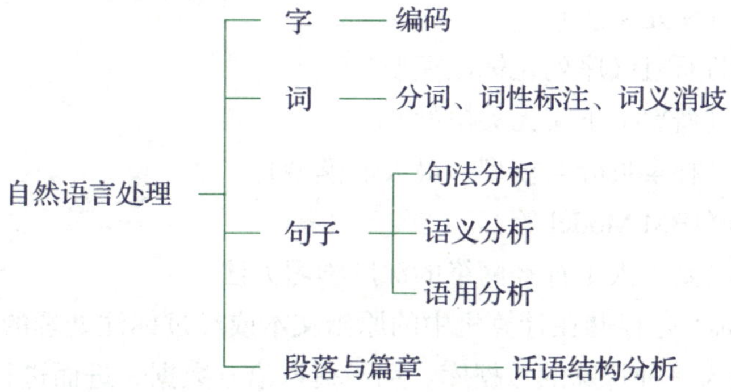

图 2 - 1　自然语言处理的各级别对应的研究任务

自然语言处理的内容包括基础技术、核心技术和应用，如图 2 - 2 所示。

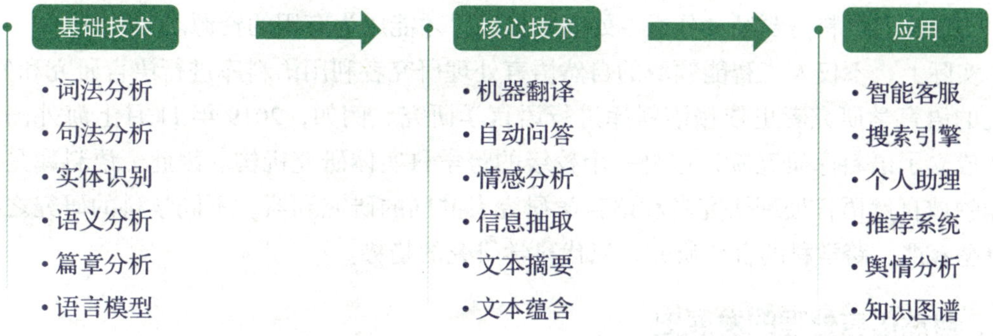

图 2 - 2　自然语言处理的内容

自然语言处理的研究方法主要包括两类：基于规则的理性主义方法和基于语料库的经验主义方法。

1. 基于规则的理性主义方法

第一类方法是基于规则的理性主义方法。它通过符号推理，利用规则化的语言知识来完成自然语言处理任务。这类方法强调人对语言知识的理性整理，受到了美国语言学家艾弗拉姆·乔姆斯基主张的人具有先天语言能力观点的影响。以下是该方法的代表性成果。

（1）基于词典和规则的形态还原、词性标注及分词。

（2）基于上下文无关文法和扩充的上下文无关文法。

（3）基于逻辑形式和格语法的句义分析。

（4）基于规则的机器翻译。

2. 基于语料库的经验主义方法

基于语料库的经验主义方法以大规模语料库为基础，通过统计学习和深度学习等技术自动提取语料库中隐含的知识。学习到的知识表现为一系列模型参数，然后根据这些参数和相应的模型进行语言信息处理。以下是基于语料库方法的代表性成果。

（1）语言模型（N 元文法）。

（2）分词、词性标注（序列化标注模型）。

（3）句法分析（概率上下文无关模型）。

（4）文本分类（朴素贝叶斯模型、最大熵模型）。

（5）机器翻译（IBM Model 等）。

（6）机器翻译（基于人工神经网络的深度学习方法）。

语料库（corpus）是存储在计算机中的原始文本或经过标注处理的文本，带有语言学信息。它可以被视为一种特殊的数据库，用于提取语言数据，进而进行分析和处理。

语料库具有以下特征。

（1）语料库中存储了在实际使用中真实出现过的语言材料。

（2）语料库是以计算机为载体，承载语言知识的基础资源，但并不等于语言知识。

（3）真实语料需要经过分析、处理和加工，才能成为有用的资源。

实际上，不仅人工智能领域的自然语言处理研究者利用语料库进行语言研究和处理，传统的语言学研究者也依赖语料库进行语言学研究。例如，2019 年 11 月上海外国语大学就成立了语料库研究院，这是一个校级的跨学科实体研究机构。因此，语料库是人工智能领域自然语言处理研究者和语言学研究者共同的研究利器。不同学科的研究之间不再壁垒森严，跨学科的合作研究是当代科学研究的趋势。

二、自然语言处理的发展史

自然语言处理的历史几乎跟人工智能的历史一样长（见图 2－3）。自计算机问世以来，人工智能的研究持续发展，最早的研究包括自然语言处理和机器翻译。通常认为，自然语言处理的研究起源于机器翻译系统的开发。

一般把自然语言处理的发展过程粗略地划分为萌芽期、复苏期和以大规模真实文本处理为代表的繁荣期。

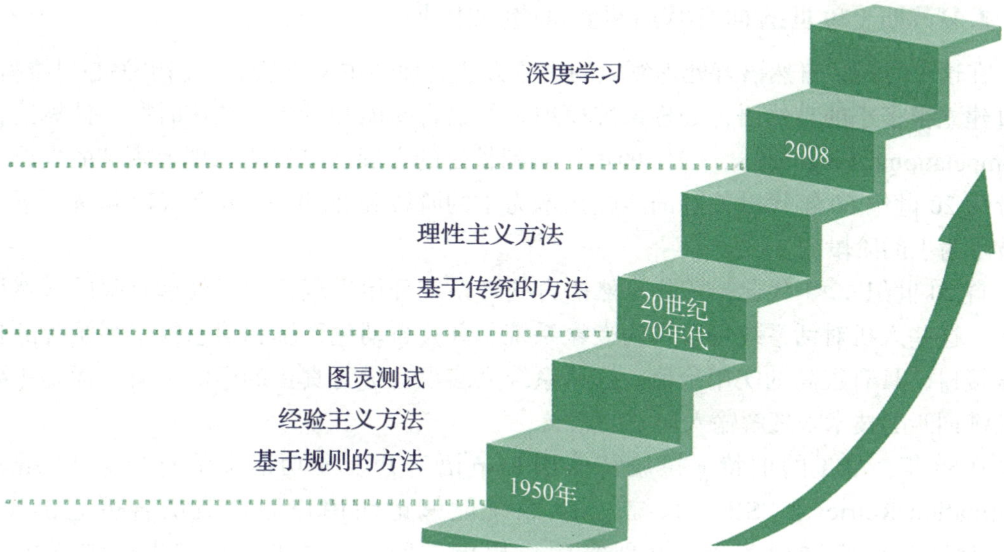

图 2-3 自然语言处理发展

1. 萌芽期（20 世纪 40 年代至 60 年代中期）

在这个时期，自然语言处理的主流方法是经验主义方法。机器翻译是自然语言处理最早的研究领域之一。

1947 年，被誉为机器翻译鼻祖的美国数学家沃伦·韦弗最早提出了机器翻译的概念，并与英国数学家安德鲁·布斯在 1949 年共同提出了 4 种机器翻译的实现策略。当时的美国、苏联等国家展开的英俄互译研究工作开启了自然语言处理的早期阶段。由于早期研究理论和技术的局限，开发的机器翻译系统的技术水平较低，不能满足实际应用的需要。1954 年，美国乔治敦大学携手 IBM 公司，在 IBM 701 计算机上首次完成了俄语到英语的机器翻译实验。尽管实验文本仅包含 250 个俄语单词和 6 条语法规则，但它成功证明了机器翻译的可行性。

1956 年，美国语言学家乔姆斯基提出了形式语言和形式文法的概念，他把自然语言和程序设计语言放在相同的层面，使用统一的数学方法进行解释和定义。乔姆斯基建立了转换生成文法，使语言学的研究进入了定量研究的阶段。乔姆斯基建立的文法体系目前仍然是自然语言处理中文法分析依赖的体系，也是基于规则理性主义方法的主要理论基础，但它不能处理复杂的自然语言问题。

作为自然语言处理的核心研究领域，机器翻译在这一阶段经历了曲折的发展历程。第一代机器翻译系统的质量较低，随着研究的深入，人们看到的并非是机器翻译的成功，而是一个又一个难以克服的挑战。

在此后一段时间内，机器翻译的研究进入了低谷。1966 年，由约翰·皮尔斯担任主席的 ALPAC（Automatic Language Processing Advisory Committee，自动语言处理咨询委员会）发表了报告，全面否定了机器翻译的可行性。从此，机器翻译进入了漫长的低谷期。

2. 复苏期（20 世纪 60 年代后期至 80 年代中期）

在这个时期，自然语言处理领域的主流方法是理性主义方法。人们更关心思维科学，通过建立很多小的自然语言处理系统模拟人的语言智能和行为。在该时期，计算语言学（Computational Linguistics，CL）的理论得到长足的发展。自然语言理解领域的发展又可以分为 20 世纪 60 年代以关键词匹配技术为主的阶段和 20 世纪 70 年代以句法—语义分析技术为主的阶段。

自 20 世纪 60 年代起，一些自然语言处理系统开始出现，用于处理有限的自然语言子集。这些人机对话系统可以作为专家系统、办公自动化系统和信息检索系统等的自然语言接口，具有很高的实用价值。这些系统大多没有进行真正的语法分析，而是主要依靠关键词匹配技术来理解输入句子的意义。

1968 年，MIT 的伯特 · 拉波特使用 Lisp 语言开发成功语义信息检索（Semantic Information Retrieval，SIR）系统。SIR 系统能够记住用户通过英语告诉它的事实，然后对这些事实进行演绎，并回答用户提出的问题。MIT 的约瑟夫 · 维森鲍姆在 1966 年设计的 ELIZA 系统能够使用英语和用户进行交谈，这也是第一个聊天机器人（chatbot）。

这些系统中存储了大量包含某些关键词的模式，每个模式都与一个或多个解释（即回答）相对应。系统会将用户当前输入的句子与预设的模式进行比对。如果匹配成功，即可确定该输入句子的含义，而无须再考虑句子中的非关键词对整体意思的影响。因此，基于关键词匹配的理解系统并非真正的自然语言理解系统，它既不懂文法，也不懂语义，仅仅是一种近似匹配技术。该技术的最大优势在于允许输入的句子不严格遵循标准语法，甚至可以接受不合逻辑的句子。然而，其主要不足是性能较低，容易导致错误的分析和回应。

在这个时期，自然语言处理领域取得了很多重要的理论研究成果，包括约束管辖理论、扩充转移网络、广义短语结构语法和句法分析算法等。这些成果为自然语言的自动句法分析奠定了良好的理论基础。在语义分析方面，提出了格语法、语义网络、优选语义学和蒙塔格语法等。

自然语言理解研究在句法和语义分析方面的重要进展还表现在建立了一些有影响力的自然语言处理系统，在语言分析的深度和难度上有了很大进步。例如，1972 年，美国 BBN 公司威廉 · 伍兹设计了 Lunar 人机接口，该系统第一次允许用户使用日常英语与计算机进行对话，用于协助地质学家查找、比较和评价阿波罗 11 号飞船带回的月球标本的化学分析数据。Lunar 系统的词汇量在 3 500 左右。同年，美国斯坦福大学的泰瑞 · 维诺格拉德开发了 SHRDLU 系统，这是一个能够在积木世界中进行英语对话的自然语言理解程序。该系统把句法、推理、上下文和背景知识灵活地结合起来，模拟一个能够操纵桌子上的积木玩具的机器人手臂，用户通过人机对话的方式命令机器人放置积木玩具。系统通过屏幕给出回答并显示现场的场景，还能提出比较简单的问题。

进入 20 世纪 80 年代，自然语言理解的应用研究进一步深入，机器学习研究也十分活跃，出现了许多具有较高水平的实用化系统，其中比较著名的有美国的 METAL

和 LOGOS、日本的 PIVOT 和 HICAT、法国的 ARIANE、德国的 SUSY 等，国内则有由中国软件总公司开发的商品化英汉机译系统“译星”（TRANSTAR）。这些系统是自然语言理解研究的重要成果，表明自然语言处理在理论和应用上均获得了重要进展。

在复苏期，自然语言处理领域的研究成果为自然语言理解的发展提供了坚实的理论基础，对人类语言能力的研究以及认知科学、语言学、心理学和人工智能等相关学科的发展具有重要意义。

3. 繁荣期（20 世纪 80 年代后期至今）

从 20 世纪 90 年代开始，自然语言处理领域的研究人员越来越多地开展实用化和工程化解决方案的研究，经验主义方法得到迅速发展，出现了一批商品化的自然语言人机接口，例如，美国 AIC 公司的英语人机接口 Intellect 和美国弗雷公司的人机接口 Themis。在自然语言处理研究的基础上，机器翻译也走出了低谷，出现了一些具有较高水平的机器翻译系统并进入了市场，例如，美国乔治敦大学的 SYSTRAN 系统。欧洲共同体（欧盟的前身）在 SYSTRAN 系统的基础上实现了英、法、德、西、意、葡等多种语言的互译。SYSTRAN 是基于规则的机器翻译技术的代表性商业化系统，目前仍然使用广泛。

这一时期自然语言处理研究的显著特点是将统计方法引入该领域，并提出了语料库语言学（corpus linguistics），发挥了重要作用。语料库语言学是从大规模真实语料中提取语言知识，使得对自然语言规律的理解更加客观和准确，因此受到越来越多研究者的关注。

20 世纪 90 年代，随着 Web 的快速发展，对语料的获取更加便捷，语料库的规模越来越大，质量越来越高，语料库语言学的兴起推动了自然语言处理及其他相关技术的快速发展，一系列基于统计模型的自然语言处理系统开发成功了。

随着大规模语料库的广泛应用，统计学习方法得到了充分发展，打破了基于规则的自然语言处理方法长期主导的局面。例如，1983 年，英国语言学家杰弗里·利奇领导的研究小组设计了成分似然性自动词性标注系统（Constituent Likelihood Automatic Word-tagging System，CLAWS），利用已带有词性标记的 Brown 语料库，通过统计模型消除兼类词歧义，对 LOB 语料库中约 100 万个词的语料进行了自动词性标注，准确率可达 96.7%。此外，隐马尔可夫模型（Hidden Markov Model，HMM）等统计方法在语音识别中的成功应用对自然语言处理的发展起到了重要的推动作用。

基于统计的机器学习方法在机器翻译上也取得了成功。IBM 公司的彼得·布朗等人在《计算语言学》杂志发表的《统计机器翻译方法》（1990 年）和《统计机器翻译的数学：参数估计》（1993 年）两篇论文奠定了统计机器翻译（Statistical Machine Translation，SMT）的基础。对布朗等人建立的模型，一般简称为 IBM 翻译模型。IBM 翻译模型共包括 5 个复杂度依次递增的统计翻译模型。

20 世纪 80 年代设想和进行的智能计算机研究对自然语言理解提出了新的要求，此后又进行了对多媒体计算机的研究。新型智能计算机和多媒体计算机都需要设计友好的人机界面，以便自然语言、文字、图像和声音等信号能够直接输入计算机。为了实现计算机能够用自然语言与人进行对话的目标，计算机必须具备自然语言能力，特别是口语理解和生成能力。

自杰弗里·辛顿在 2006 年提出深度学习技术以来，深度学习最先在计算机视觉领域取得突破性成绩。2011 年，微软研究院的邓力、俞栋等研究人员与辛顿合作，开发了首个基于深度学习的语音识别系统，这也标志着深度学习在语音识别领域迈向繁荣和提升。自 2013 年神经机器翻译（Neural Machine Translation，NMT）系统被提出之后，神经机器翻译系统取得了很大的进展。神经机器翻译是指直接采用神经网络，以端到端方式进行翻译建模的机器翻译方法，一般采用编码器—解码器（encoder-decoder）的结构，简单直观。NMT 主要使用循环神经网络（Recurrent Neural Network，RNN）结构，并引入了注意力（attention）机制，如长短期记忆（Long Short-Term Memory，LSTM）等。2017 年，Google 公司的阿什什·瓦斯瓦尼等人提出了 Transformer 模型，该模型完全基于注意力机制，使用注意力实现编码、解码、编码器和解码器之间的信息传递。基于 Transformer 这个强大的基础结构，又衍生出了许多强大、复杂的大模型，其中 GPT（Generative Pre Training）和 BERT（Bidirectional Encoder Representation from Transformers）是其中的两个典型代表，也是自然语言处理领域中预训练模型的代表，这两个模型在许多自然语言处理的任务中获得了很好的效果。

在深度学习应用于自然语言处理的领域，机器翻译的进展尤为显著，正逐渐成为这一应用的代表性技术。例如，图像检索和生成式自然语言对话等。深度学习在自然语言处理中的优势主要在于端到端的训练和表示学习，这使深度学习区别于传统机器学习方法，也使之成为自然语言处理的强大工具。但深度学习也面临一些挑战，例如，缺乏理论基础和模型可解释性，因为模型训练需要大量数据和强大的计算资源。深度学习在自然语言处理领域同样遭遇了一些特殊难题，例如长尾现象、与符号处理的融合、推理和决策问题。展望未来，深度学习若能与强化学习、推断、知识等其他技术相结合，将有望推动自然语言处理实现质的飞跃。

智慧碰撞

自然语言处理中，基于规则的方法和基于语料库的方法各有哪些优缺点？请结合实际应用场景（如机器翻译、文本分类等），讨论这两种方法在不同场景下的适用性，并举例说明。

三、自然语言处理技术

1. 信息抽取

信息抽取是从文本中提取非结构化信息并将其转化为结构化数据的过程。它通过识别自然语言文本中的命名实体及其关系，进一步深化了命名实体识别的研究。信息抽取的主要过程分为三步：首先，对非结构化的数据进行自动化处理；其次，有针对性地抽取文本信息；最后，对抽取的信息进行结构化表示。信息抽取中最基本的工作是命名实体识别，其核心在于对实体关系的抽取。

2. 自动文摘

自动文摘是利用计算机，按照某一规则自动地对文本信息提取、集合成简短摘要的一种信息压缩技术，其旨在实现两个目标：其一是使语言变得简短，其二是要保留重要信息。

3. 语音识别技术

语音识别技术是使机器能够识别并理解语音信号，将其转换为对应的文本或指令的技术，本质上是让机器能够理解人类的语音。其核心目标是将人类语音中的词汇转化为计算机可处理的数据。

若要做到这些，首先应将连续的讲话分解为词、音素等单位，其次是建立一套理解语义的规则。语音识别技术从流程上讲有前端降噪、语音切割分帧、特征提取、状态匹配等，其框架可以分成声学模型、语言模型和解码器三个部分。

4. Transformer 模型

Transformer 模型是 2017 年由谷歌团队首次提出的。Transformer 模型是一种利用注意力机制提升深度学习效率的架构，它由编码器和解码器两部分构成。编码器用于处理不同长度的输入并生成相应的特征表达，解码器则是将这些特征表达转化为目标词汇。Transformer 模型利用注意力机制获取单词之间的关系，生成每个单词的新表示。Transformer 模型的优点：基于注意力机制的 Transformer 模型能够在不考虑单词位置的情况下，直接捕捉句子中所有单词之间的关系。该模型抛弃了传统的编码器—解码器模型必须结合 RNN 或者 CNN 的固有模式，使用全 attention 的结构代替了 LSTM，在减少计算量和提高并行效率的同时不损害最终的实验结果。但是，Transformer 模型也存在缺陷：首先，此模型的计算量太大；其次，此模型还存在位置信息利用不明显的问题，无法捕获长距离的信息。

5. 基于传统机器学习的自然语言处理技术

自然语言处理能够将任务细分为多个子任务分别处理。传统的机器学习方法，如支持向量机、隐马尔可夫模型和条件随机场等，可用于处理自然语言中的子任务，并提升处理结果的准确性。然而，从实际应用来看，这些方法仍存在局限性。

（1）传统机器学习训练模型的性能过于依赖训练集的质量，需要人工标注训练集，降低了训练效率。

（2）传统机器学习训练模型中的训练集在不同领域应用，会出现差异较大的应用效果，削弱了训练的适用性，暴露出学习方法单一的弊端。如果想让训练数据集适用于多个不同的领域，则要耗费大量的人力资源进行人工标注。

（3）在处理更高级、更抽象的自然语言时，机器学习难以通过人工标注出这些语言的特征，这导致传统机器学习只能学习预先设定的规则，而无法捕捉规则之外的复杂语言特征。

6. 基于深度学习的自然语言处理技术

深度学习作为机器学习的重要分支，在自然语言处理领域中常被应用，如卷积神经网络和循环神经网络等模型。这些模型通过对词向量的学习，实现自然语言的分类和理解。与传统机器学习相比，深度学习在自然语言处理中展现出以下两个显著的优势。

（1）深度学习能够以词或句子的向量化为前提，不断学习语言特征，掌握更高层次、更加抽象的语言特征，满足大量特征工程的自然语言处理要求。

（2）深度学习不需要人工定义训练集，它可以通过神经网络自动学习高层次特征。

拓展新知

自然语言处理技术的难点

1. 内容的有效界定

日常生活中语句里的词汇通常是不会孤立存在的，需要将话语中的所有词语进行相互关联才能表达出相应的含义，一旦形成特定的句子，词语之间就会形成相应的界定关系。如果缺少有效的界定，内容就会变得模棱两可，使人无法对其进行有效的理解。例如，“他背着母亲和姐姐悄悄地出去玩了。”在这句话中，如果不对介词“和”作界定，则很容易形成母亲和姐姐两个人不知道他出去玩，或者母亲不知道他和姐姐出去玩这样模棱两可的理解。

2. 消歧和模糊性

相同的词语和句子在不同的情况下运用，往往具备多重含义，很容易产生模糊的概念或者不同的理解。例如，“高山流水”这个词具备多重含义，既可以表示自然环境，也可以表达两者之间的关系，还可以形容乐曲的美妙，所以自然语言处理需要根据前后的内容进行界定，从中消除歧义和模糊性，表达真正的意义。

3. 有瑕疵或不规范的输入

进行语音处理时，遇到外国口音或地方口音；在文本的处理中处理拼写、语法、光学字符识别的错误。以上都属于有瑕疵或不规范的输入。

4. 语言行为与计划

有些句子要表达的不只是字面上的意思。例如，“你能把盐递过来吗?”回答“好的”表示会把盐递过去；在这个例子中，“能”是糟糕的回答，回答“不”或者“太远了，我拿不到”也是可以接受的。又如，如果一门课程去年没有开设，对于提问“这门课程去年有多少学生没通过?”回答“去年没有开设这门课程”要比回答“没有人没通过”好。

第二节 机器学习

一、机器学习的定义

机器学习是一门多领域交叉学科，涉及概率论、统计学、逼近论、凸分析、算法复杂性理论等多门学科。机器学习专门研究计算机怎样模拟或实现人类的学习行为，以获取新的知识或技能，并且重新组织自身已有的知识结构，使之不断改善自身的性能。机器学习是人工智能的核心，是使计算机具有智能的根本途径之一。

二、机器学习的发展史

机器学习是人工智能领域中相对较新的研究方向。1952 年，IBM 公司的阿瑟・萨缪尔开发了一个具备学习能力的西洋跳棋程序。在与该程序多次对弈后，塞缪尔发现随着时间的推移，程序的棋艺不断提升。塞缪尔对机器学习的定义：不需要确定性编程就可以赋予机器某项技能的研究领域。

从 20 世纪 90 年代开始，人工智能的研究受到概率论和统计学的影响，在统计学界和计算机科学界的共同努力下，一批重要的学术成果相继涌现，机器学习进入了发展的黄金时期。机器学习专注于数据分析和处理，其核心研究方向包括监督学习、无监督学习和强化学习等。在此基础上，研究者们提出并开发了多种模型、方法和优化算法，如基于支持向量机（SVM）的分类算法、适用于高维空间的稀疏学习模型等。机器学习发展的一个重要里程碑是统计学和机器学习的融合，即统计学习。统计学家和计算机科学家逐渐认识到对方在机器学习发展中的贡献。通常来说，统计学家擅长理论分析，具有较强的建模能力；计算机科学家具有较强的计算能力和解决问题的直觉，因此两者可以很好地互补，机器学习的发展得益于两者的共同推动。机器学习的发展史如图 2－4 所示。

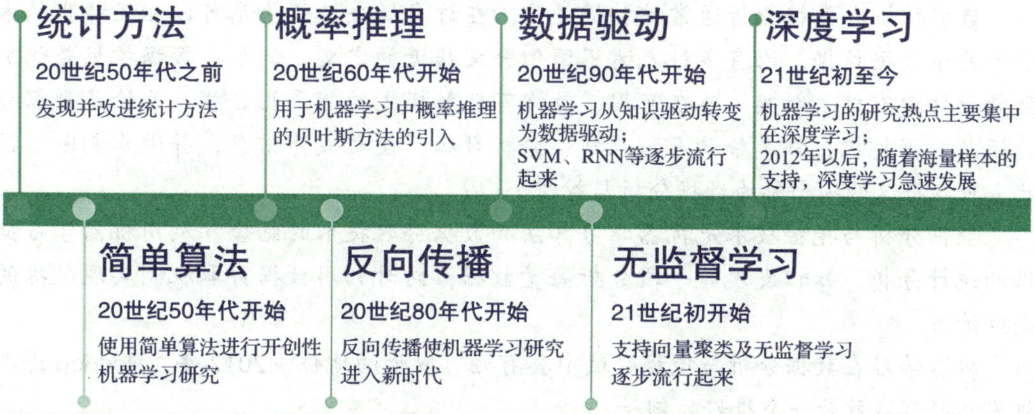

图 2－4 机器学习的发展史

2010 年和 2011 年的图灵奖分别授予机器学习理论的奠基人、哈佛大学教授莱斯利·瓦利安特（提出了 PAC 理论）和研究概率图模型与因果推理模型的加利福尼亚大学洛杉矶分校的朱迪亚·珀尔（提出了贝叶斯网络），这具有重要意义，标志着统计学习成为计算机科学界认可的人工智能的主流分支。国际顶级期刊《科学》《自然》连续发表了多篇机器学习的技术和综述性论文，标志着机器学习已经成为重要的基础学科。

统计学习领域的知名专家还包括加州大学伯克利分校的迈克尔·乔丹教授，作为杰出的计算机科学家和统计学家，他采用从具体问题出发的自下而上方法，逐步系统化地研究模型、方法和算法，推动了统计学习理论框架的构建与完善。这些成果已成为机器学习领域的重要发展方向。乔丹是国际会议 NIPS（Neural Information Processing Systems，神经信息处理系统）的创办人。卡耐基·梅隆大学的汤姆·米切尔教授是机器学习早期的建立者和守护者之一，他编著的《机器学习》仍然被机器学习的初学者奉为圭臬。2006 年，卡耐基·梅隆大学成立了世界上第一个机器学习系，米切尔出任首任系主任。他是期刊《机器学习》和国际会议 ICML（International Conference on Machine Learning，国际机器学习大会）的创办人。

机器学习发展历程中的一个关键的转折点是深度学习的兴起。如果说乔丹等人奠定了统计学习的理论基础，那么多伦多大学的辛顿教授则为深度学习技术带来了突破性进展。至今已有多种深度学习框架，例如，深度神经网络、卷积神经网络和递归神经网络已被应用在计算机视觉、语音识别、自然语言处理、音频识别与生物信息学等领域，并取得了极好的效果。近年来，机器学习技术对工业的重要影响多来自深度学习的发展和应用，如无人驾驶、人脸识别、图像生成、智能问答等。

拓展新知

机器学习的应用

机器学习应用广泛，无论是在军事领域还是民用领域，都有机器学习算法施展的机会。机器学习的应用主要包括以下几个方面。

1. 数据分析与挖掘

数据挖掘和数据分析通常被相提并论，在许多场合被认为是可以相互替代的术语。关于数据挖掘，已有多种表述不同但含义接近的定义，例如，数据挖掘是识别巨量数据中有效、新颖、潜在有用、最终可理解模式的非平凡过程。无论是数据分析还是数据挖掘，都是帮助人们收集、分析数据，使之成为信息，并做出判断。因此，可以将这两项合称为数据分析与挖掘。

数据分析与挖掘技术是机器学习算法和数据存取技术的结合。利用机器学习提供的统计分析、知识发现等手段分析海量数据，同时利用数据存取机制实现数据的高效读写。

机器学习在数据分析与挖掘领域中具有无可取代的地位。2012 年，Hadoop 进军机器学习领域就是一个很好的例子。

2. 模式识别

模式识别起源于工程领域，而机器学习起源于计算机科学，这两个不同学科的结合带来了模式识别领域的调整和发展。模式识别的研究主要集中在两个方面：第一，研究生物体是如何感知对象的，属于认知科学的范畴；第二，在给定的任务下，如何用计算机实现模式识别的理论和方法。这些是机器学习的长项，也是机器学习研究的内容。

模式识别的应用领域非常广泛，包括计算机视觉、医学图像分析、光学字符识别、自然语言处理、语音识别、手写识别、生物特征识别、文件分类、搜索引擎等，而这些领域正是机器学习大展身手的舞台。因此，模式识别与机器学习的关系越来越密切。

3. 具体应用

（1）虚拟助手。

Siri、Alexa、Google Now 都是虚拟助手。顾名思义，当使用语音发出指令后，它们会协助查找信息。对于回答，虚拟助手会查找信息，回忆用户的相关查询，或者向其他资源（如电话应用程序）发送命令以收集信息。用户甚至可以指导虚拟助手执行某些任务。例如，设置早上 7 点的闹钟等。

（2）交通预测。

日常生活中，人们经常使用 GPS 导航服务。当人们这样做时，其当前的位置和速度会被保存在中央服务器上，进行流量管理，之后使用这些数据用于构建当前流量的映射。通过机器学习，可以解决配备 GPS 的汽车数量较少的问题，在这种情况下，机器学习有助于根据估计找到拥堵的区域。

（3）过滤垃圾邮件和恶意软件。

电子邮件客户端使用了许多垃圾邮件过滤的方法。为了确保这些垃圾邮件过滤器能够不断更新，人们使用了机器学习技术。多层感知机和决策树归纳等是由机器学习提供支持的垃圾邮件过滤技术。每天检测到超过 325 000 个恶意软件，代码与之前版本的 90% ～ 98% 相似。由机器学习驱动的系统安全程序＝理解编码模式，它们可以轻松地检测到 2% ～ 10% 变异的新恶意软件，并提供针对它们的保护。

（4）快速揭示细胞内部结构。

借助高功率显微镜和机器学习，科学家研发出一种新算法，可以在整个细胞的超高分辨率图像中自动识别大约 30 种不同类型的细胞器和其他结构。2022 年，中国科学家利用机器学习的方法，快速得到相接双星的参数和误差。

三、机器学习的类型

机器学习算法一般可以分为以下 3 类：监督学习、无监督学习和强化学习。

1. 监督学习

监督学习是通过从指定的训练数据集（即训练集）中学习一个函数（或模型），当新的数据（测试集）出现时，便可以利用该函数（或模型）进行预测。在监督学习中，输入的数据被称为训练数据，每组训练数据都带有一个明确的类别标签或结果，也就是说，训练数据是由 X 和 Y 共同构成的，这也是监督学习和无监督学习的根本区别。以反垃圾邮件系统为例，该系统的训练数据是由邮件 X 和邮件类别 Y 组成的数据对（X，Y），其中邮件类别 Y 表示该邮件是否是垃圾邮件。在构建模型的过程中，监督学习通过一个学习机制，将模型的预测输出与训练集的实际结果进行对比，计算误差值，并持续调整和优化模型，直至模型的预测性能达到设定的目标。监督学习示意图如图 2-5 所示。

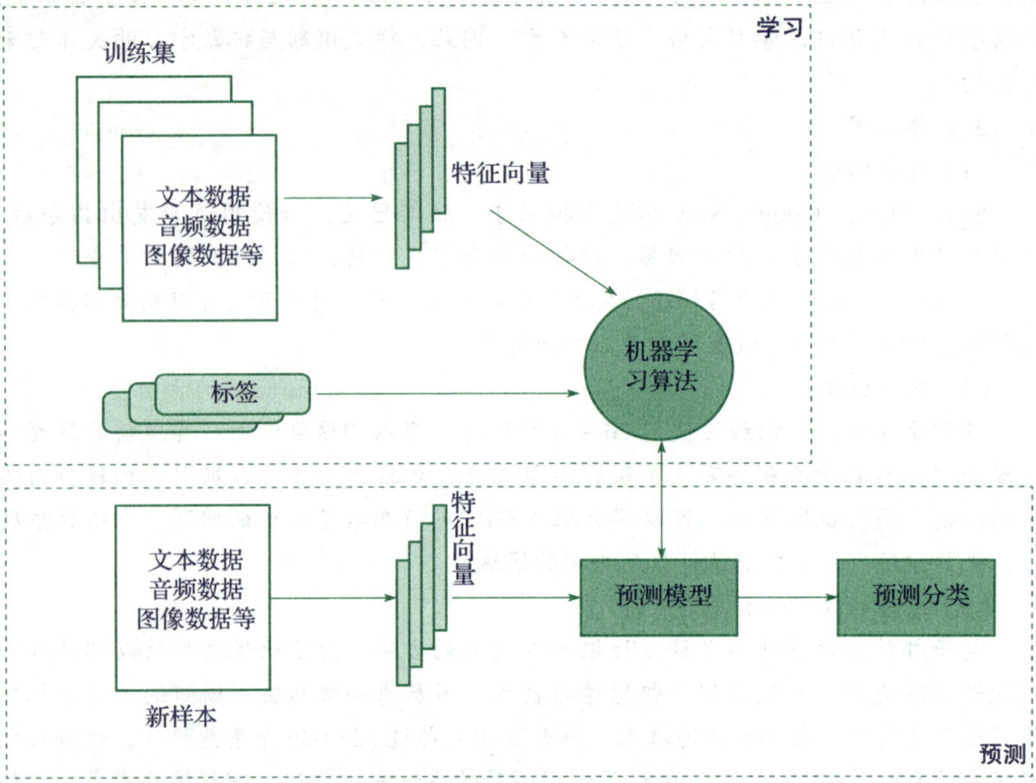

图 2-5 监督学习示意图

常见的监督学习任务包括回归和分类。回归（regression）任务中的输出值 Y 是连续值，例如预测房子的价格。分类（classification）任务中的输出值 Y 是离散值，例如类别标签，典型的分类任务有计算机视觉中的图像分类、自然语言处理中的文本分类、情感分类、垃圾邮件的判断等。

2. 无监督学习

在无监督学习中，数据没有被特别标记，学习模型的目的是推断数据的内在结构。无监督学习的常见应用场景包括关联规则挖掘和聚类分析等。无监督学习使用的数据只有 X，没有 Y，因此无监督学习的性能评价方法也跟监督学习有着较大的差异。聚类是指把输入的一批样本数据划分为若干簇。聚类是无监督学习中的常见任务。无监督学习示意图如图 2-6 所示。

还有一种是半监督学习，介于监督学习和无监督学习之间，也称为弱监督学习。半监督学习关注如何结合少量已标注样本和大量未标注样本，进行训练和分类。半监督学习的应用场景包括分类和回归，其算法包括一些对常用监督学习算法的延伸。这些算法首先试图对未标识数据进行建模，在此基础上再对标识的数据进行预测。

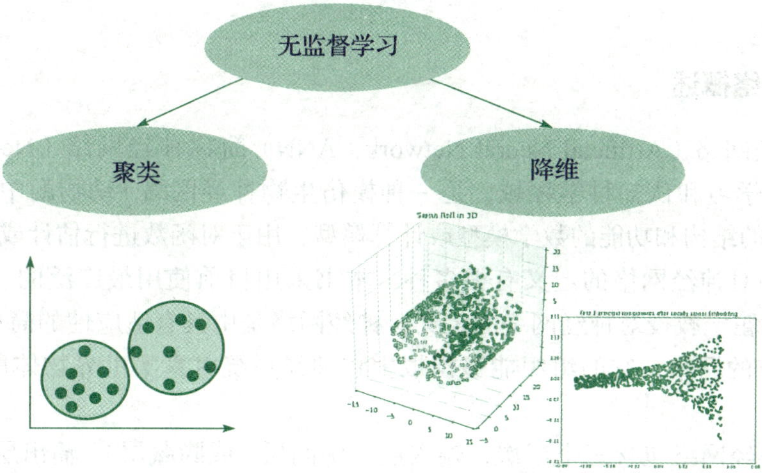

图 2－6 无监督学习示意图

3. 强化学习

强化学习通过观察学习动作的完成，每个动作都会对环境有所影响，学习对象根据观察到的周围环境的反馈做出判断。在强化学习中，输入数据直接作用于模型，模型需要即时做出响应和调整。强化学习的典型应用场景包括动态系统优化和机器人控制等领域。大名鼎鼎的 AlphaGo 和 20 世纪 50 年代萨缪尔的西洋跳棋程序都使用了强化学习。强化学习示意图如图 2－7 所示。

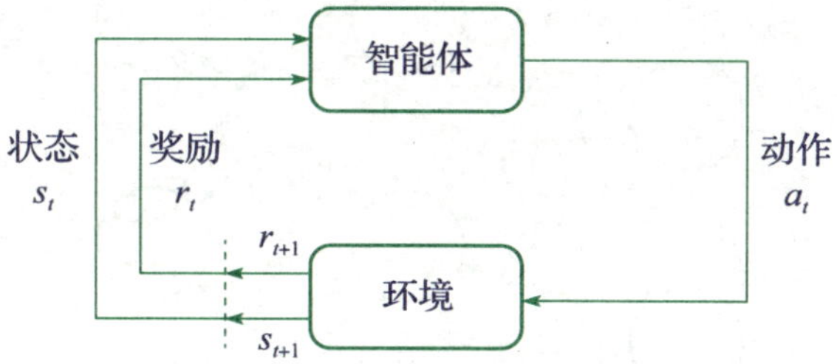

图 2－7 强化学习示意图

智慧碰撞

监督学习、无监督学习和强化学习是机器学习的三种主要类型。请分别列举一个实际应用场景，并解释为什么该场景适合使用这种学习方法。

第三节 神经网络与深度学习

一、神经网络概述

人工神经网络（Artificial Neural Network，ANN）简称神经网络（Neural Network，NN），在机器学习和认知科学领域，是一种模仿生物神经网络（动物的中枢神经系统，特别是大脑）的结构和功能的数学模型或计算模型，用于对函数进行估计或近似。

相关学科对神经网络的定义有很多种，本书采用目前使用最广泛的一种，即 1988 年托伊沃·科霍宁教授对神经网络的定义：神经网络是由具有适应性的简单单元组成的广泛并行互连的网络，它的组织能够模拟生物神经系统对真实世界物体所做出的交互反应。

经典的神经网络包含三个层次，输入层、中间层（或隐藏层）、输出层。图 2－8 所示的神经网络中，输入层有 3 个输入单元，隐藏层有 4 个单元，输出层有 2 个单元。在设计神经网络时，输入层与输出层的节点数往往是固定的，中间层则可以根据需求设置。

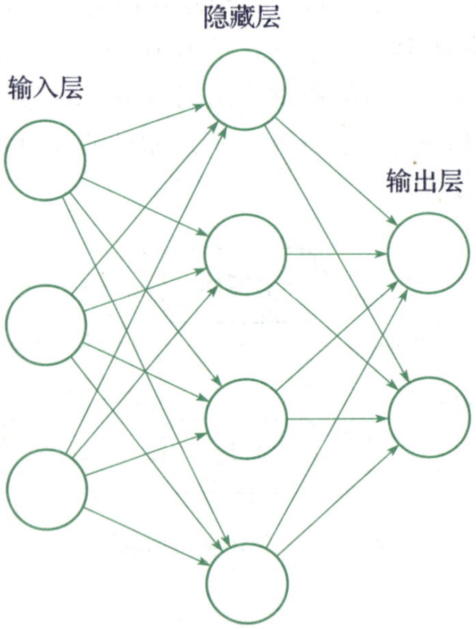

图 2－8 神经网络结构图

结构图中的关键不是圆圈（代表“神经元”），而是连接线（代表“神经元”之间的连接）。每个连接线对应一个不同的权重（其值称为权值），这是需要通过训练得到的。

二、神经元模型

神经网络中最基本的构成元素是神经元（Neuron），即科霍宁神经网络定义中的“简单单元”。

神经元的设计借鉴了生物大脑中神经元的结构。人脑由数十亿个神经元组成复杂的神经网络，这些神经元通过相互连接和神经递质传递信息。

生物神经元的结构大致可分为树突、细胞体及轴突，如图 2－9 所示。在神经元的结构里，树突主要承担接收其他神经元传来的信号的任务。细胞体接收并整合这些信号，进而生成输出信号。轴突则将细胞体产生的输出信号传递给其他神经元的树突。

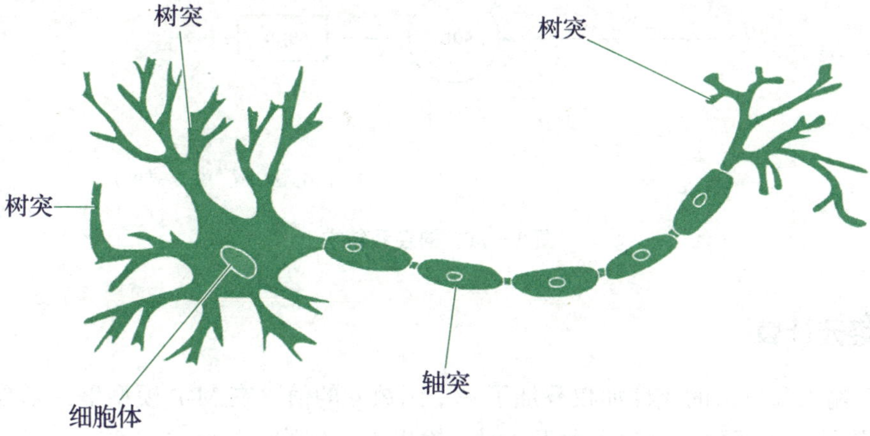

图 2－9　生物神经元的结构

受生物神经元的启发，1943 年麦卡洛克和皮茨首次提出了神经网络中的神经元模型——M-P 神经元模型，其结构如图 2－10 所示。M-P 神经元模型是一个包含输入、输出与计算的模型。输入可以类比为神经元的树突，输出可以类比为神经元的轴突，计算则可以类比为细胞体。注意其中的箭头线，这些线称为连接，每个连接上有一个权值。

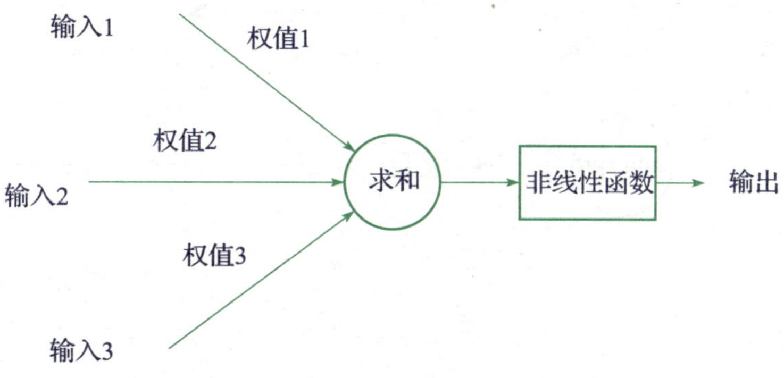

图 2－10　M-P 神经元模型的基本结构

连接是神经元中最重要的部分。每一个连接上都有一个权重。神经网络的训练算法就是让权值调整到最佳，以使整个网络的预测效果最好。我们用 a 表示输入，用 w 表示权值。表示连接的有向箭头可以这样理解：在初端，传递的信号大小仍然是 a，端中间有加权参数 w，经过加权后的信号会变成 $a\times w$，因此在连接的末端，信号的大小就变成了 $a\times w$。

如果将神经元结构中的所有变量用符号表示，并且写出输出的计算公式，则变为图 2-11 所示的形式。

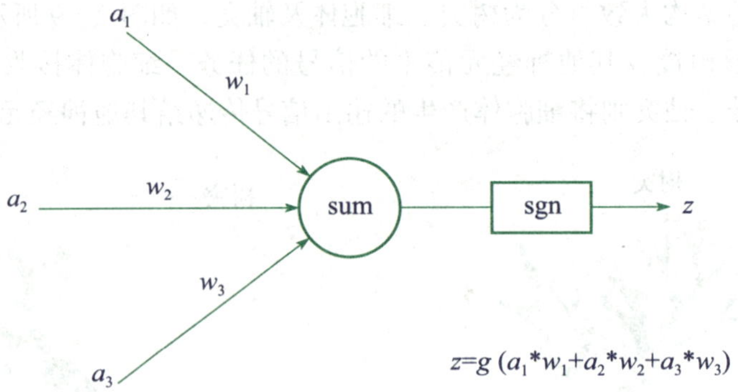

图 2-11　神经元结构

三、神经元计算

z 是在输入和权值的线性加权叠加了一个函数 g 的值。在 M-P 模型里，函数 g 是 sgn 函数，也就是符号函数，当输入大于 0 时，输出 1，否则输出 0。

下面继续对神经元模型图进行改进。首先，将 sum 函数与 sgn 函数合并到一起，代表神经元的内部计算。其次，把输入 a 与输出 z 写到连接线的左上方，便于后面画复杂的网络，神经元扩展如图 2-12 所示。最后，一个神经元可以引出多个代表输出的有向箭头，其值都是一样的。神经元可以看作一个计算与存储单元。计算是神经元对其输入进行计算。存储是神经元会暂存计算结果，并传递到下一层。

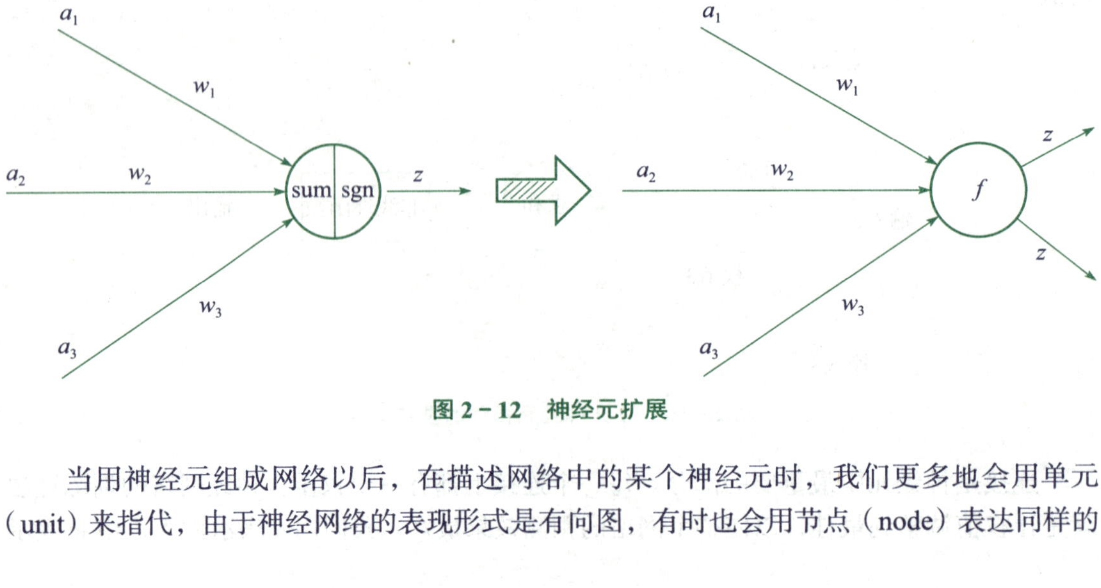

图 2-12　神经元扩展

当用神经元组成网络以后，在描述网络中的某个神经元时，我们更多地会用单元（unit）来指代，由于神经网络的表现形式是有向图，有时也会用节点（node）表达同样的意思。

神经元模型的使用可以这样理解：我们有一个数据，称为样本。样本有四个属性，其中三个属性已知，一个属性未知。我们需要做的就是通过三个已知属性预测未知属性。

具体办法就是使用神经元的公式进行计算。三个已知属性的值是 a_1，a_2，a_3，未知属性的值是 z，z 可以通过公式计算出来。

已知的属性称为特征，未知的属性称为目标。假设特征与目标之间是线性关系，并且我们已经得到表示这个关系的权值 w_1，w_2，w_3。那么，我们就可以通过神经元模型预测新样本的目标。

四、单层神经网络（感知机）

1958 年，计算科学家弗兰克·罗森布拉特提出了由两层神经元组成的神经网络，并给它起了一个名字——感知机（Perceptron）。感知机是一个可以学习的人工神经网络。罗森布拉特现场演示了其学习识别简单图像的过程，在当时的学界引起了轰动。

在原有 M-P 模型的输入位置添加神经元节点，标志为输入单元，并将权值 w_1，w_2，w_3 写到连接线的中间，其余不变，改进的 M-P 模型如图 2－13 所示。

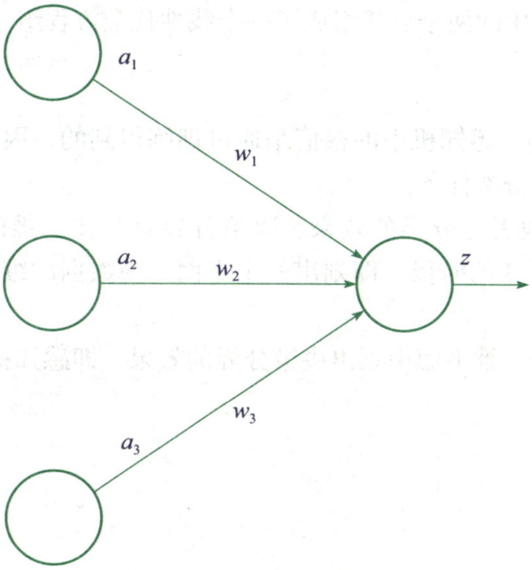

图 2－13　改进的 M-P 模型

在感知机中，有两个层次，分别是输入层和输出层。输入层里的输入单元只负责传输数据，不做计算。输出层里的输出单元则需要对前面一层的输入进行计算。我们把需要计算的层称为计算层，并把拥有一个计算层的网络称为单层神经网络。

假如我们要预测的目标不再是一个值，而是一个向量，例如［2，3］，那么可以在输出层再增加一个输出单元。

图 2－14 显示了带有两个输出单元的单层神经网络，由于增加了输出单元的数量，

因此权值改用双下标表示。

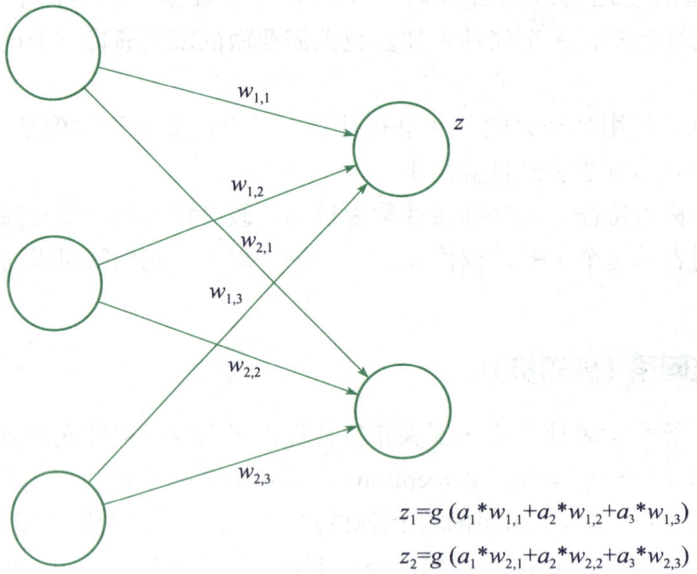

图 2 - 14　单层神经网络

事实上，图 2 - 14 中的两个公式组成了一个线性代数方程组，可以用式 2 - 1 表示。

$$z=g(w*a) \quad （式 2 - 1）$$

与神经元模型不同，感知机中的权值是通过训练得到的，因此，它类似于一个逻辑回归模型，可以做线性分类任务。

用决策分界形象地表达分类的效果。决策分界就是在二维的数据平面中划出一条直线，当数据的维度是 3 的时候，即划出一个平面，当数据的维度是 n 时，即划出一个 n-1 维的超平面。

图 2 - 15 显示了在二维平面中划出决策分界的效果，即感知机的分类效果。

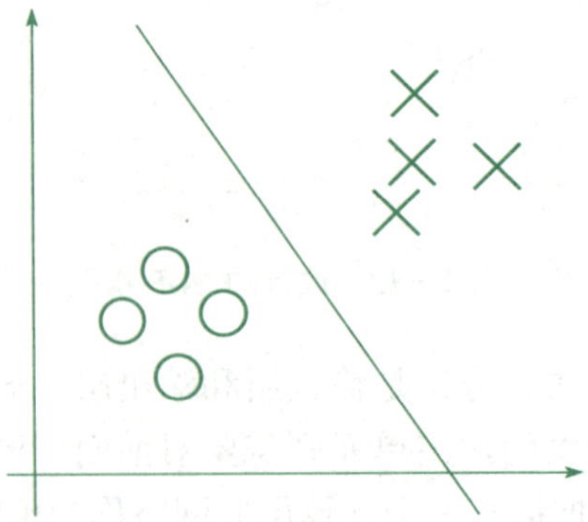

图 2 - 15　感知机的分类效果

五、双层神经网络（多层感知机）

明斯基说过单层神经网络无法解决异或问题，但是当增加一个计算层后，两层神经网络不仅可以解决异或问题，还具有非常好的非线性分类效果。

1986 年，鲁梅尔哈特和辛顿等人提出了反向传播（Backpropagation，BP）算法，解决了两层神经网络的复杂计算量问题，从而带动了两层神经网络研究的热潮。

两层神经网络除了包含一个输入层、一个输出层以外，还增加了一个中间层，如图 2－16 所示。此时，中间层和输出层都是计算层。两层神经网络扩展了单层神经网络，在右边新加了一个层次（只含有一个节点）。

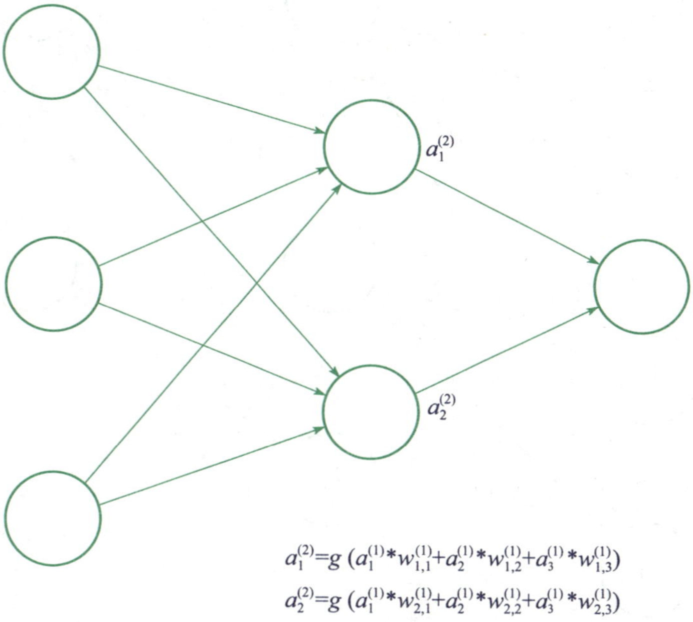

图 2－16　两层神经网络

现在，权值也分为了两层，用上标来区分不同层次之间的权值和变量。

例如，$a_x^{(y)}$ 代表第 y 层的第 x 个节点。z_1，z_2 变成了 $a_1^{(2)}$，$a_2^{(2)}$，其计算公式如下。

$$a_1^{(2)}=g\left(a_1^{(1)}*w_{1,1}^{(1)}+a_2^{(1)}*w_{1,2}^{(1)}+a_3^{(1)}*w_{1,3}^{(1)}\right) \quad （式 2－2）$$

$$a_2^{(2)}=g\left(a_1^{(1)}*w_{2,1}^{(1)}+a_2^{(1)}*w_{2,2}^{(1)}+a_3^{(1)}*w_{2,3}^{(1)}\right) \quad （式 2－3）$$

最终输出 z 的方式是利用中间层的 $a_1^{(2)}$，$a_2^{(2)}$ 和第二层权值计算得到，公式如下。

$$z=g\left(a_1^{(2)}*w_{1,1}^{(2)}+a_2^{(2)}*w_{1,2}^{(2)}\right) \quad （式 2－4）$$

假设预测目标是一个向量，那么只需要在输出层增加节点即可。

需要说明的是，神经网络结构图中没有提到偏置节点。事实上，这些节点是默认存在的。其本质上是一个只具有存储功能且存储值永远为 1 的单元。在神经网络的每个层次中，除了输出层之外，都会含有这样一个偏置单元，与线性回归模型、逻辑回归模型中的一样。

偏置单元与后一层的所有节点都有连接，设这些参数值为向量 b，称为偏置，如图 2－17 所示。

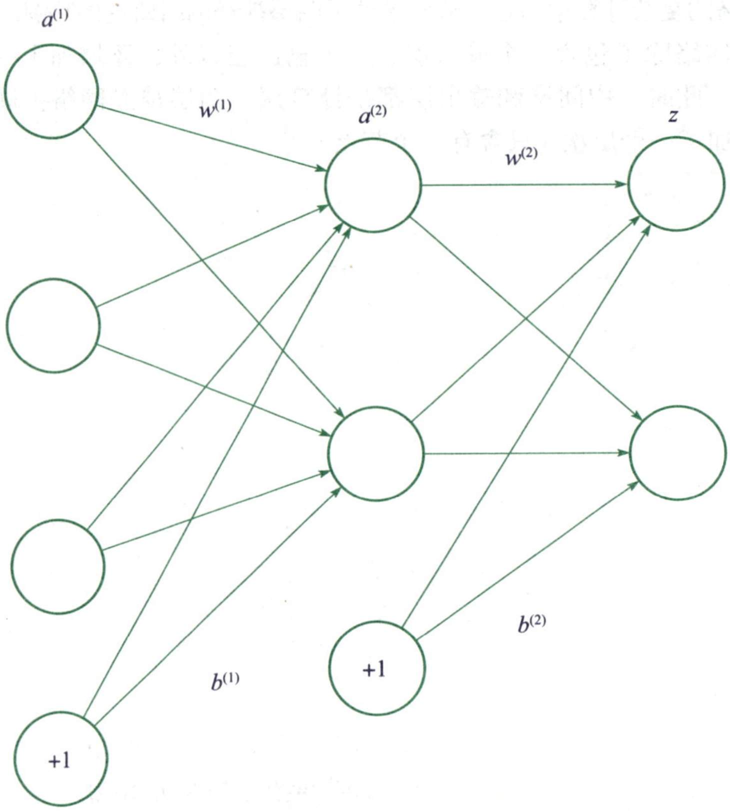

图 2－17　两层神经网络（考虑偏置节点）

需要说明的是，在两层神经网络中，不再使用 sgn 函数作为函数 g，而是使用平滑函数 sigmoid 作为函数 g。我们把函数 g 称作激活函数。事实上，神经网络的本质是通过参数与激活函数来拟合特征与目标之间的真实函数关系。

与单层神经网络不同，理论证明，两层神经网络可以无限逼近任意连续函数。也就是说，面对复杂的非线性分类任务，两层（带一个隐藏层）神经网络可以很好地分类。以图 2－18 为例，上面的线与下面的线代表数据。不同的区域代表由神经网络划开的区域，区域之间的分界线就是决策分界。

可以看到，两层神经网络的决策分界是非常平滑的曲线。单层神经网络只能做线性分类任务，而两层神经网络中的后一层也是线性分类层，理论上只能做线性分类任务。那么，为什么两层神经网络可以做非线性分类任务？我们把输出层的决策分界单独拿出来分析，即可解答上述疑惑，如图 2－19 所示。

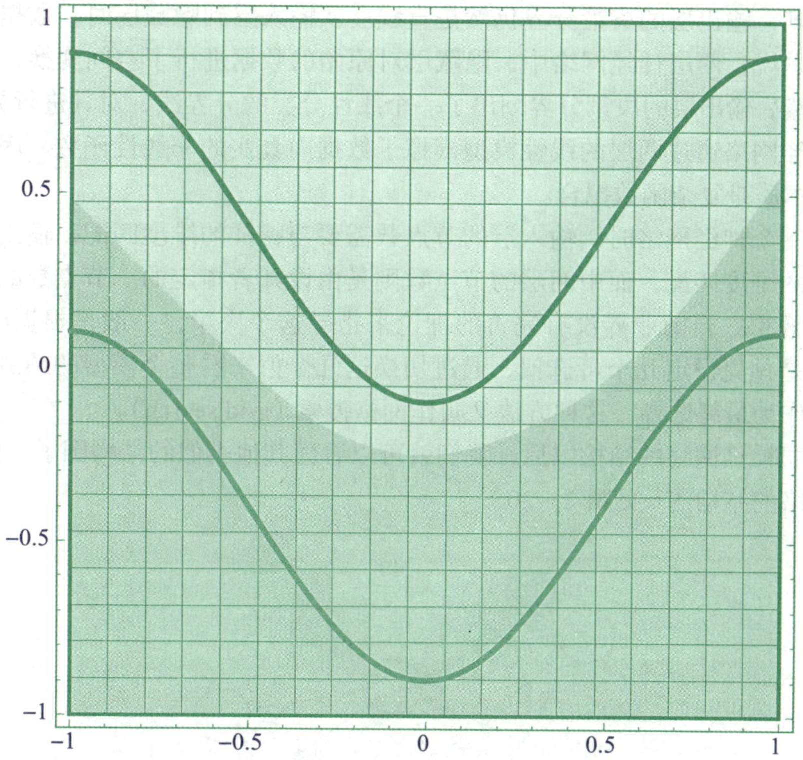

图 2－18 两层神经网络（决策分界）

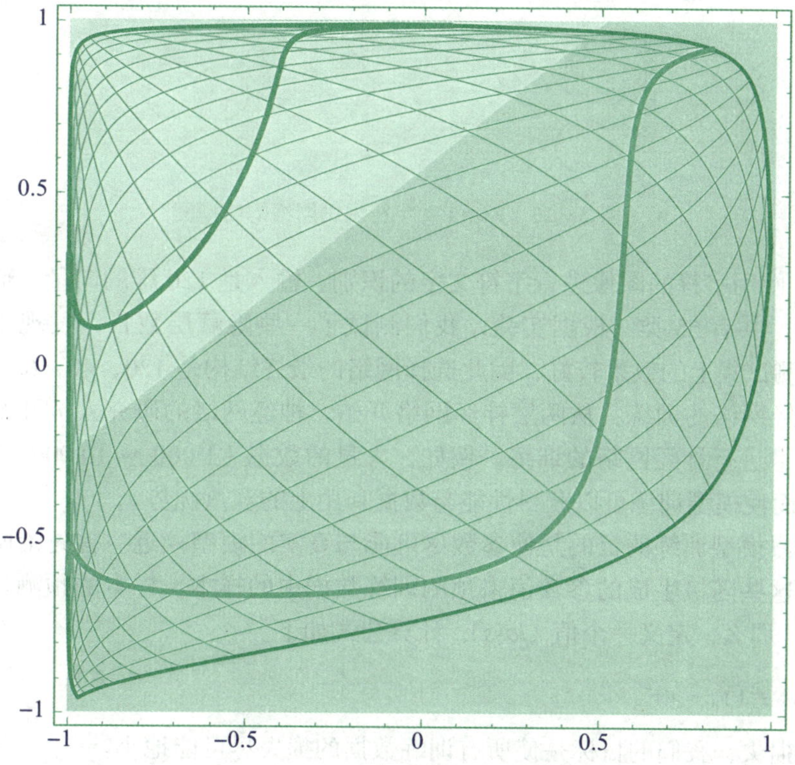

图 2－19 两层神经网络（空间变换）

可以看到，输出层的决策分界仍然是直线。从输入层到隐藏层时，数据发生了空间变换，也就是说，两层神经网络中，隐藏层对原始的数据进行了空间变换，使其可以被线性分类，然后输出层的决策分界划出了一个线性分类的分界线，对其进行分类。

两层神经网络通过两层的线性模型模拟了数据内真实的非线性函数。因此，多层的神经网络的本质是复杂函数拟合。

在设计一个神经网络时，输入层的节点数需要与特征的维度匹配，输出层的节点数需要与目标的维度匹配，而中间层的节点数则是由设计者指定的。节点数的设置会影响整个模型的效果，目前业界没有完善的理论来指导这个决策，一般是根据经验来设置。较好的方法是预先设定几个可选值，通过切换这几个值来看整个模型的预测效果，选择效果好的值作为最终选择，这种方法又叫作网格搜索（grid search）。

了解两层神经网络的结构以后，我们就可以看懂其他类似的结构图了，例如 EasyPR 字符识别网络的结构图（见图 2－20）。

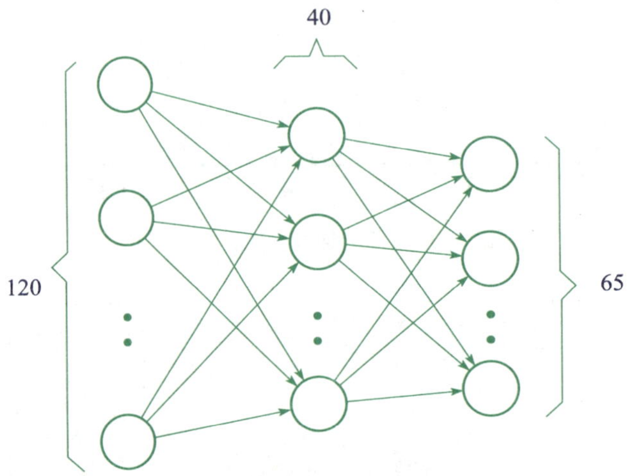

图 2－20　EasyPR 字符识别网络的结构图

EasyPR 使用字符的图像进行字符文字的识别。输入是 120 维的向量。输出是要预测的文字类别，共有 65 类。根据实验，我们测试了一些隐藏层数目，发现当值为 40 时，整个网络在测试集上的效果较好，因此选择网络的最终结构是 120，40，65。

两层神经网络的训练：从两层神经网络开始，神经网络的研究人员开始使用机器学习相关的技术进行神经网络的训练。例如，大量的数据（1 000 ～ 10 000），使用算法进行优化，从而使模型训练可以获得性能与数据利用上的双重优势。

机器学习模型训练的目的是使参数尽可能与真实的模型接近。首先给所有参数赋随机值，使用这些随机生成的参数值来预测训练数据中的样本。样本的预测目标为 y_p，真实目标为 y。那么，定义一个值（*loss*），计算公式如下。

$$loss = (y_p - y)^2 \qquad （式 2－5）$$

这个值称为损失，我们的目标是使所有训练数据的损失尽可能地小。

如果将前文中的神经网络预测代入 y_p 中，那么我们可以把损失写为关于参数（parameter）的函数，这个函数称为损失函数（loss function）。现在，问题是如何优化参数，能够让损失函数的值最小。

这个问题被转化为一个优化问题，常用的方法是高等数学中的求导法，但是由于参数不止一个，求导后计算导数等于0的运算量很大，所以一般解决这种优化问题使用的是梯度下降算法。梯度下降算法计算参数在当前的梯度，然后让参数向着梯度的反方向前进一段距离，不断重复，直到梯度接近零时停止，一般在这个时候，所有的参数恰好使损失函数达到最低值的状态。

在神经网络模型中，由于结构复杂，每次计算梯度的代价很大，因此还需要使用反向传播算法。反向传播算法是利用神经网络的结构进行的计算，不一次性计算所有参数的梯度，而是从后往前，首先计算输出层的梯度，再计算第二个参数矩阵的梯度，接着计算中间层的梯度，然后计算第一个参数矩阵的梯度，最后计算输入层的梯度。

反向传播算法可以直观地理解为图 2-21 所示的那样，梯度的计算从后往前，一层层地反向传播。前缀 E 代表相对导数。

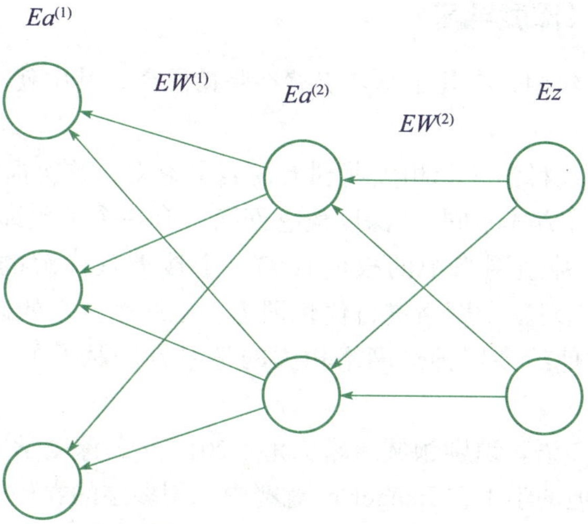

图 2-21　反向传播算法

反向传播算法的启示来自数学中的链式法则。在此需要说明的是，尽管早期神经网络的研究人员努力从生物学中得到启发，但从BP算法开始，研究者们更多地从数学上寻求问题的最优解。不再盲目模拟人脑的网络是神经网络研究走向成熟的标志。正如科学家们可以从鸟类的飞行中得到启发，但没有必要完全模拟鸟类的飞行方式，也能制造飞机。

优化问题只是训练中的一部分。机器学习问题之所以称为学习问题，就是因为它不仅要求数据在训练集上求得一个较小的误差，在测试集上也要表现好，因为模型最终是要部署到没有见过训练数据的真实场景中。提升模型在测试集上的预测效果的主题叫作泛化（generalization），相关方法称作正则化（regularization）。神经网络中常用的泛化技术有权重衰减等。

两层神经网络在多个地方的应用说明了其效用与价值。以前困扰神经网络界的异或问题被轻松解决，在这个时候，神经网络已经可以发力于语音识别、图像识别、自动驾驶等多个领域。

神经网络的学者再次登上了《纽约时报》的专访。人们认为神经网络可以解决许多问题。就连娱乐界都受到了影响，当年的电影《终结者》中的阿诺·施瓦辛格都赶时髦地说了一句："我的 CPU 是一个神经网络处理器，一个会学习的计算机"。

神经网络仍然存在若干问题：尽管使用了 BP 算法，一次神经网络的训练仍然耗时太久，而且困扰训练优化的一个问题是局部最优解问题，这使得神经网络的优化较为困难。同时，隐藏层的节点数需要调参，这使得使用不太方便，工程和研究人员对此多有抱怨。

20 世纪 90 年代中期，由弗拉基米尔·万普尼克等人发明的 SVM（Support Vector Machines，支持向量机）算法诞生，很快就在很多方面体现出对比神经网络的优势：无须调参；高效；全局最优解。基于以上理由，SVM 迅速打败了神经网络算法，成为主流。神经网络的研究再次陷入了冰河期。

六、多层神经网络（深度学习）

在被人摒弃的 10 年中，有几个学者仍然在坚持研究，其中就有加拿大多伦多大学的辛顿教授。

2006 年，辛顿在《科学》和相关期刊上发表了论文，首次提出了"深度信念网络"的概念。与传统的训练方式不同，"深度信念网络"有一个"预训练"（pre-training）的过程，可以方便地让神经网络中的权值找到一个接近最优解的值，之后再使用"微调"（fine-tuning）技术对整个网络进行优化训练。这两个技术的运用大幅减少了训练多层神经网络的时间。他给多层神经网络相关的学习方法赋予了一个新名词——"深度学习"。

很快，深度学习在语音识别领域崭露头角。2012 年，深度学习技术又在图像识别领域大展拳脚。辛顿与他的学生在 ImageNet 竞赛中，用多层的卷积神经网络成功地对包含一千个类别的一百万张图片进行了训练，取得了分类错误率为 15% 的好成绩，这个成绩比第二名高了近 11 个百分点，充分证明了多层神经网络识别效果的优越性。

在这之后，关于深度神经网络的研究与应用不断涌现。

在两层神经网络的输出层后面，继续添加层次。原来的输出层变成中间层，新加的层次成为新的输出层。可以得到图 2 - 22 所示的多层神经网络。

多层神经网络中，输出也是按照一层一层的方式来计算的。从最外面的层开始，算出所有单元的值以后，再继续计算更深一层。只有当前一层所有单元的值都计算完毕以后，才会计算下一层。有点像计算向前不断推进的感觉。所以这个过程叫作"正向传播"。

如图 2 - 22 所示，可以看出 $W^{(1)}$ 中有 6 个参数，$W^{(2)}$ 中有 4 个参数，$W^{(3)}$ 中有 6 个参数，所以整个神经网络中的参数有 16 个。

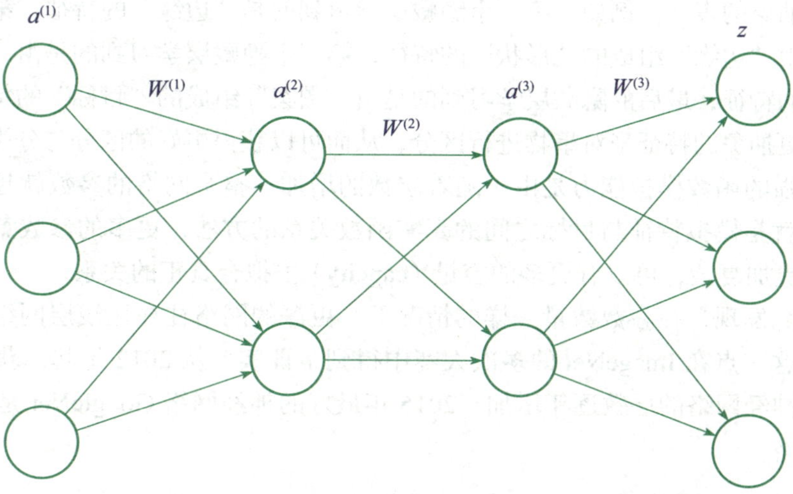

图 2-22 多层神经网络

下面我们将中间层的节点数做一下调整。第一个中间层改为 3 个单元，第二个中间层改为 4 个单元。经过调整以后，整个网络的参数变成了 33 个，如图 2-23 所示。

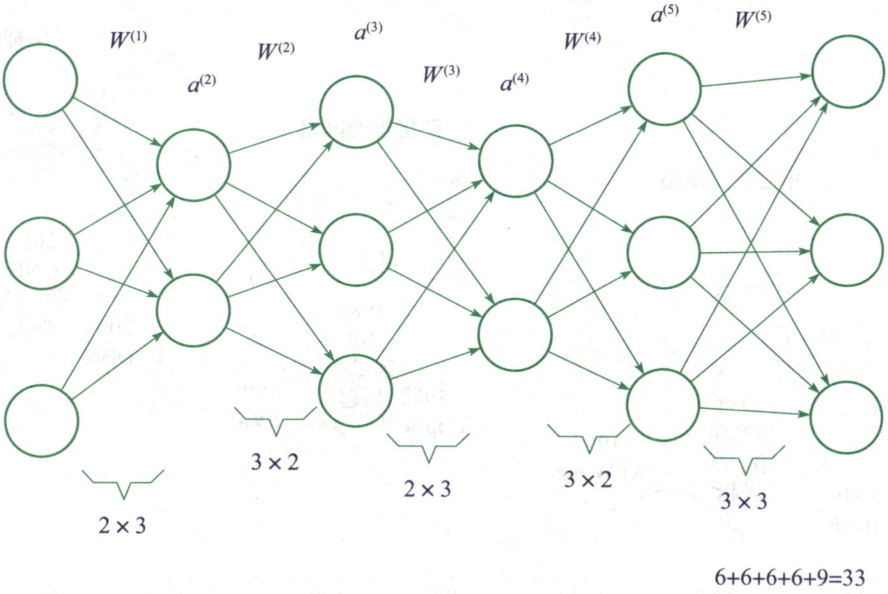

图 2-23 多层神经网络（更深的层次）

虽然层数保持不变，但是第二个神经网络的参数数量却是第一个神经网络的两倍多，从而带来了更好的表示（represention）能力。表示能力是多层神经网络的一个重要性质。在参数一致的情况下，我们也可以获得一个“更深”的网络。

与两层神经网络不同，多层神经网络中的层数增加了很多。增加更多的层数，可以更深入地表示特征，获得更强的函数模拟能力。可以这样理解：随着网络的层数增加，每一层对于前一层次的抽象表示更深入。在神经网络中，每一层神经元学习到的是前一层神经元的更抽象的表示。例如，第一个隐藏层学习到的是“边缘”的特征，第二个隐藏层学习到的是由“边缘”组成的“形状”的特征，第三个隐藏层学习到的是由“形状”组成的“图案”的特征，最后的隐藏层学习到的是由“图案”组成的“目标”的特征。神经网络通过抽取更抽象的特征来对事物进行区分，从而可以获得更好的区分与分类能力。

获得更强的函数模拟能力是由于随着层数的增加，整个网络的参数就越多。而神经网络的本质就是模拟特征与目标之间的真实函数关系的方法，更多的参数意味着其模拟的函数可以更加复杂，可以有更多的容量（capcity）去拟合真正的关系。

通过研究发现，在参数数量一样的情况下，更深的网络往往比浅层网络具有更好的识别效率，这一点在 ImageNet 的多次大赛中得到了证实。从 2012 年起，获得 ImageNet 冠军的深度神经网络的层数逐年增加，2015 年最好的神经网络 GoogleNet 是一个多达 22 层的神经网络。

七、神经网络的发展历程

神经网络的发展历程曲折，既有被人捧上天的时刻，也有摔落在街头无人问津的时刻，中间经历了数次大起大落。从单层神经网络（感知机）开始，到包含一个隐藏层的两层神经网络，再到多层的深度神经网络，一共有三次兴起的过程，如图 2－24 所示。

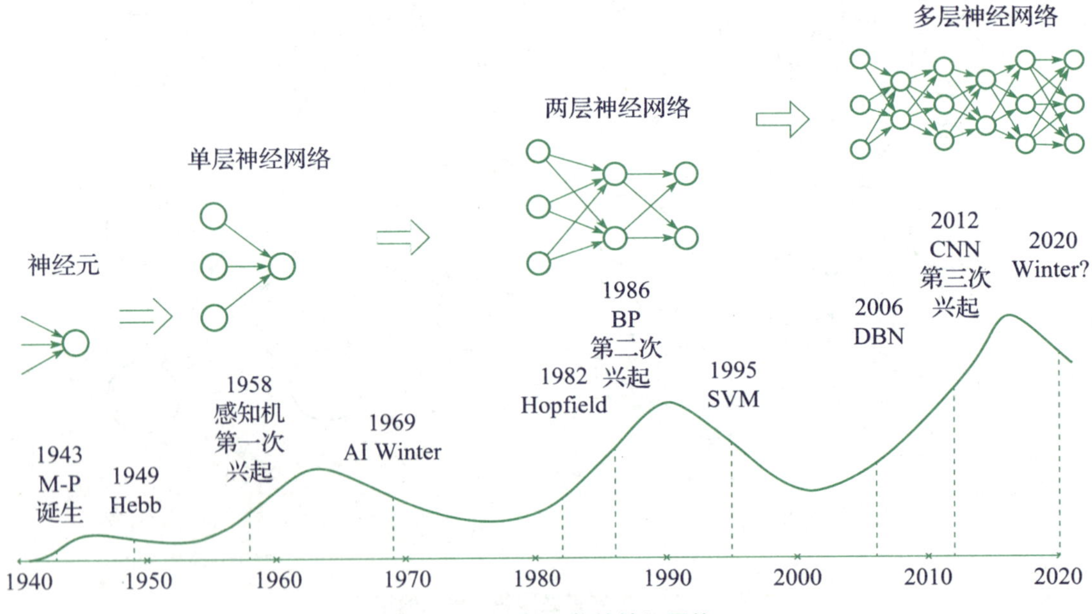

图 2－24　三起三落的神经网络

图 2－24 中的峰顶与谷底可以看作神经网络发展的兴起与低谷。图 2－24 中的横轴是时间，纵轴是神经网络影响力的示意表示。如果把 1949 年 Hebb 模型提出到 1958 年感知机诞生这个 10 年视为落下的话，那么神经网络算是经历了“三起三落”这样一个过程。

从单层神经网络到两层神经网络，再到多层神经网络，图 2－25 说明了随着网络层数的增加，以及激活函数的调整，神经网络所能拟合的决策分界平面的能力。

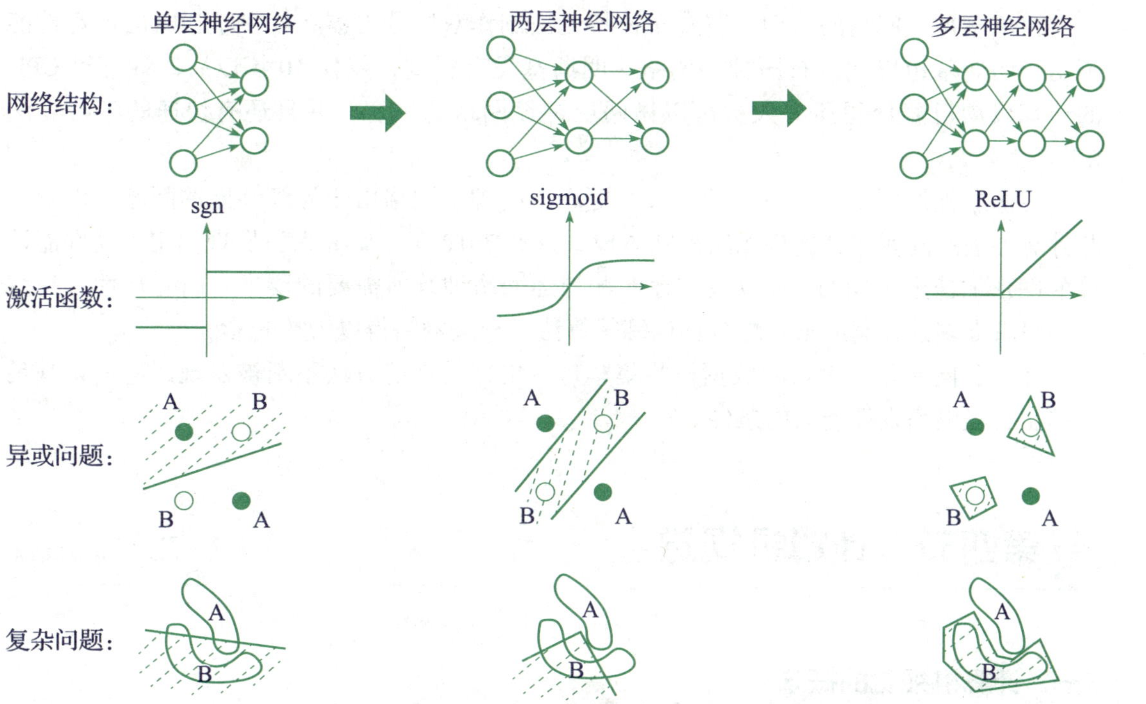

图 2－25　表示能力不断增强

可以看出，随着层数增加，神经网络的非线性分界拟合能力不断增强。图 2－25 中的分界线并不代表真实训练出的效果，而是示意效果。

神经网络发展的外在原因可以被总结为：更强的计算性能，更多的数据，以及更好的训练方法。只有当满足这些条件时，神经网络的函数拟合能力才能得以体现，如图 2－26 所示。

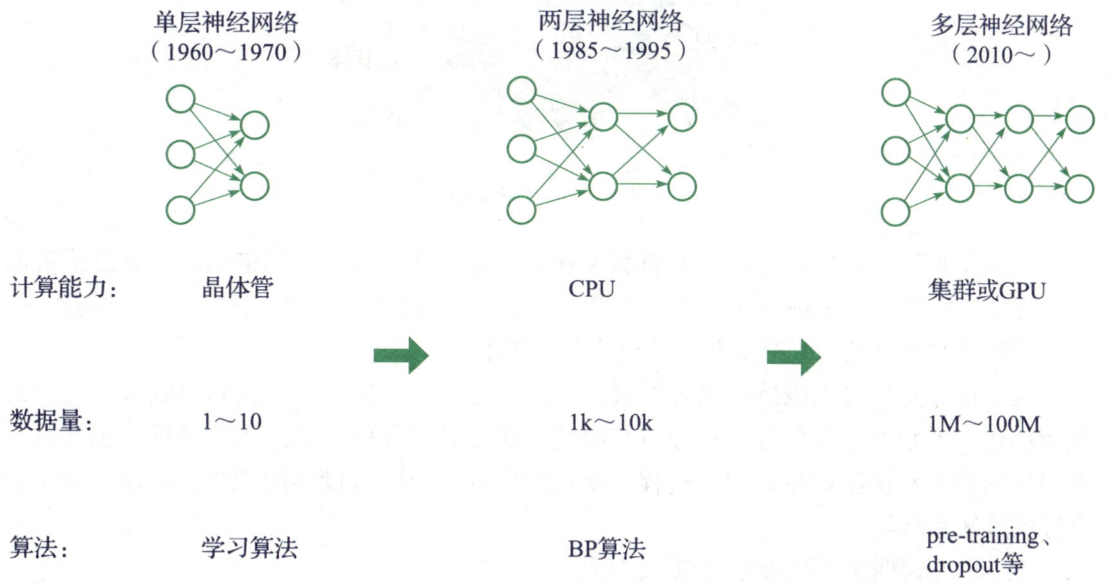

图 2－26　神经网络发展的外在原因

在单层神经网络的时期，罗森布拉特无法制作双层分类器，就在于当时的计算性能不足，明斯基也以此来打压神经网络。明斯基没有料到，仅仅 10 年以后，计算机 CPU 的快速发展已经使得研究人员可以做两层神经网络的训练，并且还有快速的学习算法 BP。

在两层神经网络快速流行的年代，更高层的神经网络由于计算性能的问题，以及一些计算方法的问题，其优势无法得到体现。直到 2012 年，研究人员发现，用于高性能计算的图形加速卡（GPU）可以极佳地匹配神经网络训练所需要的要求：高并行性、高存储、没有太多的控制需求、配合预训练等算法，神经网络得以大放光彩。

在互联网时代，大量的数据被收集整理，更好的训练方法不断被发现，这一切满足了多层神经网络发挥能力的条件。

第四节　计算机视觉

一、计算机视觉的概念

人类视觉系统的结构极其复杂，由眼球、神经系统及大脑的视觉中枢构成。人眼的结构如图 2－27 所示。

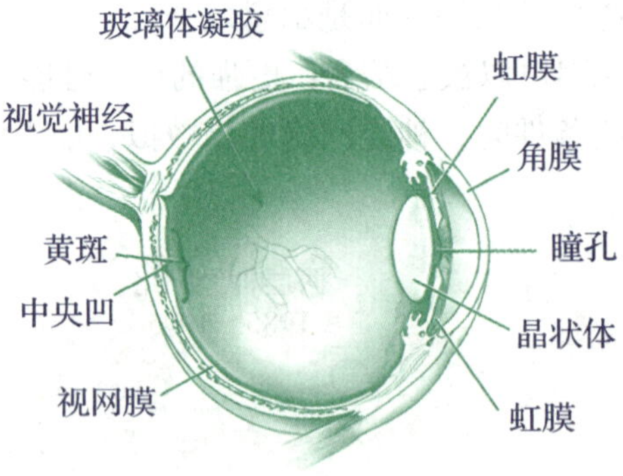

图 2－27　人眼的结构

视网膜是一个多层薄膜，其上布满了视锥细胞和视杆细胞。视锥细胞在黄斑附近的密集程度特别高。有 3 种不同光敏度的视锥细胞，它们在感受彩色光时起着关键的作用。视杆细胞是非常灵敏的光感受器，甚至能响应单个量子。

人类视觉是通过人眼感知世界的过程。人类通过视觉器官——眼睛接收来自外界的刺激信号，大脑对这些信号进行分析和解读，赋予其具体的意义。人类的视觉感知是一个明确的输入和输出信息处理的过程。视觉的输入是眼睛对世界的观察，而输出则是对世界的认知和理解。

图 2－28 说明了人类视觉的感知过程。

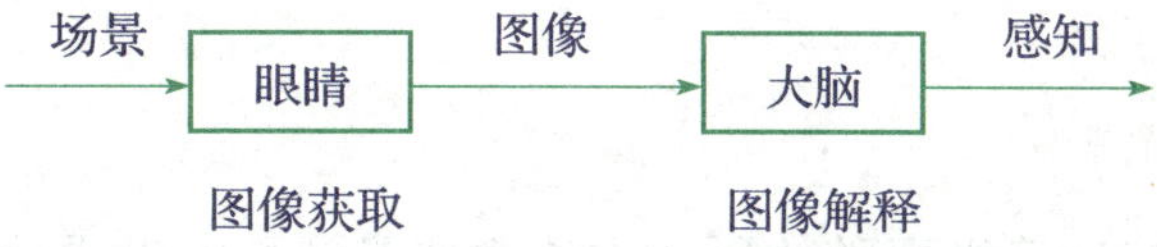

图 2-28　人类视觉的感知过程

对于模拟和扩展人类智能的人工智能来说，计算机视觉是感知外部世界最重要的途径之一。计算机视觉是使用计算机及相关设备对生物视觉的一种模拟，它的主要任务是通过对图像或视频进行处理以获得相应场景的三维信息，就像人类和其他生物每天所做的那样。计算机视觉通过分析和处理图像与视频，实现类似于人类视觉的感知和认知功能，其输入包括图像或视频，而视频本质上是一系列连续的图像。

计算机视觉是一门研究如何对数字图像或视频进行高层理解的交叉学科。计算机视觉的感知过程如图 2-29 所示。与人的视觉系统相比，摄像头、雷达等成像设备是计算机的“眼睛”，计算机视觉就是要实现类似人的大脑（主要是视觉皮层区）的视觉功能。

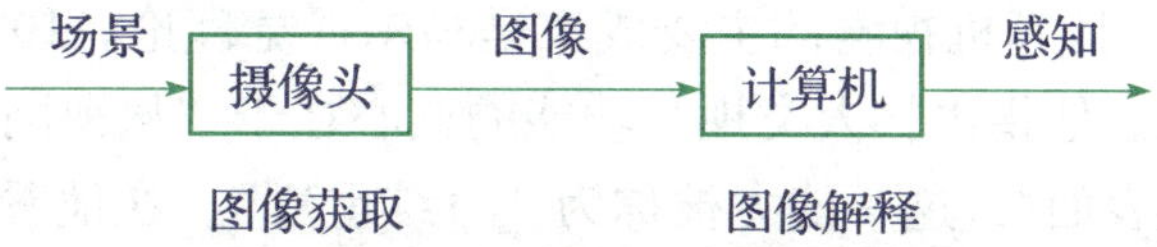

图 2-29　计算机视觉的感知过程

以下列出了计算机视觉的几个著名的定义。

（1）对图像中的客观对象构建明确而有意义的描述。

（2）从一个或多个数字图像中计算三维世界的特性。

（3）基于感知图像做出对客观对象和场景有用的决策。

目前，计算机视觉是人工智能中最热门的研究领域之一。计算机视觉与许多学科有密切的关系，它是一个跨领域的交叉学科，包括计算机科学、数学、物理学、生物学等。与计算机视觉关系密切的一类学科来自脑科学领域，例如，认知科学、神经科学、心理学等。一方面，数字图像处理和计算机视觉提供的图像处理与分析工具，极大地促进了相关学科的发展；另一方面，脑科学领域揭示的视觉认知规律和视觉皮层神经机制等，对计算机视觉的进步起到了重要的推动作用。例如，卷积神经网络就是受到了视觉神经科学的启发而发展起来的。

越来越多的计算机视觉系统走进人们的工作和日常生活中，例如人脸识别、车牌识别、指纹识别、视频监控、智能驾驶、人体动作的视觉识别系统、工业视觉检测识别系统、智能移动机器人、生物医学影像检测和识别系统等。

二、计算机视觉的发展史

计算机视觉的研究起源于 20 世纪 60 年代的图像识别探索。经过近 60 年的发展，计算机视觉的研究问题从简单逐渐走向复杂，其研究方法也随着人工智能技术的进步而不断演变。计算机视觉已经取得了一系列研究成果，这一领域在过去的 40 多年中已成为人工智能研究中最活跃的一部分。例如，人脸识别、视频分析等计算机视觉技术已经在人们的生活中随处可见了。

1. 20 世纪 60 年代

20 世纪 60 年代，计算机视觉的研究方法主要是“积木世界分析法”。1963 年，美国麻省理工学院的拉里·罗伯茨提交了一篇博士论文，探讨机器如何从二维图像中感知三维物体，论文中通过计算机程序从数字图像中提取立方体、楔形体、棱柱体等多面体的三维结构，该工作开创了以“识别三维积木场景中的物体”为目的的计算机视觉研究。研究人员认为，如果积木世界中的物体可以被识别出来，就可以推广到更复杂的三维场景物体的识别中。当时，科学家总结不同物体在图像中的特点，编写了对应的数据结构和规则，通过推理进行物体识别。这种方法称为“积木世界”分析方法。罗伯茨后来转向了计算机网络的研究，曾担任阿帕网（ARPANet）计划的首席设计师，而阿帕网则是互联网的前身。

2. 20 世纪 70 年代

20 世纪 70 年代，计算机视觉的主要成果是马尔视觉理论。1977 年，大卫·马尔提出了计算机视觉理论。他指出，人类视觉功能的核心在于“从视网膜上的二维图像重建空间物体的三维可见表面”，这一能力被称为“三维重建”。在他看来，从二维图像到三维表达的转换需要经历三个计算阶段。

（1）从图像获得基元，包括边缘等。

（2）通过立体视觉、运动、光照、轮廓等模块获得 2.5 维表达。

（3）最后进行提升，获得三维表达。

计算机视觉国际大会（International Conference on Computer Vision，ICCV）评选出的最佳论文奖被命名为马尔奖（Marr Prize），是计算机视觉领域的最高荣誉之一。马尔在 1980 年死于白血病，年仅 35 岁，而他的著作《视觉：对人类视觉信息处理与表征的计算研究》在 1982 年出版。

3. 20 世纪八九十年代

进入 20 世纪 80 年代，特征匹配方法成为计算机视觉的主流方法。研究人员逐渐认识到，要让计算机理解图像，不一定需要先恢复物体的三维结构。计算机可以直接从二维图像出发，完成计算机视觉中的任务。其中最典型的就是物体识别，比如使用计算机来识别猫和狗。

采用特征匹配方法的主要步骤如下。

（1）由人类学家分析猫和狗的形状或其他特征，建立经验知识，构造特征库，包括颜色、形状、纹理等方面的特征。

（2）计算机分别计算图像中物体的特征，与特征库进行匹配。

（3）如果满足匹配条件，就完成了识别任务。

在这一阶段，围绕计算机视觉的特征，研究人员提出了很多方法，提取生活中常见物品的特征，构建特征库，然后用几何、代数等方法在特征层面进行匹配。常见的视觉特征包括颜色特征、纹理特征、形状和轮廓特征等。在此时期，计算机视觉形成了以特征为核心的方法：找到一种最优的特征表示方法，对一个待识别或者待分类的问题进行特征表达，然后进行计算，根据特征值的比较结果进行识别。

20 世纪 90 年代以后，特征方法不断发展完善，物体描述的细节从整体特征细化到局部特征。通过统计大量局部特征来推导整体特征，识别准确率得到了提升。在此期间，研究人员开发了一系列计算机视觉识别应用系统。

4. 2000 ～ 2010 年

在 21 世纪的第一个十年，机器学习方法开始流行，以机器学习为手段的计算机视觉研究框架成为主流。以前，为了完成计算机视觉的任务，需要专家构建特征库、统计模型，进而使用特征进行图像匹配。专家不仅要选择特征知识，还要制定图像匹配的规则。然而，在引入机器学习技术后，模型能够在优化过程中自动从海量数据中寻找最佳识别方法，从而提升了识别效率。机器学习技术是从大量的数据中构造模型，因此，机器学习离不开大规模的数据集。这一时期也是互联网迅猛发展的时期，计算机视觉领域的各个大规模数据集应运而生。

机器学习方法在很多情况下能获得较好的效果，但在 2010 年之后也逐渐遇到了瓶颈，主要体现在以下方面。

（1）针对具体任务进行特征的设计，需要丰富的经验，并且需要根据任务的场景进行大量的调试工作。

（2）随着任务越来越复杂，机器学习模型的选择和调试也变得更复杂。

（3）选择适合的特征并搭配合适的机器学习算法，以获得最优的效果，变得日益困难。

5. 2012 年至今

2012 年，深度学习技术带来了计算机视觉技术的突破。在基于 ImageNet 数据集的 ILSVRC 竞赛中，辛顿教授的团队使用了深度卷积神经网络 AlexNet，将 ImageNet 数据集上图像分类的错误率由 26.172% 降低到了 16.422%。在 ILSVRC 竞赛中，图片的类别为 1 000 种，错误率评价采用 Top5 错误率，即对一张图像预测 5 个类别，只要有一个和人工标注的类别相同就算对，否则算错。

在接下来的短短几年里，深度神经网络技术迅速崛起。2015 年，在 ILSVRC 竞赛中，由微软亚洲研究院的何恺明等人提出的 ResNet 取得了冠军，其错误率降至 3.6%，低于人类水平（约 5%）。可以说，计算机视觉技术在基于 ImageNet 数据集的图像分类问题上已经取得了突破性进展。

深度学习的主要优点如下。

（1）不需要专家提供知识，由深度神经网络自动进行特征学习和表征。

（2）深度神经网络具有复杂的参数结构，可以使用同一个模型解决多种不同的视觉任务。

（3）基于深度学习的计算机视觉技术从原理上更加符合人类视觉的工作机制，容易吸收脑科学和神经科学的研究成果。

然而，深度学习技术的不足之处也十分明显，主要体现在模型结构复杂，对训练数据量和计算资源的需求极高。相比之下，人类视觉系统仅需少量样本即可完成学习。例如，一个小朋友可能只需要学习几张猫的图片，就能比较准确地识别猫这种动物了。这种基于小样本数据的学习机制是目前的深度学习技术还无法达到的。

智慧碰撞

深度学习技术在计算机视觉领域取得了显著进展，但也面临一些挑战。请结合实际应用（如图像分类、目标检测等），讨论深度学习的优势和面临的挑战，并提出可能的解决方案。

三、计算机视觉技术的原理

计算机视觉技术是利用各类成像系统替代视觉器官作为输入工具，由计算机取代大脑完成信息处理与解释。其最终目标是让计算机像人类一样通过视觉感知理解世界，并具备自主适应环境的能力。但是要经过长期的努力，才能达到这个目标。因此，在实现最终目标以前，人们努力的中期目标是建立一种视觉系统，这个系统能够依据视觉敏感和反馈某种程度的智能完成一定的任务。例如，计算机视觉技术的一个重要的应用领域是自主车辆的视觉导航。目前还没有条件实现像人那样能够识别和理解环境，完成自主导航的系统。因此，人们努力研究的目标是在高速公路上具有道路跟踪能力，可以避免与前方车辆碰撞的视觉辅助驾驶系统。需要指出的是，在计算机视觉系统中，计算机虽然替代了人脑，但这并不意味着计算机必须模仿人类视觉的方式来处理视觉信息。计算机视觉完全可以根据计算机系统自身的特点来处理视觉信息。然而，人类视觉系统仍然是目前人类所知的最强大且完善的视觉系统。用计算机信息处理的方法研究人类视觉的机理，建立人类视觉的计算理论，这方面的研究被称为计算视觉。计算视觉可以被认为是计算机视觉中的一个研究领域。

四、计算机视觉系统的结构

计算机视觉系统的结构形式很大程度上依赖其具体的应用方向。有些系统是独立工作的，用于解决具体的测量或检测问题；有些系统作为某个大型复杂系统的组成部分出现，比如和机械控制系统、数据库系统、人机接口设备协同工作等。计算机视觉系统的具体实现方法也由其功能决定。尽管如此，下列功能几乎是每个计算机系统都需要具备的。

1. 计算机视觉图像获取

一幅数字图像是由一个或多个图像感知机产生的。这里的感知机可以是各种光敏摄像机，包括遥感设备、X 射线断层摄影仪、雷达、超声波接收器等。不同类型的感知机可以生成多种图像形式，包括二维图像、三维图像组或图像序列。图像的像素值通常表示光在特定光谱段上的强度，例如灰度图像或彩色图像，也可能反映其他物理数据，如声波、电磁波或核磁共振成像中的深度、吸收率或反射率。

2. 计算机视觉预处理

在对图像实施具体的计算机视觉方法来提取某种特定的信息前，一种或一些预处理方法往往被采用，以使图像满足后继方法的要求。例如，二次取样，保证图像坐标的正确；平滑去噪，滤除感知机引入的设备噪声；提高对比度，保证相关信息可以被检测到；调整尺度空间，使图像结构适合局部应用。

3. 计算机视觉特征提取

从图像中提取不同复杂程度的特征。比如，进行线条和边缘的提取；局部特征点的检测，如角点检测和斑点识别；更高级的特征可能涉及图像中的纹理、形状或运动信息。

4. 计算机视觉检测分割

在图像处理的过程中，有时需要对图像进行分割，以提取有价值、用于后续处理的部分。例如，筛选特征点，分割一幅或多幅图片中含有特定目标的部分等。

5. 计算机视觉高级处理

通常在高级处理阶段，数据量已经大幅减少。例如，图像中经过前期处理后被认为包含目标物体的区域，此时的处理任务包括：验证数据是否满足预设条件；估算特定参数，如目标物体的姿态和体积；以及对目标物体进行分类。

高级处理有理解图像内容的含义，属于计算机视觉中的高阶处理，主要是在图像分割的基础上，再对分割出的图像块进行理解，如进行识别等操作。

拓展新知

计算机视觉技术的经典问题

在每个计算机视觉技术的具体应用中，几乎都要解决一系列相同的问题。这些经典问题包括以下方面。

1. 识别

计算机视觉的图像处理和机器视觉所共有的经典问题是判定一组图像数据中是否包含某个特定的物体、图像特征或运动状态。这个问题通常可以利用机器自动解决，但是到目前为止，还没有某个单一的方法能够广泛地对各种情况进行判定，即在任意环境中识别任意物体。现有技术能够很好地解决对特定目标的识别，比如简单的几何图形识别、人脸识别、印刷或手写文件识别、车辆识别。这些识别需要在特定的环境中，例如具有指定的光照、背景和目标姿态要求。

（1）识别的定义。

在不同的场合广义的识别又演化成了几个略有差异的概念。

①识别：对一个或多个经过预先定义或学习的物体或物类进行辨识。通常在辨识过程中还要提供其二维位置或三维姿态。

②鉴别：识别辨认单一物体。例如，某一人脸的识别、某一指纹的识别等。

③监测：从图像中发现特定的情况内容。例如，医学中对细胞或组织不正常机

能的发现、交通监视仪器对过往车辆的发现等。监测往往是通过简单的图像处理发现图像中的特殊区域，为后续更复杂的操作提供起点。

（2）识别的应用。

识别的具体应用包括以下两个方面。

①基于内容的图像提取：在巨大的图像集合中寻找包含指定内容的所有图片。被指定的内容可以有多种形式，比如一个红色的大致是圆形的图案，或者一辆自行车，在这个例子中，对后者内容的寻找显然要比对前者内容的寻找更加复杂，因为前者描述的是低级直观的视觉特征，而后者则涉及一个抽象的概念，即自行车，而自行车的外观并不是固定的。

②姿态评估：对某一物体相对于摄像机的位置或者方向的评估。例如，对机械臂姿态和位置的评估。光学字符识别对图像中的印刷或手写文字进行识别鉴别时，通常的输出是将其转化成易于编辑的文档形式。

2. 运动

基于序列图像，对物体运动的监测包括以下两种。

（1）自体运动。

自体运动是指监测摄像机的三维刚性运动。

（2）图像跟踪。

图像跟踪是指跟踪运动的物体。

3. 场景重建

场景重建是指给定一个场景的一幅或多幅图像，抑或是一段录像，寻求为该场景建立一个计算机模型 / 三维模型。最简单的情况是生成一组三维空间中的点，在复杂的情况下会建立起完整的三维表面模型。

4. 图像恢复

图像恢复的目标在于移除图像中的噪声，如仪器噪声、模糊等。

第五节　语音识别

语音识别（Speech Recognition，SR）是指将人说的话自动转换为文字或机器可以理解的指令的过程。语音识别的出现为实现人类梦寐以求的人机对话奠定了技术基础。语音识别在各行各业得到了广泛的应用，那么，它的技术发展经历了哪些重要阶段呢？

一、语音识别简史

语音识别的研究始于 20 世纪 50 年代初，迄今为止已有 70 多年的历史。

（1）1952 年，贝尔实验室成功研究出了世界上第一个能识别 10 个英文数字发音的识别系统。

（2）1960 年，英国的德内斯等人采用基于动态时间规整的模板匹配方法成功研究出第一个计算机语音识别系统。

（3）20 世纪 80 年代之后，语音识别的研究重点逐渐聚焦于大词汇量、非特定人的连续语音识别。在研究方法上，也发生了显著转变，从传统的基于标准模板匹配的方法转向基于统计模型的方法。此外，将神经网络技术引入语音识别研究的思路得到了广泛关注和进一步发展。

（4）自 2010 年起，深度神经网络（DNN）的崛起以及分布式计算技术的快速发展，为语音识别领域带来了重大突破。例如，2011 年，微软公司在语音识别中成功引入深度神经网络，将语音识别的错误率降低了近 30%。而在国内，科大讯飞、华为云语音、腾讯云智能语音、搜狗语音助手、紫冬口译、百度语音等都采用了最新的语音识别技术，相关公司开发出大量的语音识别应用产品，将语音识别的应用推向一个新的高潮，进一步拓展了人类的交流空间。

智慧碰撞

语音识别技术经历了多个发展阶段，从模板匹配到深度学习，技术不断进步。请探讨深度学习如何推动语音识别技术的突破。

二、语音识别的基本原理

图 2－30 为连续语音识别系统的原理框架图，主要由特征提取、声学模型、声学解码、词表匹配、语言模型和语言解码等模块组成。

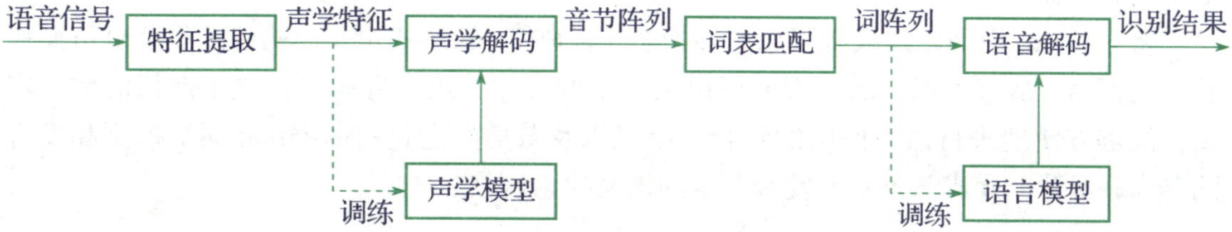

图 2－30 连续语音识别系统的原理框架图

1. 特征提取

在特征提取模块，语音信号经过数字化、分帧、加窗、离散傅里叶变换等一系列处理，生成特征向量序列。语音信号本质上是非平稳的随机信号，但在较短的时间段内（如 10～30 ms），可以认为人的声带振动和声道形状相对稳定，在这段时间内，语音信号表现出平稳性，属于短时平稳的随机信号。目前，常用的语音识别系统多以梅尔频率倒谱系数（MFCC）为特征参数。如果输入语音是训练语音，则输出的声学特征用于训练，生成声学模型。如果输入语音为测试语音，则用声学模型对特征向量序列进行声学解码，得到音节阵列。

2. 声学模型建立

语音识别系统通常包含声学模型和语言模型两大部分。声学模型主要负责描述基本语音单元特征向量的概率分布，其训练过程是基于语音库中多个说话人的特征向量，针对每个基本语音单元进行建模生成。20 世纪 80 年代以来，声学模型基本上以概率统计模型为主，特别是隐马尔可夫模型 / 高斯混合模型（HMM/GMM）结构。

长短时记忆（LSTM）模块的引入解决了简单循环神经网络的梯度消失等问题，使循环神经网络框架可以在语音识别领域实用化并获得了超越深度神经网络的效果，目前已在业界一些比较先进的语音系统中应用。当前语音识别中的主流循环神经网络声学模型框架主要包含两部分：深层双向循环神经网络和序列短时分类技术。在深层双向循环神经网络中，对当前语音帧的判断不仅能够利用过去的语音信息，还能借助未来的语音信息，从而实现更精准的决策。序列短时分类技术使训练过程无须依赖帧级别的标注，从而有效实现了端到端的训练。

3. 语言模型建立

语言模型用于计算音节到字的概率关系，即对语言中词汇的搭配进行总结，并以概率模型的形式呈现。在解码过程中，该模型能够对解码空间进行约束，不仅降低了计算量，还能提升解码的准确性。

近年来深度神经网络的语言模型发展很快，在某些识别任务中取得了比统计语言模型（N-Gram 模型等）更好的结果，但它在训练和推理方面都显著慢于 N-Gram，所以在很多实际的应用场景中，很大一部分语言模型仍然采用 N 元文法的方式。N-Gram 会计算词典中每个词对应的词频以及不同的词组合在一起的概率，用 N-Gram 可以很方便地得到语义得分。

将 N-Gram 模型以加权有限状态转换机（WFST）的形式定义，构建了规范且可操作的语义网络。WFST 概念的出现使得语义网络的优化、组合等操作建立了严格的数学定义，能够方便地进行语义网络的组合、串联以及裁剪。通过将 N-Gram 词汇模型和发音词典串联展开，生成基于基本发音音素的语义搜索网络。

4. 解码搜索

解码搜索是借助语音模型和语言模型中存储的知识，对语音信号序列进行分析和推理，最终生成对应的语音内容。

一般的解码过程是通过统计分析大量的文字语料构建语言模型，得到音素到词、词与词之间的概率分布。语言解码过程综合声学打分及语言模型概率打分，寻找一组或若干组最优词模型序列以描述输入信号，从而得到词的解码序列。

语音解码搜索本质上是一个启发式局部最优搜索问题。在早期语音识别中，对于有限词汇的简单任务（如十多个命令词的识别），通常可以采用全局搜索的方法。

整个语音识别的大致过程可总结如下：根据前端声学模型给出的发音序列，结合大规模语料训练得到的 N-Gram 模型，在 WFST 网络上展开，从 N-Gram 输出的词网络中通过 Viterbi 算法寻找最优结果，将音素序列转换成文本。

拓展新知

语音识别的典型应用

1. 语音输入

语音输入是计算机根据操作者的语音将其识别成文字的输入方法，因此又称为声控输入，可以认为是世界上最简便、最易用、最自然的人机交互方式之一。目前，该项技术已经深入人们生活的方方面面，比如手机上使用的语音输入法、语音助手、语音检索等应用；在智能家居场景中，有大量通过语音识别实现控制功能的智能电视、空调、照明系统等；智能可穿戴设备、智能车载设备也配置了一些基于语音交互的功能，其核心技术就是语音识别。一些传统的行业应用也正在被语音识别技术颠覆，比如医院里使用语音识别进行电子病历录入，法庭的庭审现场通过语音识别技术分担书记员的记录工作。此外，影视字幕制作、呼叫中心录音质检、听录速记等都可以用语音识别技术来辅助和实现。

2. 声纹识别

声纹识别的理论基础是每种声音都具有独有的特征，通过该特征有效区分不同人的声音。声纹识别技术最早是在 20 世纪 40 年代末由贝尔实验室开发的，主要用于军事情报领域。随着该项技术的逐步发展，20 世纪 60 年代末后期美国的法医鉴定、法庭证据等领域使用了该项技术。从 1967 年到现在，美国有多起案件涉及谋杀、强奸、敲诈勒索、走私毒品、赌博、政治腐败等，在一些案件中，警察通过声纹识别技术获取了有效线索和有力证据。特别值得强调的是，声纹识别技术目前已经列入我国公安部标准，可以作为证据进行鉴定。

相较于声纹识别，语音识别更为大众所熟悉，但二者有着本质区别。语音识别解决的是“说什么”的问题，声纹识别解决的是“谁在说”的问题。语音识别必然会从“说什么”发展到“谁在说”，从而克服传统智能语音技术不能识别说话人的身份而无法提供相应的个性化服务的瓶颈，实现真正意义上的人机交互。需要注意的是，在语音识别的场景下若要解决身份识别的问题，需要得到声纹生物信息 ID 的声纹识别技术支持。

3. 情感分析

智能产品在人们的生产、生活中扮演着越来越重要的角色，人们在与这些智能产品实现无障碍沟通交流的同时，还期待人机交互能更加友好和生动，这就要求语音识别技术解析人类语言中蕴含的语义，还需要注重人类的情感信息。使计算机等智能产品拥有和人类匹配的思维感知能力和情感表达能力，是人机交互技术的终极目标之一。

基于语音的情感分析可以对人们的学习、生活、健康等产生影响。例如，在远程教育中，情感分析可以识别学生是否对教学内容感到困惑，从而提升学习效果；在车载监控系统中，情感分析可以通过语音信息识别驾驶者的情绪，判断其是否疲劳、醉酒或处于失控状态等，并通过适度提醒或者播放轻松的音乐来缓解“路怒”。在智能养老领域中，通过情感分析可以及时关注和了解老人的情绪，在老人出现负面情绪时及时提醒和应对，从而避免老人出现心理疾病或其他意外。除上述例子之外，基于语音的情感识别技术还能在信息检索、刑侦测谎等方面发挥作用，拥有广阔的应用市场前景。

德润课堂

随着人工智能技术的快速发展，人工智能产业规模和产品数量迅速增加，改变着人们的工作和生活方式。中国互联网络信息中心发布的第五十五次《中国互联网络发展状况统计报告》显示，截至 2024 年 12 月，我国生成式人工智能产品的用户规模已达 2.49 亿人。

本章小结

本章主要介绍了人工智能核心技术的相关知识，涵盖了自然语言处理、机器学习、神经网络与深度学习、计算机视觉以及语音识别等领域的基本概念、发展历史和技术原理。本章首先介绍了自然语言处理的基本概念、研究方法及其在信息抽取、自动文摘、语音识别等方面的应用，详细阐述了基于规则和基于语料库的两种主要的研究方法及其代表性成果；其次介绍了机器学习的定义、发展历史以及监督学习、无监督学习、强化学习的基本原理和应用场景，并探讨了机器学习在数据分析与处理中的重要作用；最后介绍了神经网络与深度学习的基础知识，包括神经元模型、激活函数、感知机、多层神经网络以及深度学习在计算机视觉和语音识别中的应用，并分析了深度学习的优势与挑战。

通过本章的学习，读者能够系统地了解人工智能核心技术的基本框架和发展历程，掌握自然语言处理、机器学习和神经网络的核心概念与方法，并能对计算机视觉和语音识别技术的实际应用有初步的认识。读者还将具备分析和解决简单人工智能问题的能力，为深入学习和从事人工智能相关工作奠定坚实的基础。

课后研思

一、填空题

1. 自然语言处理的研究方法主要包括基于规则的理性主义方法和基于 ________ 的经验主义方法。

2. 机器学习是一门多领域交叉学科，涉及概率论、统计学、逼近论、凸分析、算法复杂性理论等多门学科，专门研究计算机怎样模拟或实现人类的 ________ 行为。

3. 神经网络的基本构成元素是 ________，其设计灵感来源于生物的大脑神经元。

4. Transformer 模型是一种基于 ________ 机制来加速深度学习算法的模型，由一组编码器和一组解码器组成。

5. 语音识别技术的主要目标是将人类语音中的词汇内容转化为计算机可读的 ________。

6. 在深度学习中，激活函数的作用是进行 ________ 映射，将神经网络的线性映射转换成非线性映射，从而解决线性不可分问题。

7. 计算机视觉的主要任务是通过对图像或视频进行处理，以获得相应场景的 ________ 信息。

8. 机器学习算法一般可以分为监督学习、无监督学习和 ________ 学习。

二、简答题

1. 简述自然语言处理的发展经历了哪三个阶段，并分别列举每个阶段的主要特点。
2. 简述机器学习中监督学习、无监督学习和强化学习的主要区别。
3. 简述深度学习在自然语言处理中的优势和面临的挑战。
4. 简述计算机视觉技术的主要应用领域，并列举至少三个实际应用场景。

第三章

我国人工智能产业概况

导读

随着人工智能技术的飞速发展，其已成为推动全球科技革命和产业变革的核心力量。本章将深入探讨我国人工智能产业的发展现状、应用领域以及未来趋势，帮助读者全面了解我国在这一战略性新兴产业中的布局与成就。

学习目标

知识目标

1. 了解我国人工智能产业的发展现状，包括市场规模、投资规模以及技术进步的情况。
2. 掌握人工智能专业人才的现状与需求。
3. 熟悉人工智能在典型应用领域的技术原理与应用场景。

技能目标

1. 能够分析人工智能技术在不同领域的应用模式。
2. 能够从人才培养、产业应用的角度，分析我国人工智能产业的优势与不足。
3. 掌握人工智能技术在智慧医疗、智慧农业等领域的应用技能，例如病虫害监测识别系统、智能农业机器人、医疗物联网等技术的应用。

素质目标

1. 通过学习人工智能在各个领域的创新应用，激发创新意识和能力。
2. 理解人工智能与其他技术（如物联网、大数据、云计算）的融合，培养跨学科应用能力。
3. 通过对人工智能数据驱动应用的学习，培养对数据的敏感性和分析能力。
4. 分析人工智能对就业的影响，树立正确的职业观，积极投身科技创新领域。

第一节　我国的人工智能发展概况

一、人工智能专业人才需求现状

人工智能产业是以人工智能软件系统开发和相关信息技术服务为核心，涵盖上游硬件和下游应用的新兴战略性产业。近年来，人工智能的快速发展正在重塑全球科技产业的格局。其中，生成式人工智能作为 AI 的一个重要分支，正在推动企业和机构加大对技术基础设施的投资。

当前，随着科技的快速进步，我国人工智能技术正以迅猛的势头发展，已广泛融入经济社会的各个领域，显著推动了生产力的提升和人类文明的进步。全球对人工智能的关注持续升温，中国在 AI 投资领域经历了波澜壮阔的变革。2024 年中国 AI 产业领域共有投资案例 1 156 起，披露总投资金额近 850 亿元。

2023 年，人工智能技术进步加速，GPT-4、Gemini 和 Claude3 等先进模型展示了强大的多模态能力，人工智能的“颠覆性”愈发凸显。我国人工智能核心产业的市场规模从 2020 年的 3 031 亿元增长至 2023 年的 5 784 亿元。据估算，2024 年我国人工智能核心产业的市场规模约为 6 964 亿元。

人工智能已逐步成为引领科技革命、推动产业变革的战略性支柱技术。作为当今科技领域的热门话题，人工智能的快速发展离不开各类专业人才的支撑。中国的人工智能人才数量占据领先地位。中国着力打造人工智能人才成长的“孵化器”和“蓄水池”，为未来产业发展积蓄了创新要素。

中国近年来成为全球人工智能人才池的重要组成部分，顶尖的人工智能研究人员占比持续提高。从一些关键指标来看，中国已成为人工智能人才的主要产出国。

当前，中国已成为培养人工智能人才的关键力量。近年来，中国人工智能人才数量显著增加，总数已突破 940 万，彰显了中国在科技创新领域的巨大潜力。据预测，到 2030 年，中国对熟练人工智能人才的需求将比 2022 年增长 6 倍，达到 600 万，这表明中国在高技能人工智能人才培养方面仍有巨大的发展空间。

数智化背景下人工智能技术在职场中的应用愈发普遍，生成式人工智能的热潮正在推高中国人工智能行业对专业人才的需求。随着人工智能领域的飞速发展，中国对高水平人才的需求还将继续增长，针对人工智能人才能力素质的培养将进一步推进。

智慧碰撞

我国人工智能人才数量已突破 940 万，预计 2030 年中国对熟练人工智能人才的需求将达到 600 万。你认为我国在人工智能人才培养方面存在哪些挑战？如何解决这些问题以满足未来产业发展的需求？

二、人工智能专业人才产业链

1. 人工智能专业人才产业链结构

人工智能作为引领未来的战略性通用技术，是推动新一轮产业变革的核心动力，对于抢占未来发展的制高点和构建现代化产业体系具有极其重要的意义。人工智能专业人才主要由高校和高职院校培养，这些学校通过强化电子、材料、机械、光学等传统学科与人工智能科学的深度融合，为行业输送专业人才。人工智能专业人才培养链的上游主要包括资源开发与供应，其中，资源开发主要涉及教育内容的创造和提供，包括教材、课程、教学软件、教学视频等；而供应则涉及教育资源的实际生产和配送，如教材的印刷、课程的制作、教学视频的上传等。人工智能专业人才毕业后能在 IT 行业、科研机构、企事业单位中从事计算机应用软件系统的开发和研制工作等。

2. 人工智能专业人才需求产业链上游——高校

高校在人工智能专业人才的培养中扮演着至关重要的角色。人工智能专业被正式纳入本科专业名单，加速了人工智能产业专项人才的培养进程。

德润课堂

我们需要什么样的人工智能

百年未有之大变局下，我们加快了寻找答案、走向新领域的步伐。在这一进程中，层出不穷的技术选手为解决问题而来，其中，人工智能是风头最“劲”的一位。

但面对这位备受全球科技界眷顾的选手时，我们依旧要冷静思索：中国，需要怎样的人工智能？

社会主义的本质，是解放、发展生产力，带领全体人民共同富裕。在中国，要满足人民群众日益增长的对美好生活的向往，因而社会主义视域下的生产工具，不会脱离社会生产；也不会沦为只服务部分群体的利益、无视人类共同命运的垄断手段。

在厘清本质层面的逻辑后，我们在面对风起云涌的人工智能浪潮时，展现出的是更加清晰的辨识力与愈加自信的把握力。我们看到，国家高度重视人工智能经济发展；国家在促进人工智能和实体经济深度融合，为高质量发展注入强劲动力。

中国工程院院士、中国科学院计算技术研究所研究员孙凝晖曾直接指出，人工智能技术成功的关键，在于能否让一个行业或一个产品的成本大幅下降，从而将用户数与产业规模扩大 10 倍，产生类似于蒸汽机对于纺织业、智能手机对于互联网业的变革效果。

中国的人工智能之路怎样走，答案其实很明显——作为制造业全球产业门类最齐全、体系最完整，同时场景多、数据多的实体经济大国，我们不会否认虚拟经济的巨大价值，但也不放松、不动摇实体经济的优先地位。要运用人工智能这一高效生产工具，打造、培育更多适应历史潮流与社会主义发展需求的新质生产力，走出一条适合自己的“AI+”高质量发展道路。

这是以制造为根基的技术创新。我们会聚焦新能源、电动汽车、智能制造、新材料、生命科学、医药健康等一批对数字经济发展具有显著引领作用的战略性产业，打造未来数字经济发展的引擎，最终实现人工智能在科学研究范式变革、产业创新效率提升中的革命性作用。

我们要把握人工智能这一时代强音，但也能看清它爆发式增长中深藏的暗礁险滩。最终，我们将利用人工智能的高效性和智能化，促进经济的可持续发展，提高社会治理能力和民众生活水平。

我们到底需要什么样的人工智能？那便是人人用得起、安全可信、属于每一个中国人并能造福全世界人的人工智能。

第二节　人工智能的典型应用领域

一、智能制造

智能制造是一种新型生产方式，它在新一代“互联网＋”技术与先进制造技术深度融合的基础上，贯穿了计划、设计、制造、管理、服务等生产活动的各个环节，具备自感知、自学习、自主认知、自主调节等功能。

在全球新一轮科技革命和产业结构调整的背景下，我国制造业正处于转型升级的关键时期。智能制造在全球范围内迅速崛起，成为制造业发展的主流趋势，深刻改变了产业发展格局和分工模式，催生了新的生产方式、产业形态和商业模式。一些国家实施“再工业化”战略，不断推出发展智能制造的新举措，通过政府、行业组织、企业等协同推进，积极培育制造业未来竞争优势。

近年来，在国家的大力支持和企业的共同努力下，智能制造发展取得显著成果，以高级数控机床、工业机器人、智能设备为代表的关键技术装备得以迅速发展；先进工艺和智能制造设备在重点行业不断得到推广普及，离散型行业制造装备的智能化、数字化、网络化措施加速推进，流程型行业过程控制和制造执行系统完成了全面普及，关键工艺流程的数控化率显著提高；在典型行业不断探索，逐步形成了一些可复制推广的智能制造新模式，为深入推进智能制造奠定了一定的基础。目前，我国制造业尚处于机械化、电气化、自动化、数字化并存的阶段，表现为不同地区、行业、企业差距突出，发展不平衡。发展智能制造面临诸多挑战：自主创新能力不足，导致关键共性技术和核心装备依赖进口；智能制造领域的标准、软件、网络和信息安全基础较为薄弱；系统整体解决方案的供给能力不足；智能制造新模式的成熟度较低；专业人才短缺。与一些工业国家相比，我国制造业的智能转型面临着更为复杂的环境和更为严峻的形势。

1. 智能制造生态体系

鉴于工业 4.0 的深度整合，智能制造的生态体系非常重要，因为制造科学技术、ICT

和传感器技术将在未来高度集成。该通用体系将涵盖不同企业并大面积使用，可以指导标准化智能制造的实施。高级传感器，无线通信标准，大数据处理模型、算法及应用等典型技术都将置于此框架内。因此，工业 4.0 的发展依赖于智能制造生态体系这一基础。智能电网就是这样一个领域，它被设计成一个生态系统，在这个生态系统中，我们可以广泛地组合不同的元素，以便智能电网以高效的方式工作。

为了全面推进智能制造，应重点关注平台技术，包括互联网、物联网、虚拟化技术、服务技术以及智能对象和资产技术。这是因为客户日益增长的定制化需求可能会导致制造成本上升。通过平台技术实现智能设计、生产、物流和供应链管理，能够充分利用灵活且可重构的制造系统，从而有效降低成本。多路平台技术将提供新颖的解决方案，以解决产品定制的问题。我们需要一个更加开放的创新框架，将制造业的协作努力纳入其他下游和上游活动。因此，面向服务的智能制造确定为工业 4.0 的重要组成部分。

智能制造工业 4.0 框架的研究主题分为智能设计（Design）、智能机器（Machine）、智能监控（Monitoring）、智能控制（Control）和智能调度（Scheduling）。

（1）智能设计。

随着虚拟现实（VR）和增强现实（AR）等新技术的快速发展，传统设计将升级并进入智能时代。设计软件，如计算机辅助设计（CAD）和计算机辅助制造（CAM），能够通过 CPS 和 AR 集成的三维（3D）打印实时与物理智能原型系统进行交互。

（2）智能机器。

在工业 4.0 时代，智能机器可以通过智能机器人和其他智能对象实现。这些智能对象能够实时感知环境并进行交互。例如，支持信息物理系统的智能机床可以捕获实时数据，并将其传输到云端中央系统，从而实现机床与配套服务的同步，为智能制造提供解决方案。

（3）智能监控。

工业 4.0 的监控主要作用于其制造系统的运营、维护和调度。各种类型传感器的广泛部署使实现智能监控成为可能。例如，用户可以实时获得各种制造因素（如温度、电力消耗、振动和速度）的数据和信息。

（4）智能控制。

在工业 4.0 中，我们可以通过开发网络物理生产控制系统来实现高分辨率、自适应生产控制（即智能控制）。智能控制主要是通过云平台管理各种智能机器或工具。例如，用户可以通过智能手机关闭机器或机器人。

（5）智能调度。

智能调度主要是借助先进的模型和算法处理传感器采集的数据。数据驱动技术与高级决策架构能够为智能调度提供支持。例如，为了实现高效、可靠的调度与执行，可以采用分层交互架构的分布式智能模型。

2. 工业互联网基础

智能制造离不开工业互联网。支持工业制造的实施企业利用光通信、工业无线网、工业以太网、SDN、OPC-UA、IPv6 等技术改造工业现场网络，在工厂内形成内部网络连通、数据互通、外部业务贯通的局面。利用 SDN、网络虚拟化、4G/5G、IPv6 等技术实现对现有公用电信网的升级改造，满足工业互联网网络覆盖和业务开展的需要。工业互联网、工业云计算、大数据服务平台建设的推进，对智能制造的发展有着重要作用。

工业互联网驱动的制造模式作为一种前沿理念，将传统的生产资源转化为智能制造对象（SMO）。这些对象能够相互感知、连接和交互，并能够自主且自适应地执行制造逻辑。在基于工业互联网的制造环境中，人与人、人与机器以及机器与机器的连接实现了智能感知。因此，通过在制造中应用物联网技术，可以实现按需使用和资源的有效共享。物联网被认为是工业 4.0 下的现代制造概念，并采用了最新的技术和设施，例如尖端信息技术基础设施。数据的采集和共享极大程度地影响制造系统的性能。

工业互联网驱动的制造模式具备实时数据采集功能，并支持机器、工人、材料和工序等制造资源之间的互联互通。射频识别（RFID）和无线通信标准等关键技术为实时数据采集与资源共享提供了支撑。借助 RFID 技术，能够将材料流动与相关信息流无缝整合到物理制造过程中，从而实现制造业务的可视化与可追溯性。RFID 标签和读取器被部署到典型的制造场所，例如车间、装配线和仓库，通过为制造对象配备 RFID 设备来创建智能对象。智能对象可以检测车间故障并实时反馈给制造系统，制造的效率也将随之得到提高。

例如，汽车零部件制造商怀集登云汽配股份有限公司在整个运营过程中使用 RFID 车间制造解决方案，基于 RFID 实时数据，扩展了制造执行系统和企业资源规划系统。广东志高空调有限公司基于 RFID 进行实时车间物料管理，RFID 技术提供了自动且准确的对象数据，以实现实时对象的可见性和可追溯性。

智慧碰撞

智能制造是未来制造业的重要发展方向。结合本章内容，讨论智能制造生态体系中，工业互联网技术如何推动制造业的智能化转型。请列举一个实际案例，并分析其成功的关键因素。

3. 智能制造关键共性技术

关键共性技术研发的开展，须建立与智能制造相关的创新部门，整合现有的各类创新资源，引导企业加大研发投入，努力在新型传感技术、嵌入式控制系统设计技术、先进控制与优化技术、系统协同技术、高可靠实时通信、功能安全技术、故障诊断与健康维护技术、特种工艺与精密制造技术、识别技术、建模与仿真技术、人工智能等关键共性技术上取得突破。为推动创新资源向企业汇聚，要加大对用户、企业、科研院所和高校的引导力度，加快组建智能制造创新联盟。

加快研发智能制造支撑软硬件，利用无线传感技术、工业信息安全技术、云计算与大数据技术、人工智能技术，突破计算机辅助类软件、基于数据驱动的三维设计与建模软件、数值分析与可视化仿真软件等，在分布式系统中部署高安全、高可信的嵌入式组态软件、嵌入式实时工业操作系统等工业控制软硬件，引入制造执行系统、供应链管理软件、企业资源管理软件等业务管理软硬件，采用嵌入式数据库系统与实时数据智能处理系统等数据管理软硬件。

智能制造流程主要包含自动化、数字化以及智能化。自动化即设备层，包括智能化设备、操作系统、通信端口、可编程等功能模块；数字化即数据层，包括数字孪生体、实体工厂数字化等；智能化即决策层，包括数据应用、大数据、人工智能等。

智能制造中主要包含的类型有四类：透明工厂、智能工厂、云制造和人工智能。

透明工厂是一种依托互联网技术的理念，能够实现工厂车间与业务系统之间的无缝连接。通过在信息源头进行公开，消除了专有障碍，使业务系统能够从工厂车间甚至全球范围内获取生产数据。这种从工厂底层设备到 ERP 系统的开放式通信架构，不仅提升了制造过程的可视化，还能在数据快速准确传输的基础上，助力企业在整个企业范围内做出更优的决策。

智能工厂使企业能够从原始制造数据中获得商业意识。关键绩效指标的仪表板在整个企业中提供从上到下“真实的一个版本”。工厂智能工具的企业分析和报告功能可以提高整体设备效率，并在需要时向正确的用户、主管、经理或任何需要的人提供正确的信息。通过智能加工的方式，可以创建智能工厂的自定义版本。

云制造是一种在云计算、物联网、虚拟化和服务化技术支撑下的先进制造模式，它将制造资源转化为可全面共享和传播的服务形式。这种模式贯穿产品的全生命周期，涵盖设计、仿真、制造、测试和维护等环节。因此，云制造能够为各类终端用户提供按需获取的制造服务。

在云制造中，用户可以智能地感知各种生产资源和容量并将其连接到云中。通过 RFID 和条形码等物联网技术可自动管理和控制生产资源，以便将它们数字化而实现共享。针对服务的技术和云计算是这一概念的基础支持。因此，制造资源和容量可以虚拟化、封装并传播到可以访问、调用和实现的各种服务中。通过给定预定义的特定规则，用户可以对这些服务进行分类和聚合。不同类型的云制造可以处理各种制造服务。不同的用户能够通过虚拟制造环境或平台，搜索、访问和调用不同的服务。

资源建模需求以及服务资源的匹配问题，与云部署模式一起，成为云制造领域的关键挑战。鉴于需要为服务共享构建虚拟制造环境或解决方案，必须采用公共云、私有云、社区云及混合云等多种云部署方式，以实现向终端用户提供统一且无缝的访问体验。例如，混合云是多个云的混合体，具有提供多种部署模式、灵活部署和轻松访问跨业务应用程序等优势。此外，机器和装配线等各种制造资源建模也应具有可以分发和共享的服务。然而，这种发展具有挑战性，因为各种类型和异构格式的制造对象可能会引入用户意想不到的复杂性。云制造中的制造要求和服务匹配很重要。这种匹配不仅包括服务提供商和客户的最佳解决方案，还包括服务规划、调度和执行。

人工智能在智能制造中的应用包括智能制造模型和人机协作。

（1）智能制造模型。

随着带有 RFID 或智能传感器的数字设备在制造领域的广泛应用，海量数据得以产生。这些数据中蕴含着丰富的信息和知识，可用于多种决策场景。因此，对数据的高效利用不仅提升了制造效率，还增强了生产的灵活性，并推动了生产与物流、供应链管理等其他环节的深度整合。

生产制造的质量和效率在很大程度上取决于生产系统动力学的显著影响。基于信息或知识集成、数据挖掘和数据分析，数据驱动模型能够充分利用历史或实时数据进行系统诊断或预测。例如，使用数据驱动方法的两阶段维护框架被用于半导体制造业的退化预测。未来，基于数据或知识驱动的模型和服务将用于智能制造。一个关键的研究领域是将云服务与知识管理集成在一个平台上，该平台能够提供企业服务，如智能设计和制造、生产建模和模拟以及物流和供应链管理。该平台将积累大量的生产数据，配备智能传感器或数字设备的各种制造对象，以整合人、机器、材料、工作和制造逻辑。云上的智能车间运营中心可以使用自学习模型为制造系统中的高级决策制定更先进、智能的模型和算法。

（2）人机协作。

在工业 4.0 的大环境下，人类通过在工业环境中使用认知技术实现和机器一同工作的局面。智能机器将能够帮助人类使用语音识别、计算机视觉、机器学习和高级同步模型，完成大部分工作。因此，机器人等机器的高级学习模型非常重要，人类和机器将能发展出在任何工作条件下相互补充的技能。未来的一个研究方向是“人在环中”的机器学习方法，该方法允许人与决策模型进行有效交互。例如，当置信度低于某一阈值时，系统会将数据发送给人类，由人类进行判断。人类做出的这个新判断既会被应用于处理过程中，也会被输入算法中，让算法更智能。因此，具有数据功能的机器学习机制可以通过使用人类领域的专业知识，更好地理解协作。又如，基于传统的机器学习系统或算法可以插入人类知识这一前提，真实世界的传感系统便可改善人机交互和通信。

机器智能在促进人机协作中扮演着关键角色，因为它能够为每个工作岗位、角色以及制造场所中的各项任务提供支持。安全问题成为极其重要的研究方向，因为配备了智能控制系统的机器可以在车间等实际生产环境中替代人类执行任务。这种机器可以通过自学习和进化程序轻松地与人沟通。智能人机交互可以在复杂的制造环境中实现，以便最终实现制造智能。

随着工业 4.0 越来越受到关注，智能制造在现代工业和经济发展中变得越来越重要。智能制造被认为是工业 4.0 研究和应用的关键前景，因为它通过将尖端技术应用于制造和服务中的传统产品，为各种产品和系统提供附加值。

4. 智能制造实干家

（1）海尔集团。

海尔集团凭借在家电制造领域积累的丰富实践经验，通过推出工业互联网平台 COSMOPlat，构建了以用户为中心的大规模定制化生产模式，实现了全流程实时可视化、需求即时响应以及资源的无缝衔接。

COSMOPlat 平台共分为四个部分。资源层构成平台的第一部分，开放整合全球资源，实现各类资源的分布式调度和匹配的最优化。第二部分是平台层，支持工业应用的快速开发、部署、运行、集成，实现工业技术软件化。第三部分是应用层，为企业提供具体互联的工厂应用服务，形成全流程的应用解决方案。第四部分是模式层，依托互联工厂应用服务实现模式创新和资源共享。

目前，COSMOPlat 平台已打通交互定制、开放研发、数字营销、模块采购、智能生产、智慧物流、智慧服务等业务环节。同时，为了满足用户个性化定制的需求，实现了用户持续、深入地参与产品设计研发、生产制造、物流配送、迭代升级等环节，该平台有效地发挥了智能化系统的关键作用。

“基于海尔 COSMOPlat 平台的洗衣机个性化定制”是该平台的典型应用，如图 3－1 所示。

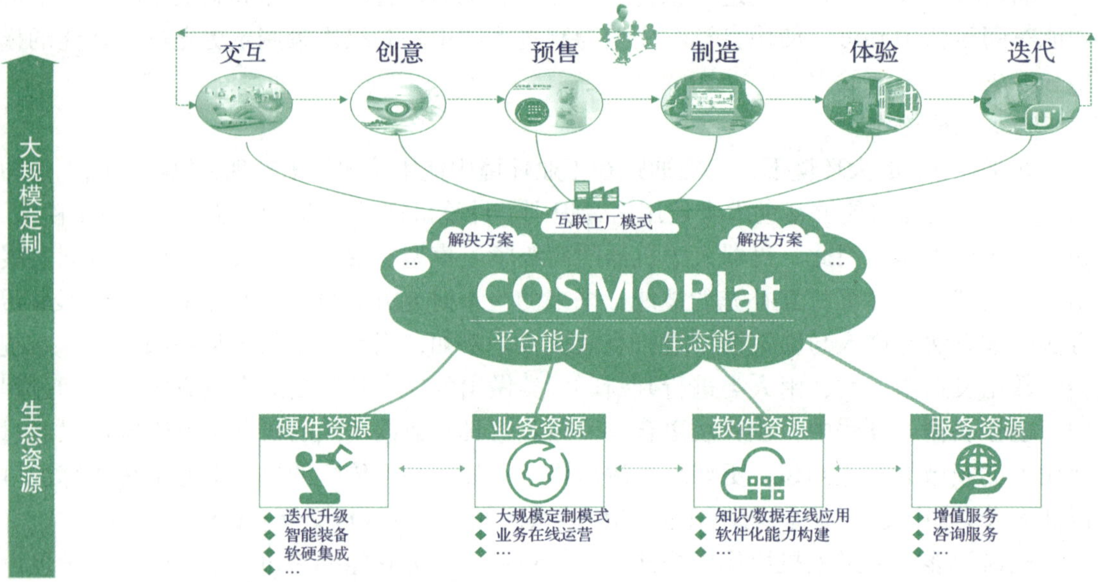

图 3－1　基于海尔 COSMOPlat 平台的洗衣机个性化定制

洗衣机用户面临内桶清洗周期不足、难清洗等使用问题，不少用户希望能够获得一款具备更好的用户体验的新产品。

试想一下，借助 COSMOPlat 平台，洗衣机用户的个性化需求得以在众创汇平台上实现交流与互动。在此过程中，共有 990 万用户和 57 个设计资源参与了新产品的创意设计。创意立项后，26 个外部专业团队通过开放平台的引入，多方协作攻克技术难题；在产品样机得到资格认证后，利用 26 个网络营销资源和 558 个商圈进行预约销售；在 125 个模块商资源和 16 个制造商资源的合作下，用户通过开启模块采购和智能制造，便可下单购买，进而实现产品的按需定制、柔性生产；线下方面，产品通过涵盖 9 万辆“车小微”和 18 万名“服务兵”的智慧物流网络，被及时送到用户家里，并将被同步安装好。不仅如此，用户在使用产品的过程中，还可通过社群与其他用户持续交流互动，进一步催生净水洗、无水洗系列产品。

（2）树根互联技术有限公司。

树根互联技术有限公司是一家开放且独立的工业互联网平台企业，由三一重工物联网团队创立。2017 年初，公司发布了根云（RootCloud）平台，如图 3－2 所示。该平台主要依托三一重工在装备制造和远程运维领域的丰富经验，从 OT 层向 IT 层拓展构建而成，专注于设备健康管理，提供端到端的工业互联网解决方案和服务。

图 3-2　根云（RootCloud）平台

根云平台主要具备三个方面的功能。一是智能物联，各类设备数据的采集和编译，在传感器、控制器等感知设备和物联网的条件下完成。二是大数据和云计算，面向海量的设备数据，云计算以其稳定可靠的能力提供了数据清洗、数据治理、隐私安全管理等服务，并依托经验知识图谱完成工业大数据工作台的建构。三是 SaaS 应用和解决方案，为企业提供端到端的解决方案和即插即用的 SaaS 应用。为便于应用开发者加快构建工业互联网应用，SaaS 致力于为其提供开发组件。

目前，根云平台可为企业提供资产管理、智能服务、预测性维护等工业应用服务。同时，为提升保险公司等金融机构的风险管控和金融服务能力，根云平台产业链不断推进金融创新，催生 UBI 保险、维保等产品。

“UBI 挖机延保产品数据平台”是该平台的典型应用。

工业互联网平台汇集了大量数据，可以帮助保险公司了解车辆或特种设备的状态、车辆驾驶员的行为习惯等，也可帮助银行对抵押物实施全面监控，及时掌握供应链上下游企业的经营状况，从而实现保险精准定价。树根互联与久隆保险、三湘银行合作，在动产融资、UBI 保险等领域通过工业互联网与大数据分析应用的手段推出了相关服务。

依托平台，一方面利用挖掘机数据和维修换件数据，进行数据评估与分析。通过数据挖掘和建模，结合设备使用情况与故障维修情况，构建挖掘机设备质量评估指数。另一方面，基于模型开发用于精算定价和风险选择的数据产品，为保险公司在用户使用场景和风险管理方面提供数据和技术支持，助力久隆保险完成延保产品和 UBI 产品的定价。

在树根互联的帮助下，久隆保险根据保费规模、利润、承保机器数量，明确了适合开展业务的机器类型。久隆保险通过在维修费用和利润比例上对开展业务的设备进行量化分析与排序，实现了各档保险定价的精准化。

（3）和利时集团。

和利时集团在 2017 年发布了 HiaCloud 平台，该平台主要面向企业生产制造和运营服务，实现全面的数据汇集、生产运营管理和 App 创新服务。和利时集团还致力于自主 PLC、DCS、SCADA 产品的研发、制造和服务，聚焦工业、轨道交通和医疗三大领域的业务。

HiaCloud 平台由工业 PaaS 平台层、工业 SaaS 智能应用层以及工业现场层组成。其中，工业 PaaS 平台层从上到下依次包含应用服务子层、数据服务子层和云基础环境子层。该平台层构建了工业对象模型的虚拟运行空间，并提供 API 接口及多种快速开发工具。

工业 SaaS 智能应用层是指在工业 PaaS 层的基础上开发的各类工业 App 服务，主要进行资产管理服务和运营优化服务。HiaCloud 平台可在公有云、私有云及混合云上部署。提供边缘计算服务的 HiaCloud 平台的工业现场层，使企业现场各类数据的汇集与本地应用得以实现。此外，和利时集团还构建了工厂级综合数据集成与应用开发平台 HiaCube，用于过程工业、离散工业、工业园区、能源矿山、轨道交通和市政设施的本地化智能生产与智慧运营。

“基于 HiaCloud 平台的生产质量优化”是该平台的典型应用。

过去，某大型电子装备制造企业曾面临诸多生产和服务难题：多品种小批量的生产模式导致环线时间长且容易出错；产品质量追溯体系不够完善，有效性不足；产品消缺与创新缺乏检验测试数据支持；设备异常与故障信息获取渠道不明确，影响产品质量和产能；无法了解产品在用户现场的实际使用情况，导致售后服务处于被动状态。

通过运行 HiaCube 与 HiaCloud，该企业为所有生产材料、装备、产品、产线、工艺以及劳动者建立了对应的信息模型，在数字空间重构了企业的生产、质量、安全、维护和运营等场景，用现场数据驱动数字模型运行，达到 OT 与 ICT 的深度融合。该企业还为其用户提供产品全生命周期的在线运行优化和预测性维护云服务，HiaCloud 平台为用户进行了电子装备的联网。

HiaCloud 平台投入使用后，该企业产品的一次合格率提升至 99.5%，返修率降至 0.3% 以下，生产效率提高了 50%，年产能达到 158 万模块。定制产品的交付周期缩短至 8 周以内，售后服务模式也从被动响应向主动预警和远程在线支持转变。

拓展新知

智能制造的未来趋势

随着人工智能技术的不断发展，智能制造将继续引领制造业的创新和升级。未来，智能制造将呈现以下趋势。

1. 更高程度的自动化与智能化

随着机器学习、深度学习和强化学习等技术的发展，未来的智能制造将实现更高程度的自动化和智能化，从而进一步提高生产效率、降低生产成本。

2. 个性化产品与定制化服务

在消费者多样化需求的驱动下，生产制造模式更加灵活，企业能够为客户提供个性化的产品和定制化的服务。

3. 数字化与网络化的生产环境

依托物联网、云计算和大数据等技术，未来的智能制造将构建数字化、网络化的生产环境，实现跨地域、跨企业的协同制造和资源共享。

4. 可持续发展和绿色生产

智能制造有助于提高资源利用效率，降低能耗和排放，从而实现可持续发展和绿色生产。未来，制造业将更加注重环境保护和社会责任，实现经济、环境和社会的和谐发展。

5. 产业链的深度融合

智能制造将推动制造业与其他产业的深度融合，形成跨界创新和产业升级的新动力。这将有助于构建更加高效、灵活和可持续的产业链体系。

总之，智能制造作为人工智能技术在制造业的重要应用领域，将继续引领制造业的创新和发展。未来，智能制造将更加注重人、机、物的协同和共享，实现高效、绿色、智能的生产，为人类社会的进步和繁荣创造更多价值。

二、智能家居

家是每个人的心灵归属，一直以来，人们不断追求着安全、方便、快捷的家居生活。随着社会经济的快速发展、生活节奏的加快和现代科学技术的突飞猛进，人们更加渴望拥有舒适、便捷的家居环境。

试想当你出门在外时，可以通过电话、计算机远程遥控家居中的各智能系统；在回家的路上提前打开家中的空调和热水器；到家开门时，使用指纹或人脸识别，自动打开过道灯和门锁，并开启家中的照明灯具和窗帘；在家时，使用遥控器方便地控制房间内的各种电器设备，通过智能化照明系统选择预设的灯光场景，轻松享受生活。

1. 智能家居简介

智能家居（Smart Home）是通过在住宅中应用计算机、网络以及自动控制技术，将各种家居设备进行集成，实现集中管理和远程控制。它旨在提升居住环境的智能化水平、安全性、便利性与舒适性，同时打造节能环保的居住空间。

智能家居控制系统具有智能灯光控制、智能电器控制、安防监控等子系统的集中控制、场景控制和网络远程控制等功能。智能家居控制系统具有以下特点。

（1）系统构成灵活。智能家居控制系统是由各个子系统通过网络通信系统组合而成的，可根据需要减少或增加子系统，以满足需求。

（2）操作管理便捷。智能家居控制系统中的所有设备可通过手机、平板计算机、触摸屏等人机接口进行操作，非常方便。

（3）场景控制功能丰富。可以设置各种控制模式，如离家模式、回家模式、宴会模式、节能模式等，极大地满足人们对生活品质的需求。

（4）信息资源共享。可以将家里的温度、湿度、干燥度发布到网络，形成整个区域的环境监测点，为环境的监测提供有效、有价值的信息。

（5）安装、调试方便。无线网络控制加速了对家居系统的部署。

2. 智能家居的组成

智能家居主要由智能家居主机、红外转发器、各种传感器及探测器、无线电遥控器、智能开关、智能插座等组成，其中智能家居主机是系统的核心设备。

（1）智能家居主机。

智能家居主机也称智能网关，是智能家居系统的控制中枢，除了扮演传统路由器的角色外，它还具备无线转发、接收的功能。智能家居主机能够将外部通信信号转换为无线信号，并接收来自家中遥控设备或无线开关的信号，进而实现对其他终端设备的控制，完成灯光调节、电器操作以及安防监控等功能。

小米智能音箱（小爱同学），是小米公司于 2017 年 7 月发布的首款人工智能音箱。只要用户对着音箱说出“小爱同学”几个字，便可唤醒音箱并和它进行语音交流，完成多种预设功能。用户可以通过人工智能训练计划，让小米智能音箱越来越懂用户。

通过小米智能音箱和智能终端 App 可控制小米电视、扫地机器人、空气净化器等小米生态链设备，也可通过小米插座、插线板来控制第三方产品，实现智能家居功能。

（2）传感器与探测器。

智能家居中常见的传感器及探测器有温湿度传感器、可燃气体传感器、烟雾传感器、漏水传感器、人体红外探测器、无线门磁探测器、玻璃破碎探测器等。当它们与智能家居主机配合使用时，可以消除安全隐患；在危急情况下，可自动实现电话和短信报警，防止意外发生。

如果把智能家居主机比喻成一个人的大脑，那么传感器与探测器就像一个人的眼睛（如视觉传感器）、鼻子（如燃气报警器、烟雾报警器）、耳朵（如门磁、振动感应），它们把所看到、闻到、听到的信息转换为电信号，发送给智能家居主机。

（3）智能开关和智能插座。

智能开关可用于灯光和窗帘的智能控制及亮度调节。智能插座搭配智能家居主机，使用户能够通过手机或计算机远程操控饮水机、电热水器、电饭煲等电器的电源开关。此外，智能插座还具备定时开关功能，有助于节能并预防火灾。

拓展新知

智能家居产业面临的挑战

1. 全面安全性不足

目前，智能家居的痛点之一是安全性，安全性包含设备功能的安全性、产品本身的安全性、软件的安全性以及使用的安全性，全面的安全性是智能家居全面推广的基石。

2. 服务落地难

智能家居的许多产品品类极度依赖安装，系统级的智能家居产品如果需要在千家万户大面积落地，将会需要极其标准化的海量施工团队，目前，智能家居的基本服务盘仍然较为零碎，尚无法支撑其海量爆发。

3. 用户认知度不足

智能家居仍然不是刚需产品，用户对智能家居产品的种类不熟，对智能家居产品的功能痛点不熟，对智能家居场景的联动属性不熟，对生活方式的革新认识不足。

4. 基础布线成本高

无论是有线系统还是无线系统，其中许多涉及智能家居产品的重安装、重服务，需要破坏原装修，消费决策成本高，难以让用户产生购买欲望。

5. 场景碎片化

目前，家庭内智能家居设备的品类较多，产生的场景纷繁复杂，较为碎片化，多为非统一平台的多品牌设备，使场景难以形成有效联动。

6. 场景体验感不足

基于产品组合的场景主要围绕区域空间进行划分，对于终端消费者来说，一是同一区域内的场景复杂、理解与使用难度大；二是场景的体验对于生活的革新度不足。

7. 缺乏大规模可复制方案

尤其是地产全屋智能，急需可以定制的大规模方案，进行快速复制、快速落地、快速推广、快速运营，现缺乏大规模可复制方案。

8. 大数据离散、非结构性

智能家居海量设备的连接和管理，需打破信息孤岛，充分利用数据资源和终端资源，需要在信息收集、信息加工、信息转移、信息生命周期安全的基础上应用大数据技术，并将离线数据结构化。

三、智慧医疗

智慧医疗是新一代信息技术和人工智能技术在医疗上的应用。它将物联网、云计算、移动通信、人工智能以及数据融合技术应用于医疗领域，以实现有限医疗资源的最大化共享。智慧医疗的核心是以患者为中心，利用新技术优化医疗服务流程。

1. 什么是智慧医疗

智慧医疗是以医疗物联网为核心的信息共享和可移动访问的医疗信息化生态系统。通过建立协同工作的服务网络以及以个人电子健康档案为核心的数据中心，智慧医疗能够提供医疗保健服务，并且能够有效预测和预防疾病。智慧医疗具有六个特点：互联性、协作性、预防性、普及性、可靠性和创新性。

（1）互联性意味着个人电子病历和健康档案被存储在云端服务器中，经过授权的医生或医疗机构能够随时查询患者的病历、治疗历史和相关服务记录。此外，医生还可以与其他专家在线协作、进行会诊，从而为患者提供便捷、高效的医疗服务。

（2）协作性是指医院内部、医院之间、医院与社区和行政管理机构之间实现了联网和资源整合，不同部门之间通过协同工作和信息交换，为民众提供诊疗、体检、保健和疾病预防等一体化服务。

（3）预防性是指智慧医疗能够及时获悉重大传染疾病和医疗事件，调集各医院和各部门的资源实施预防救治，减轻突发事件对民众健康和生命安全的威胁。

（4）普及性是指智慧医疗覆盖全社区，突破了城乡和医院之间的限制，社区居民人人参与，提供了覆盖全体民众的高质量医疗保健服务。

（5）可靠性是指医生或医疗机构能够方便地检索和引用可靠的数据信息，以支持他们的诊断，确保医疗过程准确无误。

（6）创新性是指智慧医疗改变了传统的医疗服务模式，提升和扩大了医疗和健康服务的能力和范围，推动了临床医学的创新研究。

智慧医疗为医院、医护人员、社会及个人带来了深远影响。智慧医疗通过整合内部的信息化系统与业务流程，实现了不同应用系统之间的无缝衔接，优化了医生的工作流程以及患者的就医体验。例如，RFID射频识别标签能够准确识别和定位医药、医疗设备、医疗垃圾，改进设备管理。医生和病人佩戴腕式RFID后就能被准确定位和跟踪，确保许可人员才能进入关键区域。

智慧医疗为医生提供了方便快捷的诊疗环境，加快了诊疗服务速度，提高了服务质量。医生在工作站或通过手机上的移动App就能给病人查看病情、撰写病历和医嘱，并且可以把医疗记录实时传送到输液站、药房等科室。社区医生则可以通过医生工作站实现走访，了解居民的诊疗需求，还可以远程检测居民的血压、血糖、脉搏等数据，实时更新居民的健康档案。

智慧医疗的核心是以人为本。医院通过物联网和互联网技术为患者营造了便捷、舒适的就医环境。患者的就诊卡能够全程跟踪就医流程，从门诊排队叫号、接收医生开具的检验单到去药房取药，物联网确保整个就医过程准确高效、便捷顺畅。智慧医疗的另一个重要功能是居民的健康保健服务，通过构建城市卫生基础设施、基础数据库、软件应用系统和数据交换中心，把分散在不同医院和机构的居民健康数据整合起来，为居民提供数据完备的软件应用系统，实现了预防保健和医疗救治相结合。

智慧医疗为全社会的医疗卫生提供了支撑，实现了医院、社区、行政机构和保险公司等不同机构的软件系统和数据的互联互通，形成了疾病诊疗、体检康复、健康保健、保险支付等业务的整合，降低了就医成本，简化了办事手续。智慧医疗提升了公共卫生管理水平，能够有效预防和监控突发性传染病。

2. 智慧医疗的技术支撑

智慧医疗具备广泛感知、互联互通和智能处理的特性，这些特性由新一代信息技术和人工智能技术提供支持。可穿戴设备、医疗物联网、医疗云、电子病历和电子健康档案构成了智慧医疗的技术基础。

移动通信的迅速发展为可穿戴设备（Wearable Devices）提供了广阔的应用空间。可穿戴设备能监测用户的体温、血压等生理数据，通过手机接入互联网实现数据的远程传送和共享，从而实现医学监护。

从当前可穿戴设备的发展情况来看，主要由器械设备厂商主导产品开发。然而，大量可穿戴设备功能较为单一且作用有限，真正能应用于临床医学的设备并不多。这些设备的功能大多集中在运动参数统计和健身辅助方面，部分设备具备血压、血脂、血糖检测功能，但由于数据不准确、检测程序不合理，其医学应用价值较低。这些因素表明，可穿戴设备在医疗领域的广泛应用仍面临诸多挑战。

医疗物联网是智慧医疗的核心。近年来，随着 RFID 和中间件在医疗行业的应用，已经形成了很多完整的医疗物联网产品和解决方案。

RFID（Radio Frequency Identification）也叫射频识别，识别器与目标之间无须接触就可以实现目标的识别。近几年 RFID 标签的价格不断下降，已经大量应用于物联网。RFID 腕带整合了病人姓名等个人信息，可以迅速识别身份，形成电子病历的初始信息。当患者是特殊病人（如婴儿或精神病患者）时，可通过佩戴腕带对其进行区域管制或行踪监控，以确保患者的安全。RFID 标签还可以对医疗器械，尤其是价格昂贵的设备进行跟踪管理。通过 PDA（Personal Digital Assistant）自动读取 RFID 数据，可以进行医嘱、体检信息的录入，整合诊疗流程。

中间件为医疗物联网应用的快速部署提供了基础技术平台。为了实现人与物、物与物之间的高效交互，中间件为每个联网对象维护一个相关对象表，不仅简化了交互过程和接口设计，还便于对象之间的通信。例如，医生通过客户端与手术室交互前，先把手术室添加到自己的相关对象表中，然后单击该对象，就可以实现交互了。

医疗物联网的应用管理层包括统一管理平台以及婴儿护理系统、输液监护感应系统、医疗垃圾跟踪系统等应用平台。婴儿护理系统的主要目的是防止婴儿被抱错。新生儿需要洗澡、喂奶、打针等日常护理，婴儿佩戴的 RFID 标签一直发送射频信号，楼层读卡器接收正常信号，出口监视器接收被盗信号，物联网系统对这些信号进行实时监控并在产生危险时发送报警，确保婴儿的安全。

输液安全一直是困扰医院的一大难题。住院或门诊病人输液过程中可能出现输液并发症或输液反应，输液过程中还需要换瓶。由于输液病人分散，不便于管理，容易引发医疗事故和医患纠纷。输液监护感应系统包括病人 RFID 腕带、可穿戴设备、护士站监视器、智能控制器等设备，实时监控医院的输液情况。根据 RFID 标签发送的可穿戴设备检测的人体参数以及病人发出的信息，可以构建科学、安全、规范的输液流程，同时还可以统计病人的输液数据，便于医院的管理和决策。

云计算是一种基于互联网的计算和服务模式。按照服务类型划分，云计算包括基础设施云（为用户提供直接操作底层硬件资源的服务）、平台云（为开发人员提供应用程序托管服务）以及应用云（为用户提供业务应用服务）。随着云计算在各行业的应用，医疗行业也开始建设医疗云，在不影响数据安全的前提下，充分享受云计算带来的低成本与敏捷服务。

有了医疗云平台，患者的就诊记录、影像资料、血型、过敏史等数据可在全球范围自由流动，医生获得授权并通过安全鉴定以后就能访问这些数据。

移动设备在医疗行业的兴起，使在云端安全地分享医疗数据成为可能，这将为个人医疗带来重大影响。个人医疗数据的使用并不局限于医生或医院，在紧急情况下，任何有需求的机构或个人（如急救中心、医护人员或其他专家）都可以调用这些数据。医疗云如图 3－3 所示。医生在开处方时可以参考患者的过敏史，参与交通事故救援的专业人员能够及时获知伤者的血型和病史。借助云平台，医疗影像可被实时分享给全球顶尖的医疗专家，使患者快速获得诊断和治疗建议。同时，治疗过程和效果能够实现全球监控，患者在国外生病时，可授权当地医生调取其健康记录，从而获得及时且精准的治疗。

在患者家中安装远程移动诊断设备，把这些设备接入云端后，医生就可以通过云端的应用软件，对患者进行持续监护。这样，慢性病患者可以在家里接受诊疗，医生可以随时跟踪治疗进度，提前预测患者的健康情况，并在必要时进行干预。患者在家中通过云端与医生沟通血糖、血压和其他检查结果，而医生则可对这些结果进行远程监控。

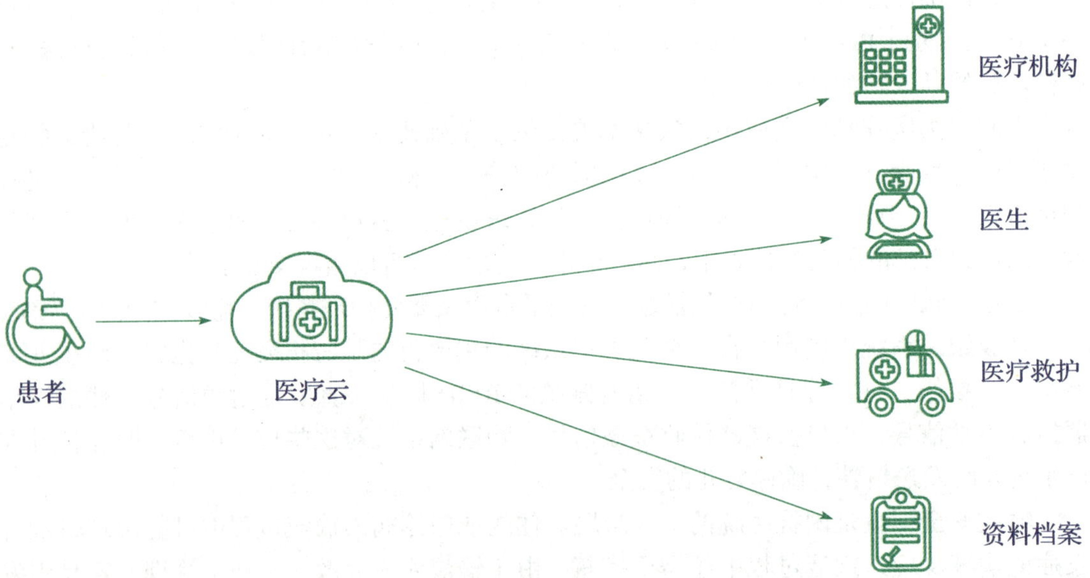

图 3－3　医疗云

电子健康档案（Electronic Health Record，EHR），是人们在与健康相关的活动中直接形成的具有保存、备查价值的电子化历史记录。EHR 信息包括个人基本信息、主要疾病、健康问题摘要、主要卫生服务记录等内容，这些信息主要来源于医疗卫生服务、健康体检和疾病调查。随着智慧医疗的发展，今后还可能增加健康评估、健康指导等功能，而且可以动态跟踪个人的健康状况。

电子病历（Electronic Medical Record，EMR）是利用计算机系统录入并存储的患者医疗记录，以电子文档的形式替代了传统的手写病历。

3. 智慧医疗的组成

智慧医疗由智慧医院、区域医疗和互联网医疗三部分组成。

智慧医院以患者为核心，借助物联网、云计算、人工智能及新一代信息技术，实现医院设施与资源的互联互通和共享，打造出环境舒适、管理高效、医疗服务优质的新模式。

智慧医院主要由数字医院和医疗服务质量提升两部分组成。数字医院全面整合了智慧诊疗系统、智慧病房系统、智慧信息系统、智慧监控系统、智慧能源系统和一站式就诊系统，实现病人诊疗信息、监控信息和管理信息的输入、存储、处理、检索及数据交换，实现医疗临床信息的深层次利用，促进医院内部信息流的通畅，从而提高医疗服务质量、医疗管理质量和医疗科研水平。

医疗服务质量提升包括身份识别和定位、远程会诊、远程探视、自动报警、智慧处方等技术。身份识别和定位使用 RFID 标签对医院各类人员的身份进行识别和定位，也包括对医疗设备和药品的识别和定位，这样就可以实现对重要人员和设备的实时追踪。远程会诊促进了优质医疗资源的共享与跨区域优化配置。远程探视可避免探视者与患者的直接接触，有效防止疾病传播。自动报警功能通过实时监测患者的生命体征数据，降低了重症护理的成本。智慧处方可以分析患者的过敏史和用药史，查询药品产地和批次等信息，通过有效记录和分析处方变更，为慢性病的治疗和保健提供依据。

智慧医院通常具备舒适的就医环境。随着生活水平的提高，人们对医疗的要求越来越高，希望就医环境更加人性化。病人入院时压力大，心情差，医院病房设计要考虑病人之间的差别，符合不同病人的要求。为了创造安静舒适的环境，除了合理进行整体布局，病房还要有防噪声设计以及良好的光线设计。除了病房，其他环境也要求安全、方便、舒适。例如，手术室在医院的位置应该便于其与中心供应、外科病房、ICU、检验等部门的协作。

区域医疗依托区域卫生信息化平台，基于医疗行业信息系统架构，实现医院、社区和行政管理机构之间的信息资源整合与共享，构建以居民为中心的医疗服务体系。

智慧区域医疗建设就是在具备信息技术的条件下，实现区域优质医疗资源的整合利用，实现医院之间双向转诊、检查和检验信息共享、处方共享、网络会诊，为居民、医生和行政管理机构提供更好的协作和互动途径。在智慧医疗环境下，居民形成了“小病在社区就诊，大病到医院治疗，康复回社区”的就医模式，提升了医疗服务的效率与质量。与此同时，居民通过积极参与和自我管理，实现了医疗与健康管理并重的目标。对于医务人员来说，工作重点集中在提高医疗水平和有效利用信息化系统开展业务，除了为病人提供良好的就医环境和就医体验，还要对病人进行诊前和诊后的跟踪检查。行政管理机构的职责是加强卫生防控，协调资源利用和优化决策管理，提高各方面资源的利用率。

智慧区域医疗的另一个优势是智慧的公共卫生管理。区域内各个医疗机构之间的信息互联互通，便于建立一套覆盖全区域的公共卫生应急指挥系统，对突发重大传染疾病等公共卫生事件进行有效的采集、分析、组织，及时调集各机构的资源，实施医疗救治，减轻突发事件对居民健康和生命安全的危害。

互联网与医疗的结合形成了互联网医疗。互联网医疗就是通过可穿戴医疗设备和互联网实现传统医疗的诊治、信息采集、监测和咨询。互联网医疗提供的服务包括健康教育、电子健康档案管理、医疗信息查询、在线疾病咨询、电子处方、远程治疗、远程会诊，服务模式包括移动医疗、远程医疗、智慧健康等。

移动医疗是通过使用移动通信设备（如智能手机、PDA、卫星通信设备）提供医疗服务。移动医疗有两种方式：一种供医生使用，用来看病和交流，查询医学知识库以及使用医学工具；另一种供患者使用，用于预约挂号、远程治疗、信息查询和随访服务。

全球移动医疗行业的应用有查房、护理、药品管理、条形码病人识别、语音识别、网络呼叫、视频会议和视频监控。病人在医院的所有流程都可以在移动设备上实现并予以优化。

目前，移动医疗在我国仍面临诸多困难。一方面，一些医院的设备不适合开展移动医疗服务；另一方面，一些地区的医生数量较少，而患者数量庞大，导致医生工作负担重，难以抽出时间提供移动医疗服务。

远程医疗是使用计算机技术、远程通信技术、全息影像技术和多媒体技术，发挥大型医院和医学中心的医疗资源和设备优势，对医疗条件较差的地区及特殊环境提供远距离医疗服务，包括远程诊断、远程会诊、远程护理、远程医疗信息服务等医学活动。

智慧健康通过构建居民自我健康监测与医生健康跟踪相结合的管理模式，为居民提供可参与的医疗健康应用系统，实现了预防保健与医疗救治的有机结合。智慧健康应用系统的功能包括个人健康档案管理、健康咨询、预约挂号、预约检查、预约体检、自我健康监督及各类医疗信息查询。例如，国家医保服务平台提供医保查询、医保缴费、医保政策法规、医保问题指南等多种服务，如图 3－4 所示。

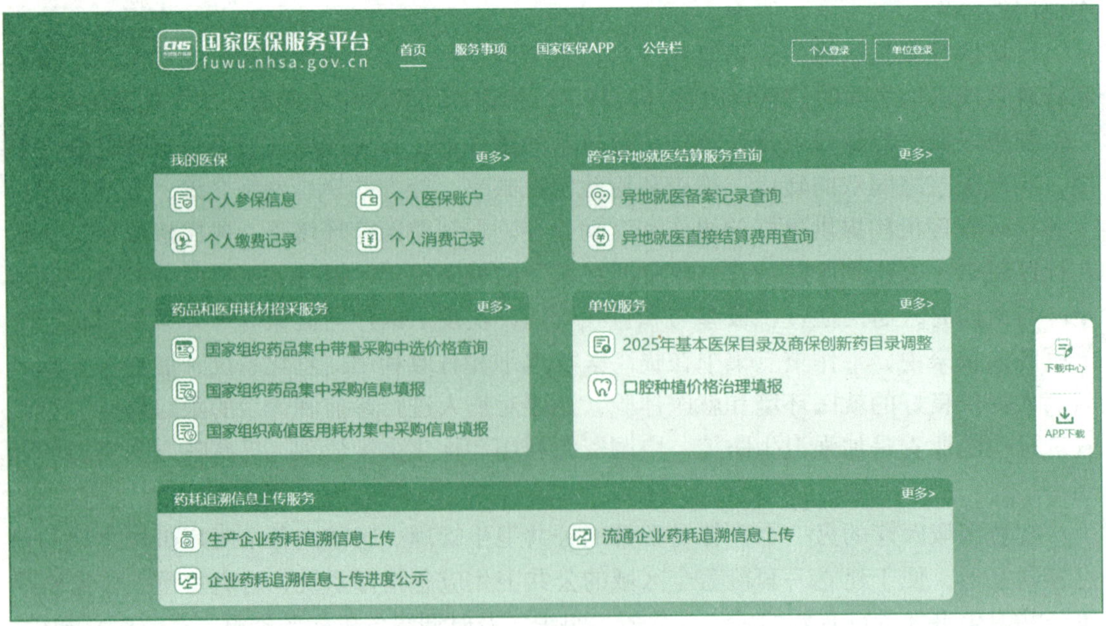

图 3－4　国家医保服务平台

拓展新知

智慧医疗的发展优势

当前的医疗服务系统并不是一个整体性的协同系统，而是分散在不同区域的独自运作的孤岛化系统，或大或小，彼此间没有联系。未来，智慧医疗将以更深刻的洞察和度量、更统一、综合的互联互通来建设完全协同的新型医疗系统。智慧医疗系统具有全面感知及自动获取及时、信息集成融合准确、全面数据支持决策智能化三个方面的优势。

1. 全面感知及自动获取及时

通过多种渠道获取所有医疗数据，这些数据可能来自智能医用传感器、医疗仪器、信息系统，观测医疗卫生系统中各部门、各个体、各诊疗阶段的详细信息，进而进行更深层次的感知。医院的各种物理设施（如数据中心、计算机等）都成为智能化节点。传感器随处可见，它可以存在于患者病房、手术室、医疗器械、药品中，帮助人们获取与自身健康状况相关的信息。

2. 信息集成融合准确

伴随着 5G（第五代移动通信技术）等通信技术的迅猛发展，未来可能出现全球化的互联互通局面，各个国家、各个地区的医务人员、患者、科研人员等都可以以一种更新颖、更便捷的方式进行医疗信息的共享与交流。

3. 全面数据支持决策智能化

通过智慧医疗系统，用极其简单的方法便可以获得庞大的医疗数据，患者可以实时了解自己的身体健康情况，同时能够显著提升疾病诊断的准确性，医生不会再因为患者病历的缺失而影响寻找病源。在不久的将来，医学科研人员可通过智慧医疗系统获得大量精确、宝贵的医疗信息和较高质量的有效病例，对其进行处理再利用，不仅可以及时且精准地预测大规模暴发的疾病，还可以推进我国医疗领域进一步发展。智慧医院管理系统可以使管理变得更加高效，实现及时、准确的药品配送，药物供应商可以大大节省成本，医疗保险公司也可以对患者的健康状况进行有效跟踪，从而提高相关服务质量、推动流程发展。此外，智慧医疗具有产业集成性，智慧医疗是科技融合的产物，与智慧城市、智慧终端和市场投资有着紧密的联系。

4. 智慧医疗的现状

智慧医疗为人们的就医和卫生健康展现了宏伟的蓝图，但是其目前还处于探索阶段，在实施中也出现了很多问题。

近年来，我国医疗信息化和智慧医疗发展迅猛。目前县级以上医院都建立了自己的信息管理系统，门诊收费管理系统、医生办公自动化系统、药方管理系统、病区管理系统、药房管理系统成为医院管理不可缺少的基础设施。近年来，随着智能手机的广泛使用，很多医院推出了移动医疗 App，已经能够实现手机挂号、在线医生咨询、院内专科医生介绍、疾病查询、药物介绍等功能。安防视频监控也得到了广泛应用。对于重症监护室等特殊场景，由于病人抵抗力差、容易感染，家属不能直接进入，远程网络视频探视能满足病人对陪伴的需求。视频监控还可用于进行远程医疗会诊，通过网络，把大医院的优质医疗资源分享给其他地区的病人。

虽然智慧医疗已经取得了一些进展，但其目前的发展仍面临诸多困难。首先，缺乏相关的法律法规和宏观指导。个人病历和医疗历史属于隐私信息，只有通过完善的法律保障，才能确保民众在享受智慧医疗服务的同时，其个人信息的安全得到充分保障。其次，缺乏智慧医疗方面的国家标准。各个医院分散管理，接口不一，造成相互之间无法共享信息，数据利用率低。另一个原因是软件系统的产品化问题。现有智能医疗产品的成熟度差，功能设计混乱，使用过程复杂，难以形成有竞争力的软件产品。最后，技术创新难度较大。智慧医疗涉及大数据技术、云计算技术、数据融合技术以及专家系统，这些新技术在医疗行业的成功应用需要一个探索和循序渐进的过程。

智慧碰撞

智慧医疗通过信息技术和人工智能技术改善了医疗服务模式，但也面临诸多挑战。结合本章内容，讨论智慧医疗在实际应用中可能遇到的挑战，并提出相应的解决方案。

四、智慧金融

智慧金融依托现代互联网技术，借助大数据、人工智能、云计算等金融科技手段，推动金融业在业务流程、业务拓展和客户服务等方面实现全面智能化升级，促进金融产品、风险控制、客户获取和服务的智能化转型。金融主体之间的开放和合作，使智慧金融表现出智能化、高效率、便捷化、普惠化、个性化、绿色化、无感化的特点，具体如表 3－1 所示。

表 3－1　智慧金融的特点

特点	内容
智能化	智能化是智慧金融最本质的特点，智慧金融可以站在客户的角度主动思考、理解和感知客户需求、优化客户服务体验、提升研判与决策效率、防范金融运行风险。智慧金融通过多种渠道将金融产品、服务与监管向智能化升级，充分利用前沿信息技术，打造“聪明”“人性化”“体贴”的金融服务。同时，智慧金融也在逐步减少和替代金融活动中的人工干预
高效率	智慧金融在业务办理、资金流转、交易决策、风险防控等应用中能够实现快速响应、快速处理和快速反馈结果，满足客户的实时、快速处理要求
便捷化	智慧金融服务通过互联网技术在可操作性、实用性等方面保持简单、灵活、便捷，消费者使用智慧金融产品与服务的时空与智力成本较低
普惠化	智慧金融面向受众群体时，具有明显的广泛性和普适性，对客户在金融知识和技能上的要求较低

续表

特点	内容
个性化	智慧金融在理解、感知客户需求以及定制客户营销与服务方案方面提供精准的个性化、定制化服务，实现“千人千面”的服务格局
绿色化	智慧金融是先进信息技术与现代金融业务高度融合与创新的产物，具有绿色、节能的特点，在降低金融活动中的人力、物力和其他资源消耗方面更具优势
无感化	智慧金融可将传统金融服务与消费场景无缝融合，实现特定场景下的无感支付和消费，使金融支付与消费融为一体，可以应用在智能停车场、无人超市等商贸消费场景中

1. 智慧金融的发展现状

在技术创新的持续推动下，科技与金融的深度融合成为不可逆转的趋势，金融行业正逐步迈入智能化时代。智慧金融在证券、银行、保险、理财、风控、支付等领域的广泛应用，不仅提升了金融服务的自动化水平，还扩大了金融服务的覆盖范围，使更多的普通民众能够享受智慧金融带来的红利。

（1）智能支付。

近年来，我国支付服务行业在市场规模、用户数量、应用场景等方面的发展均处于国际领先水平，移动支付更是成为彰显金融服务产业国际竞争力的中国名片。据统计，2022 年我国银行共办理非现金支付业务 4 626.49 亿笔，金额达 4 805.77 万亿元，同比分别增长 5.27% 和 8.84%。在“物物联通”的物联网环境中，以“人脸识别”等生物特征识别作为验证手段，智能支付也许将逐渐摆脱智能手机、智能手环、智能手表等硬件设备的束缚，向“无感支付”的方向纵深发展。

（2）智能理财。

2013 年，“宝宝”类理财产品将“1 分钱理财”的观念广泛传播；可与生意伙伴开展合作，布局集成化产品矩阵。为具备不同风险偏好、资金实力、理财目标的人群打造的一站式互联网理财平台的规模日趋壮大。传统理财模式与互联网结合，服务着数以亿计的用户。智能理财模式满足了闲置资金少、灵活度要求高、对互联网接受程度较高的群体的财富增值和管理需求。

（3）智慧银行。

研究银行创新的著名学者布莱特·金在其著作《银行 3.0：移动互联时代的银行转型之道》中指出，银行不再仅仅是一个“地点”，更是一种“行为”。客户真正需要的不是实体网点，而是便捷的服务和功能。随着信息技术的飞速发展，商业银行的组织架构和服务模式也在悄然发生变化。

《2022 年中国银行业服务报告》显示，随着金融科技发展程度的深化，开放银行运营模式正在影响商业银行经营的业态，“开放、合作、共赢”的理念也逐步融入商业银行的业务发展转型中。对于目前收入占比较高的银行卡类业务，银行业金融机构更加重视数字技术的应用，将大数据分析、人工智能、深度学习等技术手段运用到银行卡业务中，通过各类生态圈构建，不断加大对客户需求的覆盖，同时进一步提升客群管理的数智化水平，针对不同客群、不同偏好，提供差异化的产品与服务。

拓展新知

智慧银行的特点

1. 深刻感知客户需求、具有敏锐洞察力的聪明银行

深刻感知、敏锐洞察客户心思的能力，源于“以客户为中心”这一服务理念在银行内部的深入，建立在对客户数据的广泛收集与分析应用、响应客户需求的速度与方式、各种智能设备的投放与摆置、各渠道的高效协作与无缝衔接等基础上。

2. 跨越时间、空间，为客户提供全方位服务的便捷银行

客户可以不受时间与空间的限制，充分利用银行物理网点、自助设备、网上银行、手机银行、电话银行、微信银行等与银行沟通，处理包括产品查询、业务预约预填、交易记录查询、交易办理、售后服务等各项业务，尽可能地享受银行提供的便捷服务。

3. 内外部相关方互联、互通、相互协同，共同为客户服务的高效率银行

如今，银行的客户数量众多，其需求多样化。具有完善的产品线、流程简洁、客户体验佳等特征的银行在竞争中更具优势，这一趋势使银行不断调整内部组织架构和职能，增强服务效率，对外寻求更多的合作，通过提供丰富的产品与服务，吸引和挽留客户。

（4）智能证券。

互联网与移动通信技术的进步，拓展了证券行业的客户获取方式和服务渠道，并从合作模式、组织架构、合规风控等多个方面推动了证券行业的变革。如今，股民网上炒股、手机炒股的普及率大幅提高，大多数证券公司的网络开户占比超过九成，一些证券公司互联网平台的佣金占比超过一半。这种模式打破了时间和空间的限制，为人们提供了良好的智能证券服务体验。各大证券公司通过自主研发移动端 App、开通微信公众号以及与外部互联网平台合作等模式，加速自身证券业务的网络化改造，进一步完善了移动证券服务生态链，探索出移动互联网背景下的金融服务新模式。此外，新兴互联网券商开始涌现，这些券商不设线下营业网点，用户可通过线上方式进行开户和交易。

（5）智能投顾。

在大数据分析、机器学习等创新技术应用的基础上，证券行业在客服、交易、咨询、风控等流程上的智能化程度不断提升，智能投顾（Robo-Advisor）模式在国内外市场蓬勃兴起。除了字面意思上的投资建议功能外，广义上的智能投顾还涉及投资组合管理服务，能结合客户风险偏好和预期收益目标等信息，通过人工智能算法实现对客户资产的配置、管理和优化。一部分智能投顾还可执行交易指令，提供综合性、自动化、定制化的资产管理服务。

智能投顾服务模式于 2008 年诞生，其在财富管理市场中的应用是投资管理领域的一项重大创新。与传统投顾模式相比，智能投顾具有更高的透明度、更低的投资门槛和管

理费率、更优的用户体验以及个性化投资建议生成等优势，对特定客户群体具有较高的吸引力，其用户数量和市场规模持续增长。在中国市场，基金智能投顾业务要遵循强监管，监管部门对基金智能投顾业务有明确的规范界定和监管划线。

（6）智能风控。

金融的要义是资金融通，其核心是金融数据和信息。互联网和大数据技术改变了数据信息的生成与获取模式，大量碎片化、非标准化的数据在互联网中持续积累，同时，数据信息的内容变得更加丰富和多样化。以交易数据为例，用户的交易行为会产生数据，包括商户信息、商品信息、消费地点、消费时间、交易金额等。借助大数据分析工具，金融企业可以对用户的消费习惯和偏好、商户的经营状况等情况进行大致判断，勾勒出用户画像，并以此为基础叠加多元化增值服务，为用户统计、精准营销、客户管理、理财融资、个性化定制等各类应用场景提供高质量、强有力的数据支撑。

此外，大数据分析为金融风控和反欺诈提供了强大的技术保障。通过整合各行业和各流程的数据，金融服务提供商能够从用户行为、地理位置、消费习惯等多个维度综合评估用户风险，从而为金融安全提供有力支持。

2. 智慧金融的技术原理

如前所述，目前人工智能在金融领域的运用主要集中在智能风控、智能监管、智能投顾和智能客服等方面。下面以智能客服为例，介绍智慧金融领域人工智能的相关技术原理。

智能客服专注于智能语音识别技术，借助自然语言处理（NLP）等手段，实现人机交互，为金融客户提供语音自助服务，涵盖业务咨询、查询和办理等客户服务场景。智能客服采用的技术主要包括语言技术和语义技术，其主要特点是可以对信息进行自动化的分类归纳，对重点信息进行判断甄别；同时根据关键词关联相关的数据，并对高频词进行汇总，这样很容易发现客户的关注点和兴趣点。语音数据挖掘系统以客服和客户的通话记录为基础，对出现较多的咨询问题进行统计，将咨询问题输入机器，通过机器自主学习生成热点问题知识库，为后续的自动化回复提供参考。

3. 智慧金融的应用案例

（1）智能支付。

我国的智能支付一直发展很快，2023 年中国移动支付行业应用数据显示，2022 年我国中青年用户是移动支付的主要使用者，年龄较大的用户群体数量稳中有升，用户群体的年龄分布基本平稳。根据数据显示，18 ～ 40 岁用户约占总用户的 70%，40 岁以上的用户约占 30%。二维码支付仍是移动支付用户最常使用的支付方式，95.8% 的用户表示经常使用二维码，41.6% 的用户经常使用闪付，35.6% 的用户使用第三方客户端支付。

（2）智能理财。

以腾讯为例，2014 年，腾讯理财通在微信钱包上线，定位为精选理财平台，首批接入了华夏、汇添富、易方达、广发四家公司的货币基金产品。同时，腾讯理财通还陆续上线了“工资理财”“梦想计划”“预约还信用卡”等生活化理财服务，帮助用户智能、便捷地管理资金，为用户提供了更多触手可及的金融服务。

（3）智慧银行。

智慧银行主要包括银行网点、手机银行 App、微信服务等“一站式、自助化、智能化”的全新服务。在人工智能技术的支持下，许多银行的业务办理模式已从“柜员操作为主”转变为“客户自主、自助办理”。

（4）智能开户。

智能开户指利用 OCR（Optical Character Recognition，光学字符识别）+ 人脸识别技术，只需要下载 App，扫描身份证件和银行卡，进行活体检测和人脸识别，就可以完成开户。对比传统的线上开户流程，采用远程开户智能解决方案之后，客户无须手动输入身份证信息，身份证号码识别准确率达到 100%。OCR 识别银行卡，可代替客户手动输入卡号，避免手动录入出错。此外，人工智能系统会将身份证 OCR 识别出的证件头像和活体检测截取的现场人像进行人脸比对，再与公安部高清照片数据源进行比对，确认客户的真实身份，提高风控安全性。

（5）智能投顾。

第三方平台与银行、保险、基金、信托等众多传统金融机构深度合作，通过详细分析用户行为、市场动态和产品特点，为客户智能推荐多元化的投资组合。

（6）智能风控。

目前，银行等金融机构均开发了智能风控平台，这些平台建立了以数据和技术为核心驱动的风控系统，具备用户数据采集、实时计算引擎、数据挖掘平台、自动决策引擎结合人工辅助审批的全面风控能力。

4. 智慧金融的未来发展

（1）从产品供给到以客户需求为中心。

金融服务模式的变革背后有着广泛且多元的推动因素。其中，用户对服务和产品需求的缺口，以及用户行为习惯的改变，成为重塑金融服务产业格局的关键动力。我国体量庞大的金融服务市场既存在传统金融体系未能有效覆盖的常规需求，也存在不断涌现的新需求。随着经济活动朝着远程化、数字化、虚拟化方向纵深发展，用户对金融产品和服务的诉求逐渐发生变化，用户对便捷、快速、安全、低成本的金融服务的需求显著提升。在互联网环境中成长的年轻人已逐渐进入主流消费市场，这部分群体对线上沟通交流方式的偏好和对个性化金融服务及产品的青睐，将进一步催生全新的、差异化的金融需求和模式。

在这种背景下，智慧金融服务的供给不再仅仅是传统金融业务的互联网化，而是更多地从用户的角度出发，关注当下消费者的需求。在金融产品和服务的研发设计中，许多带有明显“互联网思维”的非传统金融服务商尤为强调用户体验与算法结合，其产品功能丰富、操作简单、用户黏性较强，得以在短时间内积累大量固定的用户群，持续扩大市场份额，由此也带来了新兴金融服务主体的涌现和崛起，并明显提升其在金融产业链条中的参与度。

未来，除解决支付、借贷等基础性金融需求之外，智慧金融将进一步引领金融服务向更为个性化、差异化、专业化的方向迈进。随着技术的升级与成熟，金融服务机构或将能够根据宏观市场波动、客户自身财务状况、日常消费习惯、风险承受能力等多种因素，为不同客户提供不同类别的金融解决方案，辅助客户做出更为理性、更为优化、更为动态灵活的财务规划与决策，真正实现金融服务的“千人千面”。

（2）从技术的简单叠加到多元融合。

在过去的几十年里，技术创新已经成为金融服务产业升级的关键因素。借助互联网、移动通信、智能手机等技术的广泛应用和普及，我国金融科技产业在市场规模、用户数量和技术迭代上一直保持高速增长，并已达到国际领先水平。当前，大数据、云计算、物联网、人工智能、区块链等新兴技术正在不断涌现并日益成熟，这将进一步推动金融服务领域新一轮的创新浪潮。技术和金融服务模式的结合，不再是将金融业务简单“搬”到智能终端上，而是将人工智能相关技术深度嵌入金融服务的各个流程和环节，从前端产品营销、用户服务到后台风险控制、合规管理，体现了各类新兴技术的综合性、一体化应用趋势。以智能投顾为例，大数据分析、云计算、机器学习等技术的无缝衔接，为智能投顾出具更为精确、个性化的投资建议和资产配置方案奠定了基础。

然而，任何一种技术创新都不是独立存在的万能之策，各项技术之间相互依存、彼此促进，为金融服务的创新发展提供了一个庞大的“技术工具箱”。现阶段，我国金融机构、互联网企业、技术初创公司等市场主体已经在区块链、人工智能等细分领域积极布局，研发验证项目和模拟场景，以期通过新兴技术工具的有机整合、组合运用，进一步解决金融服务体系中现存的痛点，推动金融服务产业效率提升，促进智慧金融服务实体经济、社会民生，进而发挥技术创新的边际效益和核心价值。

（3）从应用场景到生态金融图谱。

如果说以往的金融模式创新主要是基于对细分应用场景的价值挖掘和传统商业模式的升级改造，那么如今的智慧金融有望进一步催生新的商业模式和经济增长点，构建更广阔的金融生态圈。

以发展最久且最为成熟的第三方支付为例，从最初服务于电商交易场景开始，其服务市场的广度和深度一直在不断拓展。线下企业需要通过支付平台聚合与导入用户，挖掘并分析消费数据，将流量转化为有效的数据，以此推动“支付＋营销”等模式的发展。线上交易到线下消费体验、线下营销到线上交易的O2O（Online-to-Offline）模式，同样通过移动支付得到迅速推广。支付日益发展为一种底层技术和基础设施，渗透至多元化的交易场景，催生各类“支付＋”创新服务，甚至是全新的商业模式。

在“互联网＋”发展初期，线上线下的边界非常清晰。随着移动互联网在人们日常生活中的全方位渗透和普及，互联网经济线上线下模式彼此交融的特征逐步显现，从O2O到OMO（Online-Merge-Offline，线上与线下融合）的发展脉络日益清晰。不同行业主体通过紧密协作，拓展服务范围，优化业务流程，将分散的、具体的应用场景整合为一个一体化、优势互补的金融生态体系，推动金融从场景化向生态化转变。

（4）从博弈到协同共赢。

新兴金融服务模式和服务主体的不断涌现，是我国金融改革过程中产业分工专业化趋势的集中体现，在相当大的程度上满足了市场的多元化需求，为我国金融改革与创新贡献了积极力量。新兴金融服务主体促进了金融前端服务市场的竞争，对整体服务效率的改善产生了深远影响。激烈的竞争促使金融服务成本降低，拓展了金融工具和渠道的选择范围，并在一定程度上推动传统金融服务产业改进服务，促使产品和模式创新转型，从而进一步激发了市场创新活力。然而，竞争并非市场主体关系的全部。在金融服务的众多领域，尤其是后台业务环节，新兴金融服务主体与传统金融机构（如商业银行）充分发挥各自优势，开展了多层次的合作。

总而言之，智慧金融与传统金融体系之间并不是纯粹的竞争关系，更多体现的是"补强"关系，强调以技术综合应用为基础，提供更加专业化、个性化的综合金融服务。更加自动化、实时化的风险监测和管理，使金融体系的运行更加高效、更加安全，并通过与金融产业上下游主体的联动与合作，推动金融服务产业的持续健康发展。

智慧碰撞

智慧金融通过智能化手段提升了金融服务的效率和普惠性，可能对社会产生深远影响。结合本章内容，讨论智慧金融对传统金融行业和社会就业结构的影响，并提出应对措施。

五、智慧农业

1. 智慧农业的发展现状

智能化农业信息技术的研究始于 20 世纪 80 年代初，涵盖施肥专家咨询系统和栽培管理专家系统等。施肥专家咨询系统通过分析实测的土壤理化参数、肥力和地力指标来评估土壤的肥力水平，并利用施肥量与农作物产量之间的关系优化化肥的投入产出比。在异常情况下，该系统还能提供相应的补救建议。栽培管理专家系统根据各种农作物不同的生长期、品种、密度、灌水等特点进行科学的农事安排，指导农民进行科学生产和管理。

党的二十大报告指出，强化农业科技和装备支撑，加快建设农业强国。21 世纪以来，我国农业正向知识高度密集型的现代农业发展，相继出现了"有机农业""生态农业""持续农业"等类型，"智慧农业"的出现更为现代农业的发展指明了方向，目前，我国北京、上海等地已开展智慧农业的研究应用。例如，在京郊小汤山智慧农业基地，由北京师范大学遥感与地理信息系统研究中心、中国科学院地理科学与资源研究所热红外遥感实验室和北京市农林科学院联合实施的大型定量遥感联合试验，在小麦病害的高光谱遥感检测和预测、预报试验等方面已取得一定的成果。

2. 智慧农业的技术原理

现代农业的发展离不开以人工智能为代表的信息技术的支持。人工智能技术贯穿农业生产全过程，凭借其技术优势提升农业生产水平，实现智能化的动态管理，降低农业劳动强度。将人工智能技术应用于农业生产中，已经取得了良好的应用成效，展示出巨大的应用潜力。下面以基于机器视觉的农业病虫害自动监测识别系统为例，讲解智慧农业领域中病虫害图像识别系统的工作原理。农业病虫害自动监测识别系统框架如图 3－5 所示。

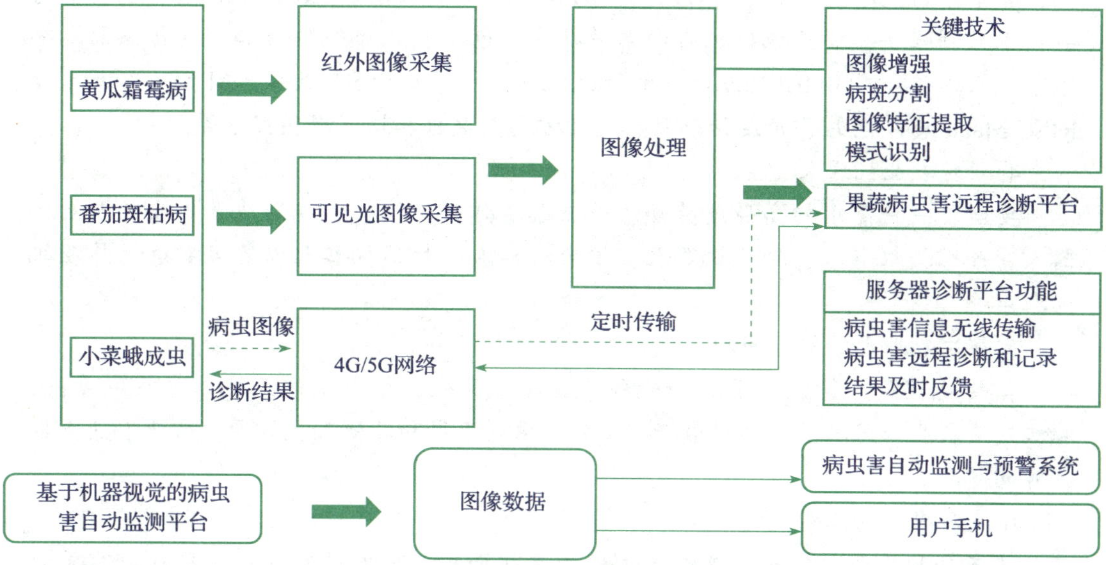

图 3－5 农业病虫害自动监测识别系统框架

该系统可以获取图像信息，通过网络将病虫害图像数据上传到病虫害自动监测与预警系统或智能手机。此外，它通过气象站进行害虫生长环境信息获取；基于智能手机、平板计算机、计算机等设备进行寄主植物生长状态信息获取；基于机器视觉以及智能手机、计算机等设备进行寄主植物田间管理信息获取。该系统通过整合病虫害种类和数量、发生程度、寄主植物生长环境、生长状态以及田间管理等信息，实现农业病虫害的预测和预报。该系统主要借助数据分析软件 MATLAB 对害虫图像进行处理。具体来说，它先将害虫识别算法编译成动态链接库，然后在 Visual Studio 开发平台下调用以识别害虫种类，最终完成系统软件的开发。

拓展新知

智慧农业的发展重点

1. 研发具有自主知识产权的农业传感器

传感器是智慧农业的核心技术之一，高端传感器的核心部件（如激光器、光栅等）相关的技术难题制约着智慧农业的发展，要努力研发具有自主知识产权的土壤养分（氮素）传感器、土壤重金属传感器、农药残留传感器、作物养分与病害传感器、动物病毒传感器以及农产品品质传感器等。

2. 发展大载荷农业无人机植保系统

要努力研发载荷 200 千克以上的高端无人机的导航和仿形飞控平台、作业装备，重点攻克田间环境感知和自主作业避障技术，发展大载荷自主控制农业植保无人机平台和精准施药技术装备等。

3. 研制智能拖拉机

目前，我国大马力高端智能拖拉机主要依靠进口。需研制农机传感器高性能芯片、智能终端、符合国际标准的控制器局域网络（Controller Area Network，CAN）总线技术控制模块，攻克拖拉机自动驾驶技术，包括农机导航陀螺加速度传感器、全球导航卫星系统（Global Navigation Satellite System，GNSS）板卡、ARM（Advanced RISC Machines）芯片、角度传感器、电动方向盘电机和增强现实技术等。

4. 研发农业机器人

要研发一批能承担高强度劳动、适应恶劣作业环境、完成高质量作业的农业机器人，如嫁接机器人、除草机器人、授粉机器人、打药机器人以及温室电动作业机器人等。

5. 解决农业大数据源问题

信息处理是智慧农业发展的瓶颈。要建立高效、低成本的天地信息获取系统，积极发展农业专用卫星，协同用好“高分”系列卫星和其他卫星资源，解决农业大数据源问题。

6. 发展农业人工智能

要充分利用新一代人工智能发展的历史机遇，积极发展农业人工智能。重点开展农业大数据智能研究，通过深度学习建立农业知识图谱，实现作物病虫害和动物个体智能识别与诊断，研究智能语音精准信息服务系统等。

7. 开展集成应用示范

要推进智慧农场（大田精准作业）、智能植物工厂、智慧牧场、智慧渔场、智慧果园、农业智能信息服务、典型农业机器人、农产品智能加工车间和智慧物流等的集成应用示范。

8. 提升智慧农业产业

通过研发农业智能材料、农业传感器与仪器仪表、智能化农机装备、农业智能机器人、农业群体智能搜索引擎、农业智能语音服务机器人、农技推广智能化工具箱、农业软件智能重构工具产品，发展农业装备智能化生产线、农业商务智能、农业综合信息智能服务、农机智能调度与运维管理、农产品质量安全智能监管、农业资源智能监管、农情监测与智能会商、农产品监测预警系统平台等，助力智慧农业产业。

3. 智慧农业的应用案例

智慧农业的应用范围比较广泛，主要包括以下几个方面。

（1）病虫害监测识别系统。

在农业生产中，农药的滥用和残留不仅会加重环境污染，还会引发社会问题。因此，准确识别农作物病虫害并推荐合理的防治措施，开发出能够为植物“看病”的系统，不仅能减少农药的使用量，还能保障农作物的产量。

人工智能监测病虫害主要指利用机器学习、图像识别等技术，采用特定的计算机算法和模型，通过对农业病虫害发生的光谱或图像信号进行挖掘而获得有效的数据特征，实现对病虫害情况的实时识别和鉴定。在具体做法上，首先是要建立病虫害的数据库，其次需要将机器学习和图像识别技术结合，最后要确保智能手机的普及率，才可以使病虫害监测识别系统得到有效普及。

目前，人工智能在图像识别领域已非常成熟，将其应用到农业病虫害监测中的难度不大。2018 年 12 月举行的人工智能挑战赛发起了世界上首个农作物病害监测竞赛，吸引了来自世界各地 29 个国家的近 1 200 支团队参赛。该竞赛提供给参赛选手近 5 万张标注图片，要求选手监测其中覆盖 10 种植物的 27 种病害。利用参赛选手的算法开发出能实际运用的产品，对农业发展来说是一件非常有价值的事情。

（2）智慧农业机器人。

智慧农业机器人融合了传感技术、自动控制、机器视觉等机器人和人工智能方面的技术，使在非结构环境下作业的农业装备实现自动化、智能化。其中的难点在于从自然环境中获取信息，如作物信息、动植物生理信息等，重点在于农业机器人与农艺适应性技术的应用。例如，采摘苹果与草莓时存在大小、颜色、损伤度方面的差异，并且在收获季节可能需要 24 小时连续工作，这对智慧农业机器人技术有很高的要求。

在 2021 年举办的中国农业机器人创新大赛上，参赛科研机构和高校展示了它们研发的多款农业机器人，包括自动对靶喷药机器人、小麦播种机器人、葡萄采收机器人、除草机器人、水稻插秧机器人等。我国智慧农业机器人产业仍处于发展初期，呈现出复杂性和多样性的特点，关键技术亟须突破。总体来看，发展迅速的智慧农业机器人有望成为继工业机器人和服务机器人之后的又一个智能装备热点。未来，依靠核心技术可以开发更多的农业机器人产品，与现有产品整合后可形成系统性的农业机器人生产整体解决方案，在移栽、嫁接、喷湿、巡检、采收、分选、运输等环节，可以通过机器人完成相应的工作，这也是智慧农业机器人的发展和应用方向。图 3－6 所示为智慧检测、采摘机器人，图 3－7 所示为自动喷洒机器人。

图 3－6 智慧检测、采摘机器人

图 3－7　自动喷洒机器人

（3）农业无人系统。

农业无人系统是智慧农业的重要组成部分，农业无人机、农机自动驾驶等技术已应用在农田植被数据监测、农田土壤分析及规划、农田农药喷洒等多个方面。

①农业无人机。农业无人机可用于农药喷洒，也可结合人工智能技术监测农作物生长。借助先进的传感器，农业无人机可根据地形配备专用药剂，完成精准高效的喷药作业，实现人、机、药一体化，达到节水、节药的效果。

2008 年以来，我国农业无人机行业如雨后春笋般发展，主要应用在土壤湿度监测、农田喷洒、植被覆盖度监测等领域。据《农民日报》报道，2021 年黑龙江省农业无人机播撒施肥作业量超 1 亿亩次，覆盖了近 50% 的水稻田。在新疆，得益于农业无人机的大规模应用，棉花种植的机械化作业水平大幅提升。目前，我国已成为全球农业无人机作业面积最大的国家，据预测，2025 年市场规模可达 115 亿元。

②农机自动驾驶。农机自动驾驶指的是利用导航卫星实现农机沿直线作业的功能。农机自动驾驶主要是通过角度传感器获取农机偏移信息，利用摄像头采集作物生长数据，并借助导航卫星实时定位获取车辆行驶信息。系统将获取的数据经过无线网络传输到控制端，在对数据进行分析后，利用车载计算机显示器实时显示作业情况及作业进度。因此，农机自动驾驶的核心是农机车辆导航系统，通过该系统实现农机的作业监测、路径规划等操作。目前此技术主要应用于拖拉机、收割机和青贮机等农用机械。

当前，通过简单的按钮操作即可实现农机的自动化作业，解决了以往农机作业时完全依赖操作者的经验及熟练程度的问题。我国中联重科北斗导航农机自动驾驶系统的作业直线精度已达到 2.5 厘米，交接行精度达到 ±2.5 厘米，中途停车起步无起步弯，倒车入线距离小于 10 米，采用行业内首创的双直线模式，满足了对角线、之字形、回字形等多种作业模式的需求，其实际性能已达到国际同类产品的先进水平。在黑龙江垦区，许多农场都拥有这类世界领先的农机自动驾驶设备，这些设备集卫星定位、自动导航、精量播种、变量施肥功能于一体，可以一次性完成深松、浅翻、整地、播种、合墒、镇压等耕种作业，其中，旱田耕作更是实现了从种到收的 100% 机械化。

（4）农业智能分析。

物联网、互联网等技术与农业生产、加工、流通等环节深度融合，产生了海量多源异构的农业数据，且数据量呈现指数级增长。利用数据挖掘技术从中提取有效的信息并挖掘潜在价值，实现农业生产经营的全面信息化管控，这在一定程度上加速了农业生产方式的转变，提升了生产水平与效率，对现代农业发展的意义重大。目前，在农业数据分析、适宜种植情况分析、农作物和土壤监测分析、天气预测及评估分析等方面，农业智能分析都有广泛的应用。

（5）畜禽精细化养殖。

畜禽精细化养殖主要针对猪、牛、鸡等家畜家禽，饲养者通过耳标、可穿戴设备和摄像头等工具收集畜禽数据，分析数据并利用深度学习算法评估畜禽的健康状况、喂养情况和位置信息，从而实现精准管理。

我国在此领域也有了新进展，例如，阿里云与四川特驱集团、德康集团达成合作，利用自家视频图像分析、面部识别、语音识别、物流算法等人工智能技术，为畜禽建立了可供记录、查询及分析的档案，如母猪在生产时可能难产，顺产下来的猪崽也有可能早夭，阿里云的语音识别技术能够捕捉幼崽在被挤压时发出的叫声，让饲养员能够及时发现问题。采用这一人工智能技术后，平均每头母猪每年能够多生产 3 只幼崽，且死亡率降低了 3%。

4. 智慧农业的未来发展

以人工智能为核心的技术不断涌现，助力解决现代农业所面临的诸多问题和挑战。同时，农业机器人正逐渐成为智慧农业的关键工具。然而，人工智能在农业领域的应用挑战比其他行业更为严峻。目前所见的成功应用案例大多局限于特定的地理环境或特定的种植、养殖模式。当外界环境变化后，如何调整算法和模型是农业人工智能公司所面临的挑战，这需要在多行业间开展更多的协作。

在技术上，最大的挑战之一是农业数据资料收集极为不易。在农业领域，尽管地理、气候等部分数据较为完善，但有关作物本身的大多数数据每年仅能在其生长季节采集一两次。与其他领域相比，农业数据的积累往往需要更长的时间。此外，农业数据源在使用和所有权方面的透明度与共享度也相对较低。

农业是统计与量化应用最困难的领域之一，因为农业生产发生在自然界相互作用的生物和生态系统中，受各种变化的影响。即使在同一块田地内，田地的这一头相比另一头的条件都有所不同；在收获以前，结果都是不确定的。因此，了解如何管理农业环境意味着要考虑非常多的因素。

尽管困难重重，智慧农业已经进入了一个新的发展阶段，并构建了新的生产秩序。未来的智慧农业必将采用更智能的生产方式，并充分利用大数据、人工智能和机器人技术。

德润课堂

智慧农业的必要性

没有农业农村的现代化，就没有整个国家的现代化。在现代化进程中，如何处理好工农关系、城乡关系，在一定程度上决定着现代化的成败。我国作为中国共产党领导的社会主义国家，有能力、有条件处理好工农关系、城乡关系，顺利推进我国社会主义现代化进程。改革开放以来，我国广大农民为推进工业化、城镇化做出了巨大贡献。农业发展和农村建设取得了显著成就，为我国改革开放和社会主义现代化建设打下了坚实的基础。我国拥有 14 亿多人口，不管工业化、城镇化发展到哪一步，城乡将长期共生并存。40 年前，我们通过农村改革拉开了改革开放大幕。40 年后的今天，我们应该通过振兴乡村，开启城乡融合发展和现代化建设新局面。

本章小结

本章主要介绍了我国人工智能产业的发展现状、典型应用领域及其未来发展方向。首先介绍了我国人工智能产业的发展概况，包括人工智能专业人才的需求现状、人才培养产业链的构成以及我国在人工智能领域的投资规模和市场规模的增长情况，展示了我国在人工智能技术进步和人才培养方面的成就。其次，详细介绍了人工智能在智能制造、智能家居、智慧医疗、智慧金融和智慧农业等典型应用领域的技术原理、应用场景和实际案例，分析了各领域的发展现状与面临的挑战。最后，探讨了智慧金融和智慧农业的未来发展，包括技术趋势、市场需求以及我国在这些领域的创新实践和未来潜力。

通过本章的学习，读者能够全面了解我国人工智能产业的发展态势，掌握人工智能在不同领域的应用模式和技术原理，认识到人工智能对传统产业的推动作用，并对未来智慧社会的发展趋势形成清晰的认识，为深入研究和从业于人工智能相关领域奠定坚实的基础。

课后研思

一、填空题

1. 智能制造生态体系中，工业 4.0 框架的研究主题包括智能设计、智能机器、智能监控、智能控制和 ____。

2. 智能家居控制系统具有智能灯光控制、智能电器控制、安防监控等子系统的集中控制、场景控制和 ____ 功能。

3. 智慧医疗是以 ____ 为核心的信息共享和可移动访问的医疗信息化生态系统。

4. 智慧金融通过多种渠道将金融产品、服务与监管向智能化升级，减少和替代金融活动中的人工干预，体现了其 ____ 的特点。

5. 智慧农业中，农业无人系统包括农业无人机和 ____。

6. 智慧农业机器人融合了传感技术、自动控制、____ 等技术，使农业装备实现自动化、智能化。

二、简答题

1. 简述我国人工智能产业的核心产业链构成。
2. 智能制造的关键共性技术有哪些?
3. 智慧医疗的主要技术支撑有哪些?
4. 简述智慧金融的发展现状及其特点。

第四章

大模型技术

导读

随着人工智能的飞速发展，大模型技术已成为自然语言处理领域的重要里程碑。本章将深入探讨大模型的基础知识、发展历程以及常见的 AIGC 大模型工具。从大模型的定义、特点到其预训练过程，我们将逐步剖析其背后的原理与机制。同时，通过回顾大模型技术的发展历程，我们将清晰地了解从传统语言模型到如今多模态大模型的演变轨迹，以及这一过程中关键技术的突破与创新。

学习目标

知识目标

1. 掌握大模型的定义、特点及其在自然语言处理中的作用。
2. 了解掩码语言模型和下一个句子预测等预训练任务的工作原理及其重要性。
3. 熟悉 ChatGPT、文心一言、讯飞星火等大模型工具的特点和应用场景。

技能目标

1. 通过对 Transformer 架构等技术的理解，能够分析大模型的工作机制。
2. 学会利用预训练模型进行特定任务的微调。
3. 能够操作 ChatGPT、文心一言等工具，完成简单的自然语言处理任务。

素质目标

1. 通过对大模型技术的学习，激发对人工智能领域的创新思考。
2. 适应快速发展的技术环境，掌握前沿技术的应用。
3. 通过学习预训练和微调，培养对大规模数据的分析和处理能力。
4. 关注大模型技术的伦理和道德问题，树立正确的人工智能价值观。

第一节　大模型基础

大模型作为大规模语言模型（Large-scale Language Model，LLM）的简称，代表着人工智能领域的重大突破。语言模型是经过海量语料训练形成的 AI 系统，具备深度理解并自主生成人类语言的能力。其技术内核在于基于统计学原理构建的智能架构，能够精准预测语句或文本中词汇序列的生成规律。这种通过参数学习模拟人类认知语言过程的机制，本质上重构了语言的数学表达方式。从计算语言学的视角看，大模型被定义为多维概率空间中的分布模型，核心任务是通过建模语言元素的关联性，量化评估任意语言序列生成的可能性。

一、大模型概述

大模型本质上是一种大规模的深度神经网络，通过学习海量文本数据来理解和生成人类语言，其主要特征包括层次结构深、参数数量多以及训练数据量大。因此，大模型通常能够捕捉到细微的模式和规律，展现出更强的泛化能力和表达能力。例如，GPT 之所以如此特殊，是因为它是首批使用 Transformer 架构的语言模型之一。Transformer 是一种能够很好地理解文本数据中的长距离依赖关系的神经网络架构，使得 GPT 模型能够生成高度连贯和上下文相关的语言输出。拥有上亿个参数的 GPT 模型对自然语言处理领域产生了重大影响。

大模型的优点如下。

（1）上下文理解能力强。

大模型具有很强的上下文理解能力，能够理解复杂的语义和语境，这使大模型能够产生更准确、更连贯的回答。

（2）语言生成能力强。

大模型可以生成更自然、更流利的语言，减少生成输出时的错误。

（3）学习能力强。

大模型能够从海量数据中学习，并借助所学的知识和模式，提供更准确的回答和预测，这使大模型在解决复杂问题和应对新场景时表现得更为出色。

拓展新知

大模型的应用场景

目前，大模型主要围绕以下多个应用场景进行具体的部署，以使人们的生活更加便捷和智能化。

1. 搜索引擎

现有的搜索引擎仍然局限于信息搜集，人们还需要对搜索引擎呈现的结果进行筛选甄别。由于大规模预训练模型学习了海量数据集的知识，因此大规模预训练模型具有替代现有搜索引擎的潜质。比如随着 ChatGPT 的推出，人类只需要提出请求（如对话中的指令），ChatGPT 就会自动完成信息的整合和呈现。

2. 办公和创作

大规模预训练模型可以提高办公的效率，同时为创作者提供可借鉴的想法。现有的大规模预训练模型可以实现自动生成指定文本、语法错误纠正、文字润色以及收集数据等功能，这些功能可以极大地帮助办公人员提高工作效率。同时，Visual、ChatGPT 等大模型，可实现对图像的编辑和生成，为创作者节省成本。

3. 教育

大规模预训练模型可以提供启发式的教学模式，如现有的 ChatGPT 可以支持多轮对话，提供较为准确的回答。因此，这类大模型具备引导提问者更加积极主动地进行思考、发问的潜质。

4. 医疗

大规模预训练模型蕴含大量的知识库，可以帮助医护人员熟悉患者的病情并提供解决方案，帮助患者导诊。此外，大规模预训练模型因具有涌现性，可以辅助医学研究。比如，华为云推出的盘古药物分子大模型，其研究了 17 亿个小分子的化学结构，可以高效生成药物新分子，计算蛋白质靶点匹配，预测新分子的生化属性，并对筛选后的先导药进行定向优化，实现全流程的 AI 辅助药物设计。

5. 金融

大规模预训练模型可以帮助金融从业者作出决策，从而便于风险管理。大规模预训练模型具备较强的数据理解力、图表及图像的生成能力，让金融从业者能够快捷、直观和便利地理解风险，同时提升决策能力。

6. 其他

大规模预训练模型正在朝着多应用场景的方向发展，越来越多的大模型被提出并用于解决不同的实际问题。比如，盘古 CV 大模型利用海量的无标注电力数据进行预训练，并结合少量标注样本微调的高效开发模式，推出了针对电力行业的预训练模型；阿里 M6 通过将不同模态的信息进行处理，以提供图文商品检索、外观设计等应用。

二、大模型预训练过程

大模型主要用于处理和生成文本内容。这些模型通过在海量文本数据上的训练，能够理解语言的结构、语法、上下文以及语义关系。大模型通常采用 Transformer 架构等深度学习技术，以识别文本数据中的统计规律和模式。

值得注意的是，大模型通常是在大量文本语料库（如书籍、文章、网页）上进行预训练的。预训练是指将大量以低成本收集的训练数据放在一起，通过某种方法学习数据中的共性，然后将其中的共性“移植”到特定任务的模型中，再使用相关特定领域的少量标注数据进行微调。例如，预训练可以教模型预测文本字符串中的下一个单词，捕捉语言用法和语义的复杂性。

预训练能够帮助机器学习模型应对数据稀缺、先验知识不足以及迁移学习等挑战，进而提升模型的性能和可解释性，同时降低训练成本。下面以 BERT 为例介绍大模型的预训练过程。BERT 是基于 Transformer 架构的大模型，由谷歌公司于 2018 年提出，目前已成为自然语言处理领域最受欢迎且最成功的模型之一。

1. 掩码语言模型

掩码（Mask）语言模型是一种基于神经网络的语言模型，可以在预训练阶段使用海量的未标注语料库进行训练，然后在有监督的任务中进行微调，如文本分类、序列标注等。掩码语言模型的主要特点是通过对输入序列中的一部分标记进行掩码标记，使模型在训练过程中能够学习文本的全局上下文。掩码语言模型的核心思想是在输入序列中随机选取部分序列，将其替换成特殊的掩码标记。在模型训练过程中，模型需要根据前面的标记预测被掩码标记的实际内容，这种训练方式能让模型学习到句子的全局表征，进而提升性能。

掩码语言模型的训练过程类似于完形填空，预训练任务直接将输入文本中的部分单词遮住，并通过 Transformer 架构还原单词，从而避免了双向大语言模型可能导致的信息泄露问题，迫使模型使用被遮住的词的上下文信息进行预测。

例如，有这样一段文本：我爱吃饭。用掩码标记 Mask 遮盖后的效果可能是“我爱 Mask 饭”。Mask 机制打破了原文本信息，在做预训练时，让模型去做文本重建，模型从上下文中获取各种信息，从而预测出被 Mask 遮盖的词汇。

在输入 BERT 之前，单词序列中有 15% 的单词被 Mask 标记替换。然后，该模型将尝试预测被屏蔽词的可能值。

掩码语言模型在自然语言处理领域取得了显著进展，尤其在文本分类和序列标注等任务中表现出色。通过在预训练阶段利用未标注的语料进行训练，该模型能够捕捉到文字、词汇和句法等多层面的语言规律，从而在有监督任务中实现优异的性能。

2. 下一个句子预测

下一个句子预测（Next Sentence Prediction，NSP）是一个常见的自然语言处理任务，这个任务是指给定两个句子 A 和 B，让模型判断 B 是否是 A 的下一个句子。这个任务可以让模型学习语言中的句子关系和连贯性。

在预训练过程中，掩码语言模型可以通过上下文信息还原被掩盖的词语，从而学习上下文相关的文本表示。然而，对于阅读理解等需要处理两段文本的任务，仅靠掩码语言模型难以明确学习两段文本之间的关系。为此，下一个句子预测任务被设计为一种用于构建两段文本关系的预训练任务。

BERT 使用 TB 量级甚至 PB 量级的数据集来进行预训练，如维基百科、书籍语料库等。同时，BERT 使用具有数千甚至数万个图形处理单元（Graphics Processing Unit，GPU）或张量处理单元（Tensor Processing Unit，TPU）的高性能计算设备，进行并行计算和优化。BERT 在预训练阶段生成了一个通用编码器模型，能够将任意长度的文本映射为固定长度的向量。BERT 采用了一种简单高效的微调策略：在预训练的编码器模型的基础上增加一个输出层，并根据不同的任务和场景调整该输出层的结构和参数。例如，在文本分类任务中，输出层可以是一个全连接层或一个 softmax 层；在文本生成任务中，输出层可以是一个解码器或一个线性层。

BERT 采用“大规模预训练 + 微调”的模式，在预训练阶段获取通用知识和能力，并在微调阶段针对特定的任务和场景进行优化。这种模式在多个领域和场景中都表现出色。实际上，BERT 不仅在文本分类任务中表现出色，还在文本生成、文本摘要、机器翻译、问答系统等任务中多次刷新纪录，成为自然语言处理领域的一个标志性模型。

拓展新知

大模型的类型

大模型可以根据其应用领域和功能进行分类。

1. 大语言模型

专注于处理和理解自然语言文本，常用于文本生成、情感分析、问答系统等。

2. 视觉大模型

专门用来处理和理解视觉信息（如图像和视频），用于完成图像识别、视频分析、图像生成等视觉领域的任务。

3. 多模态大模型

能够处理并理解两种或两种以上不同类型的输入数据（例如文本、图像、音频等），通过融合来自不同模态的信息，能够执行比单一模态更为复杂和全面的任务。

4. 基础大模型

通常指那些可以广泛应用于多种不同任务的模型，它们在预训练阶段没有特定的应用方向，而是学习大量的通用知识。

三、Token 与大模型

Token 是文本中的一个具有意义的单元，它可以是单词、数字或标点符号。在自然语言处理中，机器学习模型通常以 Token 作为输入的基本单元，它可以被视为文本的最小组成单位。在英文中，一个 Token 可以是一个单词，也可以是一个标点符号。例如，“I love you”这个句子可以被分割成 3 个 Token：“I”“love”“you”。对模型而言，Token 是一种数字化的表示形式。每个 Token 都与一个唯一的数字 ID 关联，模型通过这些数字 ID 来区分不同的 Token。在训练过程中，模型学习将文本映射到这些数字 ID 的方法，以便对新的文本进行编码和解码。例如，对于英文单词，一个词汇表中可能包含诸如“hello”“world”“chat”等单词，每个单词对应一个唯一的数字 ID。当输入文本被拆分成多个 Token 之后，模型会查找每个 Token 在词汇表中的对应 ID，并用这些 ID 来表示输入文本。

常见的大模型是一种基于概率的自回归语言模型（AR 模型）。这种模型通过预测文本序列中的下一个 Token 来生成文本，在训练阶段，模型会依次处理输入序列中的每个 Token，并计算下一个 Token 的概率分布；在生成过程中，模型会根据上下文和已生成的 Token 逐步生成新的 Token，直到处理完整个文本序列。

例如，如果我们要将句子“ the dog sat on the mat”转换为 Token，我们可以这样做：将每个单词转换为 Token，得到“the”“dog”“sat”“on”“the”“mat”。

需要指出的是，除了单词之外，标点符号、数字、表情符号等其他符号也可以被视为 Token。这些符号能够传递信息或情感。例如，“ I love you！”和“ I love you？”就不同于“I love you”，因为感叹号和问号表达了不同的语气和态度。

表 4－1 所示为 Token 中的常见术语及说明。

表 4－1　Token 中的常见术语及说明

术语	说明
Token	文本中的一个基本单位，对于构建高效和准确的文本处理模型，具有关键作用
Subword（子词）	子词是指比单词更小的语言单位，根据语料库中的出现频率自动划分。比如，一个单词“ transformer”可以被划分成 2 个子词“ trans”和“ former”，或者 3 个子词“t”“rans”“former”，或者 4 个子词“t”“r”“ans”“former”，等等。不同的划分方法会产生不同数量和长度的子词
Word embedding（词嵌入）	一种将文本中的单词或其他文本单位映射到连续向量空间中的表示方法。这种表示方法可以将文本中的单词或其他文本单位转换成实数向量，使计算机可以对文本进行处理。词嵌入在文本分类、情感分析、机器翻译、命名实体识别、问答系统等任务中，可以作为输入特征，用于机器学习或深度学习模型
Encoding（编码）	通常指将输入数据转换为能够被理解、处理的格式的过程。这种编码通常用于降维、特征提取、特征表示等任务，旨在从高维度的输入数据中提取有用的特征，并将其转换为更简洁、更易处理的形式，以便用于后续的机器学习、模型训练等任务。编码在深度学习中具有重要的作用，它可以用于从原始数据中提取有用的特征，减少数据维度，去除噪声和冗余信息，提高模型的泛化能力和训练效果

在自然语言处理中，Token 的概念至关重要，因为它有助于机器理解自然语言。在传统的计算机编程中，我们通常会对输入数据进行格式化处理，以提高计算机的处理效率。但是在自然语言处理中，语言的结构和规则是复杂和多样化的，因此我们需要用 Token 来帮助机器识别和理解语言的结构和规则。在大语言模型中，Token 的应用场景非常广泛。例如，在文本生成任务中，机器可以通过对输入的 Token 进行操作，生成符合语法和语义规则的新文本；在语音识别任务中，机器可以使用 Token 将语音信号转换为可读的文本；在机器翻译任务中，Token 可以帮助机器将一种语言的文本转换为另一种语言的文本。

四、人与机学习的本质异同

人类社会的学习，概而言之，是通过各种经验、互动和指导获得知识、技能、行为和态度，对于人类而言，学习是一个持续的过程，它使个体能够适应环境、解决问题并提高幸福感。人类学习是通过教育机构内外的正规或非正规途径，同时人类还通过日常经验、互动和观察进行自发和无意识的学习。在人工智能中，学习是通过训练机器学习模型，根据输入数据识别模式做出预测的过程。学习技术的类型包括监督学习、无监督学习、半监督学习和强化学习等。

人类和人工智能的学习，都是通过经验获取新知识和技能，都会运用积极强化（如奖励或表扬）和消极强化（如惩罚或批评）的方法，也都可以利用反馈来提高效率、水平。但是，人工智能通常仅限于从数字化数据的输入中学习，以数据为中心，从而带来许多先天的难题。而人类能从更广泛的感官体验（如触觉、味觉、嗅觉、视觉和听觉）中学习，人类可以自己感知和识别信息，与他人交流和探究信息。从宏观层面而言，人类真正的知识来源是实践，学习知识的方式是行动，测量学习价值的有效手段是奖惩（来自现实的结果，或者他人的评价），并且从这些价值的确定中明确道德规范，并由教育等学习方式传承规范。人类的知识（包括通过文字等媒介记录的知识）依赖于人的生活环境、大脑结构、感觉器官和运动系统等。人一出生就通过探索周围的物理世界建立起最基础的对时间、空间、声、色、形等的概念，感受外部世界，同时人类也会对自己的身体建模，以更好地控制自己的行动，而后人类才能学习语言文字、理解其含义、与现实的对应关系和联系，学习来自他人总结的知识，包括普适性的知识和只适合特定人群的知识。人类那些关于时间和空间的感受也许难以言传，很难用文字表达，但这些感受是人类理解世界的基础。目前，通过互联网上的文字—智能语言模型的数据集来源，是很难理解这些知识的。人类有能力理解复杂和抽象的概念，能在看似无关的想法之间建立联系，而人工智能仅限于在其编程范围内和已接受训练的数据范围内进行学习；人类可以从社交互动和对他人的观察中学习，而人工智能通常依赖于数据集和算法；人类可以进行自主学习，而人工智能需要明确的编程和训练数据。

因此，人类智能形成的知识是有机的、能动的、自主的，甚至在其基因里就存在一些知识，而智能机器缺乏最基础的关于现实物理世界的感知能力，它很难学到人类感受和理解的知识。但是，人类学习的局限性也是显而易见的。首先，人脑处理和保留信息的能力非常有限。人类确实有能力学习和适应新的情境，但人类在一定时间内只能保留一定数量的信息，因此难以解决一些情境的问题，比如面对复杂的医疗诊断、金融交易等需要快速处理和分析大量数据的情况，人类就难以通过自身习得的信息胜任。其次，人类学习存在潜在的偏见和主观性。人类会受到个人经历、价值观、环境和自身情绪的影响，从而做出主观的解释和相关的决定。人工智能的目标则是客观地处理和分析数据、做出决策，而不受个人偏见的影响。

目前，人工智能学习的最大困境是受训练数据的质量和数量的局限，它需要将大量高质量数据输入系统才能有效学习。如果数据有偏见或不完整等缺陷，人工智能可能接受、理解这些偏见和局限性，并用于信息输出。人工智能的另一大局限来自它无法感知环境，从而像人类一样理解上下文（语境）或信息中的微妙意义和细微差别（比如有人用中文在 ChatGPT 中输入一些反讽它的文字，它却以为是称赞并欣然致谢），这样就限制了它对人类的情绪和行为的理解力，使得它的应用场景受到限制。此外，人工智能学习在创造力、复杂性，以及在用人类的方式适应新情况的能力方面还有很大的局限性。人工智能可以根据现有数据中的模式产生新的解决方案，但它缺乏产生真正的原创和创新思想的能力，很难提出真正新颖或创新的想法，这会限制人工智能在人文艺术和科学研究等领域的潜在应用。人工智能的推理和决策能力有限，如果超出了它所训练的数据的范围，就可能会导致错误或意外的结果。机器生成的内容缺乏人类交流中所具有的情商和微妙之处，机器对人类情感、文化和背景的理解程度有限，因此可能会导致机器生成的内容对于人类情绪缺乏同理心。

人类和人工智能各有所长，最优解在于互相学习、优势互补。人工智能可为人类提供数据分析和客观处理能力，而人类可赋予人工智能创造性和适应性，使其更好地服务人类。面对人工智能的进步，人类无须恐慌或轻视，而应充分利用人工智能提升自身学习能力，推动社会发展，实现人与技术的协同共进。

第二节　大模型技术的发展历程

一、大模型技术的发展历程

2006 年，杰弗里·辛顿提出逐层无监督预训练方法，有效解决了深层网络训练中的梯度消失问题，为神经网络学习提供了重要的优化途径。此后，深度学习在多个领域取得突破性进展，引领了新一轮的发展浪潮。回顾过去十多年，基于深度学习的人工智能技术经历了重大的研究范式演变：从早期依赖“标注数据监督学习”的任务特定模型，发展到“无标注数据预训练 + 标注数据微调”的预训练模型，再到如今采用“大规模无标注数据预训练 + 指令微调 + 人类反馈对齐”的大模型。这一历程见证了技术从小数据到大数据、小模型到大模型、专用到通用的飞跃，标志着人工智能技术正迈入大模型时代。

2022 年，由 OpenAI 发布的语言大模型 ChatGPT 引发了社会的广泛关注。在“大模型 + 大数据 + 大算力”的加持下，ChatGPT 能够通过自然语言交互完成多种任务，具备了多场景、多用途、跨学科的任务处理能力。以 ChatGPT 为代表的大模型技术可以在经济、法律、社会等众多领域发挥重要作用。大模型被认为很可能像 PC 时代的操作系统那样，成为未来人工智能领域的关键基础设施，引领发展热潮。

1. 统计语言模型

统计语言模型主要依据马尔可夫假设来构建文本序列的生成概率。其中，N-Gram 语言模型是一个典型代表，它认为下一个词汇的出现概率仅与前面 N 个词汇相关（即遵循 N 阶马尔可夫假设）。然而，这类模型存在显著的问题：它们容易受到数据稀疏的影响，导致概率分布估计不准确。为改善这一状况，需采用平滑策略进行调整。但即便如此，统计语言模型在文本序列建模方面的能力仍然相对较弱。

2. 神经语言模型

针对统计语言模型的局限性，神经语言模型利用神经网络（例如 MLP、RNN）对词汇间的语义共现关系进行建模，能够有效捕捉复杂的语义依赖关系，并精准预测词汇生成的概率。Word2Vec 简化了神经语言模型的架构，可以从无监督语料中学习具有可迁移性的词向量，为预训练语言模型的研究提供了基础。

3. 预训练语言模型

预训练语言模型主要是基于“预训练 + 微调”的学习范式构建，首先通过自监督学习任务从无标注文本中学习可迁移的模型参数，进而通过有监督微调适配下游任务。早期的代表性预训练语言模型包括 ELMo、GPT-1 和 BERT 等。其中，ELMo 模型基于传统的循环神经网络（LSTM）构建，存在长距离序列建模能力弱的问题；随着 Transformer 的提出，神经网络序列建模能力得到了显著提升，GPT-1 和 BERT 都是基于 Transformer 架构构建的，可通过微调学习解决大部分的自然语言处理任务。

4. 语言大模型

（1）探索阶段。

在预训练语言模型的研发历程中，扩展定律（Scaling Law）扮演了关键角色。它指出，随着模型参数和预训练数据规模的增加，模型的能力与任务效果会随之提升。OpenAI 在研发 GPT 系列产品时，通过 GPT-1（1.1 亿参数）、GPT-2（15 亿参数）到 GPT-3（1 750 亿参数）的逐步扩展，验证了上述规律。谷歌公司推出的 PaLM 模型，参数规模更是高达 5 400 亿。当模型参数达到千亿级别时，语言大模型的能力显著提升。例如，GPT-3 在没有进行微调的情况下，仅通过提示词或少量样例就能完成多种任务，甚至在某些领域超越了当时的专用模型。因此，学术界特别用“语言大模型”（Large Language Models）来强调这种超大规模预训练语言模型与早期模型的区别。

（2）提升阶段。

早期的语言大模型虽展现出少样本学习能力，但它主要局限于预测下一个单词，难以有效遵循人类指令，可能输出无用甚至有害的信息，与人类偏好存在偏差。为解决这些问题，研究人员主要采用了以下技术：指令微调（Instruction Tuning），通过格式化的训练数据（指令和回答配对）强化大模型的通用任务泛化能力；基于人类反馈的强化学习（RLHF），引入人类标注者训练与人类偏好对齐的奖励模型，指导大模型训练，使其更好地遵循用户的意图。在大模型的应用中，通过采用提示技术，例如思维链（CoT）和思维树（ToT），能够充分释放大模型的潜力，增强其解决实际问题的能力。此外，针对大模型在某些能力上的短板，比如数值计算，可以引入外部工具（如计算器、搜索引擎等）拓展其能力边界，弥补其基于文本数据训练和推理的不足之处。

作为重要的前沿探索力量，OpenAI 对于语言大模型的研发工作主要是在 Transformer 架构推出后开展的，取得了一系列的技术进展。其中，GPT-1 探索了解码器 Transformer 架构在“预训练 + 微调”范式下的自然语言任务求解能力；GPT-2 初步验证了扩大模型参数规模的有效性（扩展法则），并探索了基于自然语言提示的多任务解决能力；GPT-3

首次探索了千亿参数规模的语言模型效果，提出了基于“上下文学习”的任务解决方法；

CodeX 使用代码数据对 GPT-3 进行了微调，从而提升了代码能力和复杂推理能力；InstructGPT 基于人类反馈的强化学习技术，能够强化对于人类指令的遵循能力和人类偏好的对齐能力；ChatGPT 与 InstructGPT 的技术原理相似，进一步引入了对话数据进行学习，从而加强了多轮对话能力；GPT-4 能够处理更长的上下文窗口，具备多模态理解能力，在逻辑推理、复杂任务处理方面的能力得到显著改进，但其他相关技术细节未被披露。

随着 GPT-4 的发布，语言大模型对多模态领域产生了重要影响。它不再局限于单一的文本交互，而是可以接收文本和图像的组合输入。这种多模态大模型契合人类多渠道感知的认知模式，能够更好地应对复杂多变的环境、场景和任务需求。GPT-4 的成功实践表明，在多模态大模型中融入基于人类知识的自然语言，能显著提升模型在多模态理解、生成及交互方面的能力。

智慧碰撞

从统计语言模型到多模态大模型，大模型技术经历了哪些关键发展阶段？请结合本章内容，讨论每个阶段的核心技术突破及其对自然语言处理领域的贡献。

二、大模型技术的生态发展

大模型服务平台正在向个人用户开放，并向商业应用延伸，各家公司在这一领域各有侧重，为用户提供了多样化的大模型能力获取方式。OpenAI API 较早向大众推出了大模型服务，用户能够通过 API 接入多个 GPT 模型，执行具体任务。

Claude 系列模型是 Anthropic 公司打造的闭源语言大模型，有 Claude 和 Claude-Instant 两种。它们经过无监督预训练、人类反馈的强化学习及 Constitutional AI 技术（融合监督训练与强化学习）锤炼，力求在实用性、诚信度及安全性上更胜一筹。Claude 支持高达 100K 词元的上下文，而 Claude-2 更是升级至 200K 词元。文心一言是基于百度文心大模型的知识增强语言大模型，提供手机应用程序（App）、网页版、API 接口等多种形式的开放服务。文心一言建设了插件机制，通过外部工具、服务的调用，拓展大模型的能力边界。讯飞星火认知大模型具有开放式知识问答、多轮对话、逻辑和数学能力，并且具有较强的对代码和多模态的理解能力。讯飞和华为联合重磅发布了国内首款支持大模型训练私有化的产品“星火一体机”，可支持企业快速实现讯飞星火大模型的私有化部署、场景赋能和专属大模型训练优化。

大模型的开源生态系统非常丰富，汇集多种开源框架和模型。像 PyTorch 这样的框架利用先进的技术（如分桶梯度、通信与计算重叠），支持大规模的分布式训练；国产的飞桨框架则内置分布式训练功能，采用 4D 混合并行策略助力千亿级模型的训练；OneFlow 通过将集群视为超级设备，并结合动静态图转换和混合并行，提高训练效率；此外，微软的 DeepSpeed 框架运用 ZeRO 技术，显著降低了内存占用，以应对万亿级模型的训练需求。

开源大模型可降低大模型研究的门槛，促进大模型应用的繁荣。其中的典型代表有：LLaMA 系列模型，是 Meta 研发的开源大模型，参数规模从 7B 到 65B 不等，仅依赖公开数据集进行预训练，通过数据过滤和并行优化实现高效训练；Falcon 系列模型，来自阿布扎比的 TII（Technology Innovation Institute）研究院，最大参数规模为 180B，基于开源许可发布，性能与 GPT-4 和 PaLM2 相当，参数量却较小；GLM 系列模型，采用空白填充等多任务联合训练方式，提升了模型的生成能力；Baichuan 系列模型，由百川智能开发，支持中英双语，使用高质量训练数据，在多个基准测试上表现优秀，还开源了多种量化版本；Baichuan 2，在保留原有模型优势的基础上，增强了逻辑推理等方面的能力；CPM 系列模型，采用经典的语言模型自回归训练方式，在各类中文 NLP 任务上均表现卓越。

大模型技术广泛赋能各行业：在传媒领域实现智能新闻撰写，降低成本；在影视行业拓宽创作视野，提升作品的品质；在营销领域打造虚拟客服，助力产品推广；在娱乐领域增强人机互动，提升趣味性；在军事领域强化情报获取与决策，实现实时战场支持；在教育领域推动个性化智能教学；在金融领域助力机构降本增效，提升服务温度；在医疗领域赋能诊疗全流程。大模型的发展将为人类社会带来强大的动力，促进人工智能与现实世界的深度融合。

大模型的广泛应用使其被视为未来人工智能的重要基础设施，类似于 PC 时代的操作系统，推动各行业发展，助力国家经济高质量增长。在上游，大模型能够推动软硬件计算平台的创新，实现高性能软硬件与大模型的协同进步，从而形成“大模型 + 软硬件 + 数据资源”的发展生态；在下游，大模型能够建立“大模型 + 应用场景”的应用生态，促进整个产业的智能提升，为经济、社会和安全等领域的智能化发展提供重要支持。

拓展新知

大模型的特性

大模型，通常指的是拥有巨大参数量的机器学习模型，尤其是在 NLP、计算机视觉以及多模态领域的应用中。这些模型基于预训练的方式，通过 NLP 理解和学习人类语言，以人机对话方式，完成信息检索、机器翻译、文本摘要、代码编写等内容生成任务。

第三节　常见的 AIGC 大模型工具

目前，市面上的 AIGC 大模型工具很多，有写作类的，有根据文本生成图像类的，有根据图像生成短视频类的，等等，本节主要介绍几款国内外热门的 AIGC 工具。

一、ChatGPT

ChatGPT（Chat Generative Pre-trained Transformer），是 OpenAI 推出的一款出色的 AIGC 大模型工具。它是一款聊天机器人程序，能够基于在预训练阶段所见的模式和统计规律生成回答，还能根据聊天的上下文进行互动，真正像人类一样聊天交流。ChatGPT 强大的自然语言处理能力和多模态转化能力使之可用于多个场景和领域。它可用来开发聊天机器人，编写和调试计算机程序，撰写邮件，进行媒体、文学相关领域的创作，包括创作音乐、视频脚本、文案、童话故事、诗歌和歌词等。它还可以用作自动客服、语音识别、机器翻译、情感分析、信息检索等。

ChatGPT 的核心是生成式预训练 Transformer 模型。这种深度学习模型能够从海量文本数据中捕捉语言规律，并生成新的文本。同时，ChatGPT 还通过与人类的互动进行训练，提升了其对复杂对话场景的理解和应对能力。ChatGPT 的最大特点是其对话的自然性和智能性。它不仅能理解输入文本的意图，还能基于上下文提供有深度的回答。此外，ChatGPT 还能灵活地适应用户的指示，如改变语言风格、采用特定的角色等，为用户提供个性化的交互体验。

2023 年 3 月 14 日，OpenAI 发布了多模态 GPT-4。这一新模型在发布当天就被集成到了 ChatGPT 平台中。ChatGPT Plus 会员在开始新对话时可以选择不同的基座模型，其中就包括 GPT-4。相较于前代产品，GPT-4 的优点在于它能够处理图像和文本输入，并生成文本输出。换句话说，GPT-4 的优势在于它可以同时处理图像和文本输入，并生成文本输出。这表明 GPT-4 已超越了传统的大语言模型，转变为一种多模态模型，能够处理多种不同的数据形式，如图像、文本、语音和视频等。多模态模型能整合各种数据信息，从而生成更全面且准确的回答。例如，当模型同时学习图像和文本两种模态的数据时，其在视觉和语言融合的任务中的效果就可以得到提升，典型的融合任务有图像标注和图文分类等。模型同时学习语音和文本数据，有助于提升语音识别和语音合成的性能。

多模态一直是 AI 技术的一个重要目标和发展方向，因为人类的学习本身就是多模态的。在婴儿期的感知和认知发展过程中，婴儿会同时接触到多种不同类型的刺激，包括视觉、听觉和触觉。通过多模态学习，婴儿能够建立对外部世界的理解和认知。例如，当妈妈一边摇着金色的铃铛，一边给襁褓中的婴儿哼唱“金色的铃铛，叮当叮当”时，婴儿能够将来自不同感官的信息整合起来，从而构建更全面且准确的感知和认知。与传统的语言模型相比，多模态模型可以通过对文本、图像和声音等多种不同模态的数据进行建模，以更好地模拟人类学习的方式。因此，采用多模态模型的 GPT-4 被认为是通往更强大、更通用的 AI 的雏形。值得注意的是，无论是训练还是运行，GPT-4 都需要大量的计算资源，这给经济成本和环境都带来了不小的压力。

1. 功能局限性

OpenAI 认为 ChatGPT 在使用上还有局限性，模型仍有优化空间，主要体现在以下方面。

（1）ChatGPT 有时生成看起来有道理但不正确或无意义的回答，解决这个问题有挑战性。因为在强化学习训练期间，缺乏正确信息的来源，且为了将模型训练得更谨慎，它会拒绝回答本可以正确回答的问题。监督训练有时也会误导模型，因为理想的答案取决于模型所知道的信息，而不是人类所知道的信息。

（2）ChatGPT 对输入措辞的调整或多次尝试同一提问非常敏感。例如，使用一种措辞给出一个问题，模型可能会声称不知道答案，但轻微修改表述后，模型就能正确回答。

（3）模型常常会生成冗长的语句或过度使用某些短语。例如，反复重申它是由 OpenAI 训练的语言模型。这些问题源于训练数据中的倾向性（训练者更倾向于让模型生成更长、更全面的回答）和过度优化问题。

（4）当用户提供模棱两可的查询时，现有模型常常会猜测用户的意图，理想的状态是模型先询问用户，以获取更加清晰的问题。

（5）虽然 OpenAI 希望模型拒绝不当的请求，但它有时会响应有害的指令或表现出偏见。

除此之外，ChatGPT 的能力不足以准确处理逻辑问题，如对于数学或一阶逻辑问题，其时常给出错误答案，因为这类问题的答案是确定而非概率的。同时，尽管 ChatGPT 在产生安全、无害的反应方面很强，但仍可通过一些方法攻击该系统，包括指令攻击（使模型遵循错误的指令，去做非法或不道德的事情）和提示注入。此外，它在英语和尊重美国文化方面做得不错，但对于其他语言和文化，有必要开发基于相关数据集背景的版本。

2. 社会影响

人工智能产业已经发展了许多年，但一直未出现“杀手级”的应用，2022 年 OpenAI 公司发布 ChatGPT，这款产品带来了震撼的产品体验，引领生成式大模型的技术浪潮，人工智能拉开了新一轮技术和产业革命，众多行业专家认为这是人工智能领域的“iPhone 时刻”。以 ChatGPT 为代表的大模型在文本生成、语言理解、逻辑推理、数学能力与代码能力等领域具备像人类一样触类旁通的能力，并表现出强大的进化能力。ChatGPT 的出现，对当今社会发展产生了划时代的影响。

（1）人工智能技术的质变。

ChatGPT 是将人工智能技术从“量变”引发“质变”的代表，标志了机器学习大模型、大训练数据和大算力能够达到的新高度。ChatGPT 模型越来越顺应人类的思考逻辑，更加符合人类的认知和习惯，是工程实现上的重要创新。ChatGPT 的成功不仅是新一代聊天机器人的突破，它将为人工智能乃至整个信息产业带来革命。ChatGPT 正在演变成新一代操作系统平台和生态，用户将能直接用日常语音或者文字与人工智能进行交互，大部分计算负荷由以大模型为核心的新一代信息基础设施接管。

（2）增长速度最快的消费级应用。

截至 2023 年 1 月末，ChatGPT 便获得了 1 亿月活跃用户，成为当时增长速度最快的消费级应用。一项调查显示，美国约 89% 的大学生是用 ChatGPT 做作业的。2 月 16

日，微软在旗下的必应搜索引擎和 Edge 浏览器中整合人工智能聊天机器人功能的举措成效初显，71% 的测试者认可人工智能优化后的必应搜索结果。

2023 年 7 月 27 日，微软表示将向日本政府提供 ChatGPT 技术，用于文书工作和分析，包括起草回应议会质询的草案。为了处理机密信息，微软在东京和大阪的数据中心安装了用于生成式人工智能的高处理能力设备，这也是该技术首次在亚洲部署。8 月 28 日，据 OpenAI 介绍，自 ChatGPT 推出以来，超过 80% 的财富 500 强公司的团队采用了该产品。

2024 年 5 月，ChatGPT 在韩国的用户数量增长了 30%，韩国月活跃用户数量首次突破 100 万大关。5 月 18 日，iOS 版 ChatGPT 应用上架不到 12 小时，冲到了 App Store 美国免费 App 排行榜第二的位置。截至 5 月 23 日，该应用在美国市场的下载量达 55 万次。

2024 年 8 月 29 日，OpenAI 声称，ChatGPT 每周的活跃用户超过 2 亿，是 2023 年秋季时的两倍。9 月 5 日，OpenAI 宣布，ChatGPT 商业版本的付费用户总和已超过 100 万，近一半来自美国。

2024 年 12 月 5 日消息，ChatGPT 周活跃用户数突破 3 亿。

（3）对教育和学术领域提出了挑战。

ChatGPT 对教育界和学术界造成了巨大的冲击。人工智能不仅能够通过大学和专业资格考试，还能撰写专业性极高的学术论文，甚至连专业研究者也无法轻易分辨出这些由人工智能生成的论文。据《自然》杂志网站报道，至少有 4 份已发表和预印本上的论文将 ChatGPT 作为论文的“合著者”。而《科学》杂志不接受使用 ChatGPT 生成的投稿论文，同时不允许 ChatGPT 作为论文的合著者。

拓展新知

ChatGPT：人工智能是助手还是潜在的风险？

人工智能是近年来科技领域发展最为迅猛的领域之一，其中的 ChatGPT 作为一种基于大数据和深度学习技术的语言生成模型，引发了广泛的关注和争议。ChatGPT 被设计为一种智能助手，可以进行自然语言对话，并模拟人类的回答。它可以应用于多个领域，如客户服务、社交媒体、在线客户支持等。然而，ChatGPT 作为一种新兴技术，也面临着众多的支持和争议，包括其优势、潜在的风险和不同人物对它的看法。

支持者们认为，ChatGPT 在许多领域中具有巨大的优势。首先，ChatGPT 可以提供高效、个性化的服务。通过分析用户的语言输入，它可以生成符合用户需求的回答，提供实时的帮助和建议，从而提高用户体验和满意度。其次，ChatGPT 可以帮助解放人力资源，减少重复、烦琐的任务，从而提高工作效率。最后，ChatGPT 还可以应用于教育、医疗、科研等领域，为这些领域带来新的机会和创新。

然而，对于 ChatGPT 的争议也在增加。一方面，一些人担忧 ChatGPT 导致人力资源的需求减少和人类劳动的替代。随着 ChatGPT 在许多领域应用，可能会导致部分传统工作岗位的消失，从而影响人员的就业和经济稳定。此外，一些人担忧 ChatGPT 对用户的隐私和数据安全造成威胁。作为一种基于大数据技术的模型，ChatGPT 需要处理大量的用户输入数据，这可能涉及用户隐私和数据保护的问题。同时，ChatGPT 的生成结果也可能存在错误和失误，从而导致信息的不准确和误导。

民众对 ChatGPT 的看法也存在差异。一些人对 ChatGPT 持积极态度，认为其为人们提供了便利和高效的服务，可以帮助人们更好地完成工作和生活中的任务。一些人对 ChatGPT 持保守态度，担忧其可能对人类劳动市场和社会产生负面影响，导致失业和不平等。还有一些人对 ChatGPT 持警觉态度，认为其潜在风险可能远远超过其益处，可能导致人类失去对决策的控制权，甚至可能威胁到人类的自主性和尊严。

在面对这些争议时，有人呼吁加强监管和规范。他们认为，一方面，ChatGPT 作为一种强大的技术工具，应当受到严格的监管和规范，以确保其在应用中符合伦理和法律的要求。这包括对数据隐私和安全的保护、对生成内容的准确性和可信度的验证、对人类劳动的保护和对社会影响的评估等。另一方面，也有人呼吁更加积极地推动 ChatGPT 的发展和应用。他们认为，ChatGPT 作为一种具有潜力的技术，可以为人类带来更多的机会和创新。通过合理的规范和使用，可以最大限度地发挥其优势，推动人类社会的进步和发展。

总的来说，ChatGPT 作为一种人工智能技术，具有广泛的应用前景和潜在的风险，其争议也在不断增加。在推动 ChatGPT 的发展和应用的过程中，应当充分考虑其潜在的社会、经济、伦理和法律影响，并加强监管和规范，以确保其合理、负责任地应用于各个领域，最大限度地发挥其优势，为人类社会带来正面的变革和发展。同时，公众应当保持警觉，积极参与对 ChatGPT 和其他人工智能技术的讨论和决策，共同推动人工智能的可持续性。

二、文心一言

文心一言（ERNIE Bot）是百度全新一代知识增强大语言模型（见图 4-1）——文心大模型家族的新成员，能够与人对话互动、回答问题、协助创作，高效便捷地帮助人们获取信息、知识和灵感。文心一言从数万亿数据和数千亿知识中融合学习，得到预训练大模型，在此基础上采用有监督精调、人类反馈强化学习、提示等技术，具备知识增强、检索增强和对话增强的技术优势。

2023 年 3 月 16 日，百度新一代大语言模型文心一言正式启动邀测。8 月 31 日，文心一言向全社会全面开放。文心一言的使用方法非常简单，用户只需在输入框中输入自己的想法或者句子，系统会自动为用户提供多个不同的词汇和句式，用户可以根据自己的需要选择合适的词汇和句式。此外，文心一言还可以提供历史和文学相关的知识，帮助用户更好地理解和运用词汇和句式。

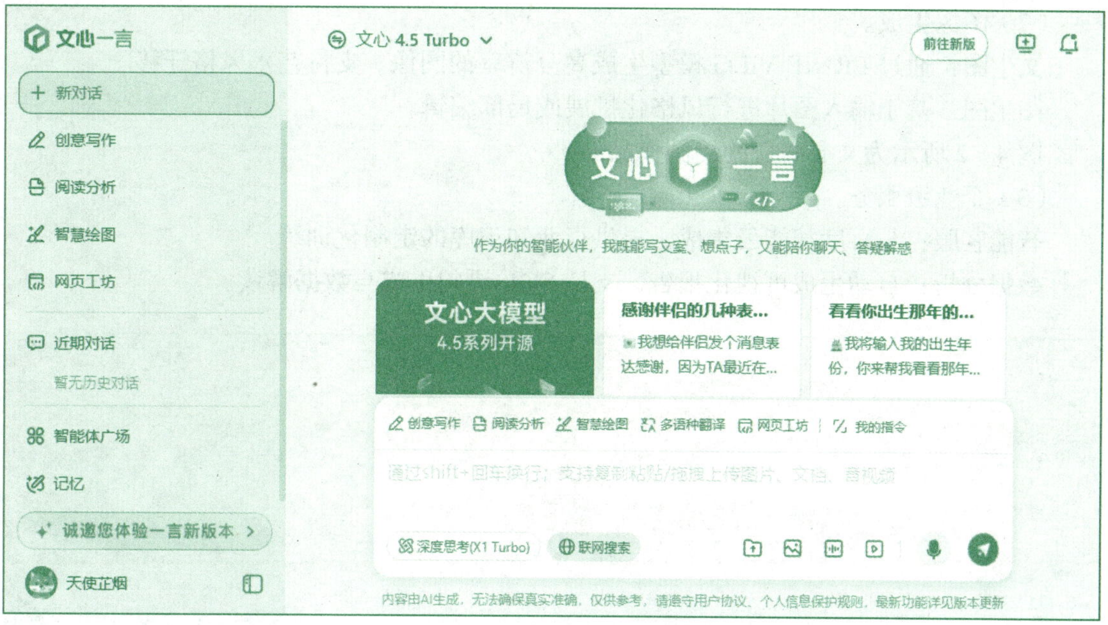

图 4－1　文心一言的主界面

2025 年 3 月 16 日，文心大模型 4.5 和文心大模型 X1 正式发布。目前，两款模型已在文心一言官网上线，免费向用户开放。

文心大模型 4.5 是百度自主研发的新一代原生多模态基础大模型，通过多个模态联合建模实现协同优化，多模态理解能力优秀，具备更精进的语言能力，理解、生成、逻辑、记忆能力全面提升，去幻觉、逻辑推理、代码能力显著提升。

文心大模型 X1 具备更强的理解、规划、反思、进化能力，并支持多模态，是首个自主运用工具的深度思考模型。作为能力更全面的深度思考模型，文心大模型 X1 兼备准确、创意和文采，在中文知识问答、文学创作、文稿写作、日常对话、逻辑推理、复杂计算及工具调用等方面表现尤为出色。

2025 年 4 月 25 日，百度在 Create2025 百度 AI 开发者大会上，发布了具备多模态、强推理、低成本三大特性的文心大模型 4.5 Turbo 和文心大模型 X1 Turbo。

文心大模型 4.5 Turbo 和文心大模型 X1 Turbo 都进一步增强了多模态能力。在多个基准测试集中，文心大模型 4.5 Turbo 的多模态能力优于 GPT-4，在去幻觉、逻辑推理和代码能力等方面也都整体增强。

文心大模型 X1 Turbo 是基于文心大模型 4.5 Turbo 的深度思考模型，它在性能提升的同时，具备更先进的思维链，问答、创作、逻辑推理、工具调用和多模态能力进一步增强，整体效果领先 DeepSeek R1、V3 最新版。

文心一言主要包括以下三个方面的核心功能。

（1）文本生成。

创作辅助：可生成营销文案、小说、诗歌，支持风格定制（如“鲁迅体”）。

代码生成：覆盖 Python、Java 等语言，自动补全 Debug 建议。

（2）图像生成。

文生图：通过 ERNIE-ViLG 模型生成高分辨率的图像，支持艺术风格迁移。

图生图：基于输入图片进行风格化扩展或局部编辑。

图 4－2 所示为文心一言的绘画作品。

（3）企业级服务。

智能客服：与百度智能云集成，提供行业知识库的定制化训练。

数据分析：自动生成可视化报告，支持 SQL 语句生成与数据解读。

图 4－2 文心一言的绘画作品

三、讯飞星火

讯飞星火认知大模型（SparkDesk）是科大讯飞在 2023 年正式宣布推出的 AIGC 对

话产品（见图 4－3）。根据其官方描述，该模型拥有跨领域的知识和语言理解能力，能够基于自然对话方式理解与执行任务。它能从海量数据和大规模知识中持续进化，实现从提出、规划到解决问题的全流程闭环，同时还提供第三方插件市场服务和行业大模型应用。

讯飞星火作为一款 AIGC 工具，已在内容创作领域获得成功，并在国内主要的应用商店上线。该工具运用前沿的人工智能技术，协助用户生成优质的文章、文案和报道。无论是新闻稿、宣传材料，还是会议纪要和工作计划，讯飞星火都能有效生成相关的内容。

通过输入相关信息，讯飞星火可以快速生成文章的大纲和关键词，并自动补充文章的内容，让内容创作更加轻松高效。这使得优秀的作家和媒体从业者能够更加专注于思考和创新。

2024 年 6 月 27 日，讯飞星火 V4.0 正式发布。

图 4－3　讯飞星火 Web 版界面

四、通义

通义，由通义千问更名而来，是阿里云推出的超大规模语言模型，也是阿里云大模型系列中的新成员，旨在为各行各业提供优质的自然语言处理服务，并且能够应对各种复杂的任务挑战。通义于 2023 年 9 月 13 日正式向公众开放。图 4－4 所示为通义 Web 版界面。

2025 年 3 月 6 日，阿里巴巴发布并开源全新的推理模型通义千问 QwQ-32B。3 月 27 日，通义千问宣布发布 Qwen2.5-Omni。4 月 29 日，通义 App 全面上线千问 3。

图 4-4　通义 Web 版界面

截至 2024 年 5 月，通义千问提供通义灵码（编码助手）、通义智文（阅读助手）、通义听悟（工作学习）、通义星尘（个性化角色创作平台）、通义点金（投研助手）、通义晓蜜（智能客服）、通义仁心（健康助手）、通义法睿（法律顾问）8 大行业模型。

8 大行业模型可以帮助人们写代码、读代码、查 bug、优化代码等；短时间内获取长文本提要和概述，掌握要点；对音频内容转写、翻译、角色分离、全文摘要、章节速览、发言总结、PPT 提取等，并支持标重点、记笔记；可以解读财报，分析金融业事件，自动绘制图表，进行实时市场数据分析等。

五、豆包

2016 年，字节跳动公司成立人工智能实验室 AI Lab，聚焦于自然语言处理、机器学习、数据挖掘等方面的研究。

豆包是字节跳动公司基于云雀模型开发的 AI 工具，提供聊天机器人、写作助手以及英语学习助手等功能，它可以回答各种问题并进行对话，帮助人们获取信息，支持 Web 平台（见图 4-5）、Windows/macOS 电脑版客户端、iOS 以及安卓平台。

2025 年 3 月 12 日，豆包大模型团队正式发布文生图技术报告，首次公开 Seedream 2.0 图像生成模型的技术细节，覆盖数据构建、预训练框架、后训练 RLHF 全流程。

2025 年 3 月 28 日，豆包测试了新版深度思考功能，该功能将推理过程的思维链与搜索深度结合，支持边想边搜。4 月 17 日，豆包深度思考和文生图 3.0 模型已通过火山引擎正式开放 API，供开发者和企业客户使用。4 月 19 日，字节跳动推出文本生成图像模型 Seedream 3.0，文生图跑分超过 GPT-4。字节跳动计划未来将 Seedream 3.0 集成至豆包。

下面列举了豆包的几个主要的功能。

知识问答：具备回答历史、科学、技术、文化、地理等多个领域问题的能力，为用户提供全面而准确的信息支持，还能详细解释词语含义及概念定义，展现出强大的知识解析能力。

文本生成：可以创作包括故事、诗歌、文章、商业文案等多种形式的文本内容，满足用户多样化的创作需求，并且生成的文本条理清晰、自然流畅。

语言翻译：支持多种语言之间的互译，满足从外语文本到中文的广泛需求，翻译质量高，速度快，助力用户跨越语言障碍，实现无缝沟通。

AI 绘画：提供 AI 漫画生成和 AI 图片生成两种模式，用户可选择油画、水彩、素描等不同的艺术风格，甚至尝试风格融合，还能自由选择画笔、调色板等绘画工具，与 AI 进行互动，将创意转化为艺术作品。

拍照识图：能识别景物、拍题答疑、分析图表、解读复杂的图片等，方便用户通过拍照快速获取相关信息和解答。

视频生成：通过用户的文字描述生成视频内容，新版本在语义理解、画质、风格类型和动作连贯性方面都有显著提升，使生成的视频更加符合需求，画面细腻逼真，动作流畅自然。

图 4－5　豆包 Web 版界面

六、Kimi

Kimi 是北京月之暗面科技有限公司于 2023 年 10 月 9 日推出的一款智能助手，主要有 6 项功能：长文总结和生成、联网搜索、数据处理、编写代码、用户交互、翻译。Kimi 的主要应用场景为专业学术论文的翻译和理解、辅助分析法律问题、快速理解 API 开发文档等，是全球首个支持输入 20 万汉字的智能助手产品，已启动 200 万字无损的上下文内测。

2024 年 10 月，月之暗面正式上线具备 AI 自主搜索能力的 Kimi 探索版，其搜索量是普通版的 10 倍，一次搜索即可精读 500 个页面。图 4－6 所示为 Kimi Web 版界面。

图 4－6　Kimi Web 版界面

七、DeepSeek

DeepSeek 是杭州深度求索人工智能基础技术研究有限公司推出的 AI 助手，可免费体验与全球领先 AI 模型的互动交流，于 2025 年 1 月 15 日正式上线。图 4－7 所示为 DeepSeek Web 版界面。

DeepSeek 使用数据蒸馏技术来生成高质量数据。这项技术通过提取和利用数据中的关键信息，优化了训练数据集，从而提高了训练效率。DeepSeek 采用了一种创新的“混合专家”方法。在用户提出问题时，模型会智能地判断是否需要激活其内部的医疗专家、翻译、律师或物理学家等特定领域的专家系统。这与传统模型不同，传统模型往往会同时激活所有的专家系统，造成能源和计算能力的浪费。DeepSeek 通过将这些小型“专家”系统与一个“通才”系统结合，实现了相同的功能，但更加高效。“通才”系统对各个主题都有一定的了解，能够有效地协调各个专家系统之间的互动，从而提升整体性能。

DeepSeek 凭借自然语言处理、机器学习、深度学习、大数据分析等核心技术优势，在推理能力、自然语言理解与生成、图像与视频分析、语音识别与合成、个性化推荐、大数据处理与分析、跨模态学习、实时交互与响应等领域表现出色。它能进行逻辑推理、解决复杂问题，理解和生成高质量文本，精准分析图像和视频内容，准确识别和合成语音，根据用户偏好提供个性化推荐，高效处理大规模数据并挖掘有价值的信息，实现多模态数据融合与学习，通过智能助手和聊天机器人实现快速的自然语言交互。

图 4－7　DeepSeek Web 版界面

2025 年 2 月 21 日，数据分析平台 QuestMobile 的最新数据显示，DeepSeek App 从上线至 2 月 9 日，累计下载量超过 1.1 亿次，周活跃用户规模最高近 9 700 万。其中，1 月 20 日至 1 月 26 日，DeepSeek App 的周下载量达到 226 万次。第二周，下载量飙升至 6 300 万次，环比增长超过 2 700%。3 月 31 日，有消息称 DeepSeek 已经成为全球增长最快的 AI 工具之一。

八、Manus

Manus 是中国的创业公司 Monica 于 2025 年 3 月 6 日凌晨发布的全球首款通用 Agent（自主智能体）产品。Manus 定位为一款性能强大的通用型助手，它对于用户而言不仅仅是提供想法，而是将想法付诸实践，真正解决问题。

Manus 作为全球首款真正意义上的通用 AI Agent，具备全流程自主完成任务的能力，如撰写报告、制作表格等。它不仅生成想法，还能独立思考并采取行动。Manus 凭借其强大的独立思考、规划并执行复杂任务的能力，直接交付完整成果，展现了前所未有的通用性和执行能力。据团队介绍，Manus 在 GAIA 基准测试中取得了 SOTA（State-of-the-Art）的成绩，显示其性能超越了 OpenAI 的同层次大模型。图 4－8 所示为 Manus 基于 GAIA 评估标准的基准测试。

Manus 的主要功能如下。

自主完成任务：Manus 能够从规划到执行（全流程）自主完成复杂任务。例如，Manus 可以直接操作电脑，完成报告撰写、表格制作等工作，并在最后导出符合用户需求的产品。

独立思考与行动：作为全球首款真正意义上的通用 AI Agent，Manus 不仅限于生成想法，还能独立思考并采取行动。它能够理解复杂指令、自主学习并跨领域协同，真正像人一样思考和行动。

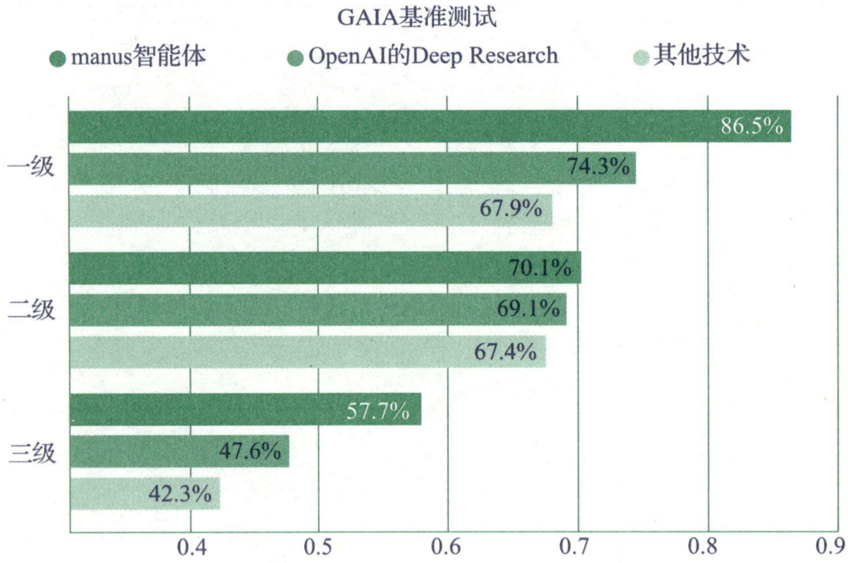

图 4－8　Manus 基于 GAIA 评估标准的基准测试

超强的学习与适应能力：Manus 拥有“数字大脑”，具备超强的学习能力和适应性，不再局限于单一任务。

Manus 被视为人机协作的新范式，甚至可能成为通向 AGI（通用人工智能）的一个入口。其应用场景如下。

筛选简历：Manus 能够从众多简历中筛选出适合职位的候选人。它会手动解压缩文件，逐页浏览简历，并记录其中的重要信息。根据候选人的强化学习专业知识，Manus 会对他们进行排名，并推荐最合适的候选人。

筛选房源：如果用户希望在纽约购买房产，要求社区安全、犯罪率低、具备优质的中小学教育资源，且预算在每月固定收入可负担的范围内，Manus AI 会将这一复杂任务分解为待办事项列表，包括研究安全社区、识别优质学校、计算预算、搜索房产等。它能通过网络搜索相关资料，收集纽约最安全社区的信息。

筛选股票：Manus AI 的操作类似于专业的股票经纪人，通过 API 访问雅虎金融等网站获取股票的历史数据，并交叉验证数据的准确性，避免单一信息来源的误导。Manus 使用 Python 编写代码，进行数据分析和可视化，并引入金融专业工具进行分析，最终通过数据可视化图表和详尽的综合分析报告，向用户展示股票价格之间的因果关系。

旅行规划：Manus 不仅能整合旅行信息，还能为用户创建定制的旅行手册。例如，为用户规划一次旅行，提供个性化的旅行建议和行程手册。

智慧碰撞

随着 AIGC 技术的普及，越来越多的工具被开发出来，以满足不同用户的需求。请思考并讨论以下问题。

（1）选择一个你熟悉的 AIGC 工具（如 ChatGPT、Kimi、DeepSeek 等），分析其在实际使用中的优势和不足。

（2）如果你是该工具的开发者，你会如何改进它，以更好地满足用户需求？例如，增加哪些功能，优化哪些体验？

（3）假设你需要为一个特定的领域（如医疗、教育、娱乐等）开发一款 AIGC 工具，你会如何设计它的核心功能和应用场景？请简要描述你的想法。

德润课堂

我国 AI 技术不仅在科研突破、技术治理上取得新进展，还在通信、文化演出等场景实现规模化落地，引发各界的广泛关注。创造这些骄人成绩的核心技术人才中，许多来自国内高校，且是在读博士生和刚毕业不久的年轻人。这些年轻人凭借扎实的专业知识和创新精神，在人工智能领域取得了令人瞩目的成果，打破了外界对海外人才垄断高端科技研发成果的固有观念。

人工智能的成熟和发展是一个漫长的过程，需要我们立足战略高度，持续重视人工智能人才的培养。在人工智能人才的培养中，技术至上是一个常见且需要警惕的误区，这种观念将人才培养简单地等同于算法和代码的传授，忽视了人文精神的培育。技术是一把双刃剑，人类在享受技术红利的同时，也面临着巨大的伦理挑战。如果人工智能人才缺乏对人类社会基本价值的认知，就可能导致技术滥用，甚至威胁人类生存等严重后果。

人文素养在人工智能时代具有特殊的意义，它不仅是技术应用的指南针，更是技术发展的制动器。一个合格的人工智能人才，既要精通算法，又要深谙人性；既要掌握技术，又要理解社会。因此，建立技术伦理与人文素养并重的培养体系，需要从课程设置、教学方法、评价标准等多个维度进行改革。将科技伦理、哲学思考、艺术审美等纳入必修课程，培养具有全面素养的人工智能人才，才能真正推动人工智能技术的健康、可持续发展。

本章小结

本章主要介绍了大模型技术的核心内容、发展历程以及常见的应用工具。首先介绍了大模型的基础知识，包括其定义、特点、预训练过程以及 Token 在大模型中的作用；其次详细阐述了大模型技术的发展历程，从早期的统计语言模型到现在的多模态大模型，展示了技术的演进路径及其对自然语言处理领域的深远影响；最后介绍了常见的 AIGC 大模型工具，如 ChatGPT、文心一言、讯飞星火等，分析了它们的特点、应用场景及优势。

通过本章的学习，读者能够全面了解大模型技术的基本原理和核心架构，掌握其在自然语言处理中的应用方法和优势，熟悉大模型技术的发展脉络及其对各行业的赋能作用，同时对当前主流的大模型工具形成清晰的认识，为进一步深入学习和应用大模型技术奠定坚实的基础。

课后研思

一、填空题

1. 大模型本质上是 ______ 的深度神经网络，其特点包括层数深、参数量大和训练数据量大。

2. GPT 模型是首批使用 ______ 架构的语言模型之一，这种架构能够很好地理解文本数据中的长距离依赖关系。

3. 掩码语言模型的核心思想是通过在输入序列中随机选取部分序列并将其替换成特殊的 ______ 标记，让模型学习文本的全局上下文。

4. BERT 在预训练阶段使用了掩码语言模型和 ______ 两个任务来提升模型的性能。

5. Token 是指文本中的一个有意义的单位，可以是单词、数字或 ______。

6. OpenAI 在研发 GPT 系列时，通过逐步扩展模型参数规模，验证了 ______ 法则，即模型能力随参数和数据规模的增加而提升。

7. GPT-4 是一种 ______ 模型，能够同时处理文本和图像输入。

8. 大模型技术的发展历程可以分为统计语言模型、神经语言模型、预训练语言模型和 ______ 四个阶段。

二、简答题

1. 简述大模型的优点。

2. 什么是掩码语言模型？它在预训练中的作用是什么？

3. 简述大模型技术的发展历程。

4. 简述多模态大模型的意义和应用。

下篇

实践实训：开启人工智能的创新探索

第五章

生成式人工智能（AIGC）

导读

随着人工智能技术的飞速发展，生成式人工智能（AIGC）已成为当今科技领域最具影响力和变革性的技术之一。本章将深入探讨 AIGC 的核心概念、发展历程、技术体系、应用领域以及使用方法，帮助读者全面了解这一前沿技术如何重塑内容创作、推动行业创新，并为我们的生活和工作带来深远影响。

学习目标

知识目标

1. 掌握生成式人工智能（AIGC）的定义、特点及其与传统内容创作方式的区别。

2. 熟悉 AIGC 从早期萌芽到快速发展的三个阶段，以及各阶段的关键事件和技术突破。

3. 了解 AIGC 在文本生成、图像生成、音频生成、视频生成等领域的具体应用，以及多模态深度学习的作用。

技能目标

1. 学会使用常见的 AIGC 工具（ChatGPT、文心一言、DeepSeek 等），并能够根据需求选择合适的工具，进行内容生成。

2. 掌握如何通过 AIGC 工具进行有效提问，包括问题的清晰表达、追问补充以及对话记录的查看与利用。

3. 能够利用 AIGC 工具生成高质量的内容（文本、图像、视频等），并学会对生成内容进行评估和优化，以满足实际应用需求。

素质目标

1. 通过 AIGC 技术的应用，培养创新思维，激发探索新技术、新应用的潜力。

2. 提升对新兴技术的适应能力和学习能力，能够快速掌握并应用 AIGC 等前沿技术。

3. 通过多模态内容创作，培养跨学科的综合素养，能够结合不同领域的知识进行内容创作和解决问题。

4. 在使用 AIGC 技术时，关注其对社会、文化、经济等方面的影响，培养积极履行社会责任的意识。

第一节 AIGC 概述

一、什么是 AIGC

AIGC（AI-Generated Content，生成式人工智能），即利用人工智能技术快速生成内容。2022 年，ChatGPT 的爆红出圈宣告了 AIGC 时代的到来，AIGC 被认为是人工智能时代的新型内容创作方式。

AIGC 具备超越人类的生产能力和知识水平，能够执行信息挖掘、素材调用和复刻编辑等基础性劳动，从技术上以更低的成本和更高的效率满足大量的个性化需求。

AIGC 可以自动生成内容，也可以辅助生成内容。AIGC 广泛应用在文本生成、图像生成、音频生成、视频生成等方面，推动了大量深度学习模型的不断完善。

AIGC 的技术应用有哪些？从技术层面看，AIGC 可分为三个层次。

1. 智能数字内容孪生

智能数字内容孪生主要涉及内容的增强和转换。增强指的是对数字内容进行修复、去噪和细节提升等处理。转换是指对数字内容进行形式上的变换，如翻译等。例如，一张低分辨率的图片，可通过智能增强技术中的图像超分，对低分辨率进行放大，同时增强图像的细节信息，生成高清图。又如，对于老照片中的像素缺失部分，可通过智能增强技术进行内容复原。而智能转译技术则关注不同模态之间的相互转换。若用户录制了一段音频，可通过智能转译技术自动生成字幕；若用户输入了一段文字，则可以自动生成语音，实现模态间的智能转译应用。

具体应用：图像超分、语音转字幕、文字转语音等。

2. 智能数字内容编辑

智能数字内容编辑是指通过理解内容及其属性来进行修改。例如，在计算机视觉领域，可以通过分析视频内容，剪辑不同场景的片段；而在语音信号处理方面，则可以通过分析音频信号，分离人声和背景声音等。

具体应用：视频场景剪辑、虚拟试衣、人声分离等。

3. 智能数字内容生成

智能数字内容生成指从海量数据中学习抽象概念，并通过概念的组合生成全新的内容。例如 AI 绘画，从海量的绘画作品中学习不同笔法、内容、艺术风格，并基于学习内容，重新生成特定风格的绘画。通过采用此方式，人工智能在文本创作、音乐创作和诗词创作中都有不错的表现。在跨模态领域，通过输入文本输出特定风格与属性的图像，不仅能够描述图像中主体的数量、形状、颜色等属性信息，还能够描述主体的行为、动作以及主体之间的关系。

具体应用：文本生成（AI 写作）、图像生成（AI 绘画）、音频生成、视频生成、多模态生成等。

拓展新知

AIGC 的特点

1. 自动化

AIGC 可以根据用户输入的关键词或要求自动生成内容，无须人工编辑，从而节省了时间和成本，提高了效率。

2. 具有创意

AIGC 可以利用深度学习和强化学习等技术，不断地学习和优化内容生成策略，以生成具有创意和个性化的内容，并增加内容的吸引力，提高用户参与度和转化率。

3. 表现力强

AIGC 可以自动生成各种类型的内容，例如文章、视频、图片、音乐、代码等，可以满足不同用户的不同需求，提供多样化的内容选择。同时，AIGC 可以利用自然语言处理和计算机视觉等技术，实现与用户的自然交流，获得用户的反馈，并根据用户的喜好和行为动态地调整内容生成的方式，增强内容的表现力和适应性，提升用户体验感和忠诚度。

4. 迭代

AIGC 可以利用机器学习和深度学习等技术，不断地更新和改进内容生成的模型和算法，并根据用户反馈进行优化。这样可以保证内容生成的质量和效果，提高内容生成的可靠性和稳定性。

二、AIGC 的发展历程

AIGC 的发展历程可以大致分为以下 3 个阶段。

早期萌芽阶段：20 世纪 50 年代～ 90 年代中期，受限于当时的科技水平，AIGC 仅限于小范围实验。

沉淀积累阶段：20 世纪 90 年代中期～ 21 世纪 10 年代中期，AIGC 从实验向实用转变，但受限于算法，无法直接生成内容。

快速发展阶段：21 世纪 10 年代中期至今，深度学习算法不断迭代，AIGC 生成内容种类丰富且效果越来越好。2017 年微软 AI 诗人“小冰”推出世界上首部由 AI 写作的诗集《阳光失了玻璃窗》，2018 年英伟达公司发布的 StyleGAN 模型可自动生成图片，2019 年 DeepMind 公司发布的 DVD-GAN 模型可生成连续视频。2021 年 OpenAI 公司推出 DALL · E 模型并更新迭代版本 DALL · E 2 模型，该模型主要用于文本、图像的交互生成。

近年来，AIGC 的发展十分迅速，它已经从一个主要服务于企业和机构的边缘工具，转变为零基础用户也能轻松使用的创作工具。在应用开发的重点上，AIGC 也从最初的翻译、语音合成和重复性劳动，转向更加关注用户操作便利性的应用层面。

三、AIGC 的算法体系

算法是 AIGC 技术的创新核心，决定了内容生成的能力和效果。常见的算法模型包括变分自编码器、生成对抗网络、卷积神经网络、循环神经网络、注意力机制、Transformer、扩散模型、多模态学习等。

算法的突破是近年来 AIGC 得以快速发展的催化剂，下面展开介绍 AIGC 中常用的算法模型，分别是变分自编码器模型、Transformer 模型和扩散模型。

1. 变分自编码器模型

传统的自编码器模型主要由两部分构成：编码器（encoder）和解码器（decoder）。自编码器模型的结构如图 5－1 所示，编码器—解码器结构作为语言模型的经典结构，模拟的是人脑理解与表达自然语言的过程，其中编码器将语言转换成“大脑”所能理解和记忆的内容，而解码器则将“大脑”中所想的内容表达出来。

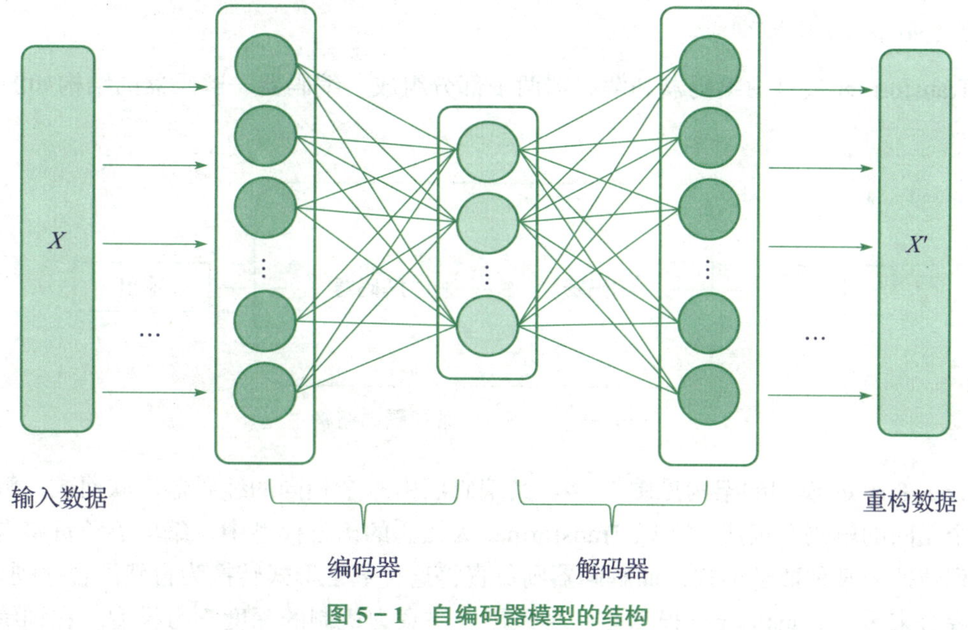

图 5－1　自编码器模型的结构

变分自编码器（Variational Auto Encoder，VAE）模型在数据生成方面的应用价值较高，它继承了传统自动编码器模型的架构，使用编码器将原始的高维输入数据转换为潜在空间的概率分布描述并抽取样本数据；使用解码器对抽样的数据进行重构，以生成新数据。图 5－2 所示为变分自编码器模型的结构。

VAE 模型是一种有趣的生成模型。生成模型的核心理念是使计算机自动学习数据的统计特征，并基于这些特征生成新的数据，例如图像和音频。这项技术广泛应用于多个领域，包括文本生成、图像生成和视频生成等。与生成对抗网络模型相比，VAE 模型有更加完备的数学理论，在理论推导过程中引入了隐变量（在数学中，假设我们需要用 a 估计 b，但直接用 a 估计 b 很困难，但是用 c 估计 b 很简单，用 a 估计 c 很容易，所以我们可以用 a 来估计 c，再用 c 估计 b，以达到用 a 估计 b 的目的，此时的 c 即为隐变量），使理论推导过程更加显性，训练过程更加容易。

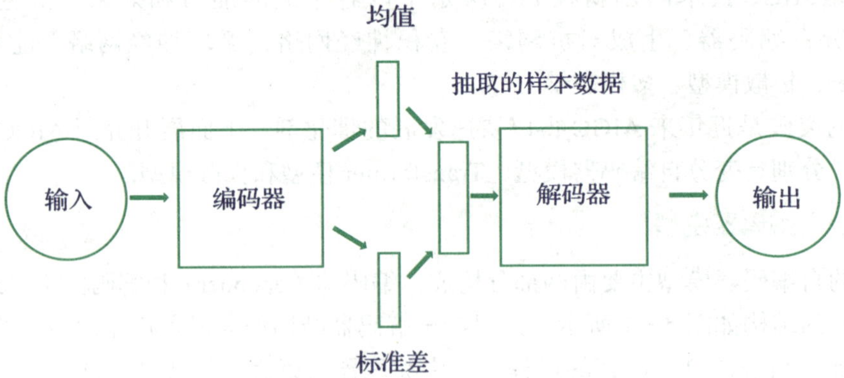

图 5-2　变分自编码器模型的结构

2. Transformer 模型

Transformer 模型由编码器和解码器两个部分组成，编码器—解码器的结构如图 5-3 所示。

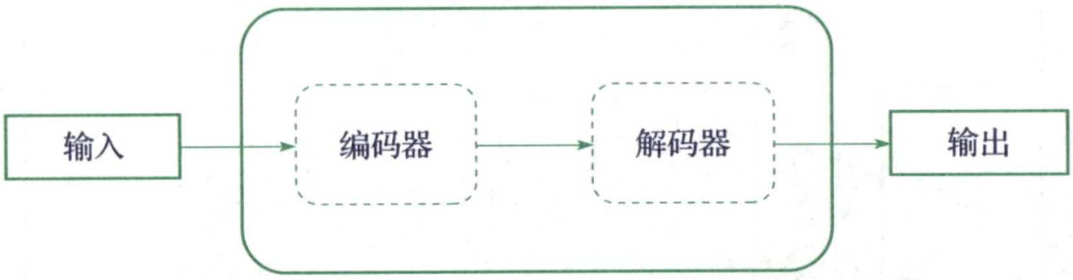

图 5-3　编码器—解码器的结构

Transformer 模型的架构见图 5-4。其编码层由六个相同的编码器串联而成，解码层由六个相同的解码器组成。在以 Transformer 为核心的语言模型中，编码器负责将自然语言序列转换为某种数学形式，而解码器则负责将这种数学形式转换为自然语言序列。

综合来看，Transformer 模型是一种采用自注意力机制的深度学习模型。在训练过程中，自注意力机制可以按输入数据各部分重要性的不同而分配不同的权重，从而有选择性地关注重要信息。与传统的序列模型相比，Transformer 模型不再依照顺序计算，该模型能够并行地处理序列数据，显著提高计算效率。

需要强调的是，注意力机制包括自注意力机制和交叉注意力机制等，其中自注意力机制是 Transformer 等大型语言模型的重要组成部分。自注意力机制并不是指输入和输出语句之间的注意力机制，而是关注输入语句内部元素之间的相互关系。换句话说，自注意力机制在同一个句子内部实现了注意力机制。表 5-1 所示为自注意力机制与交叉注意力机制的区别。

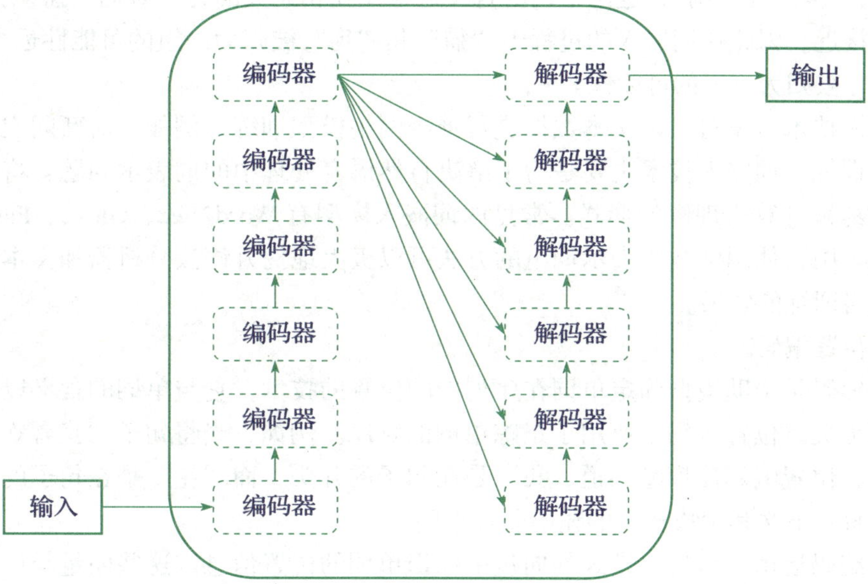

图 5-4　Transformer 模型的架构

表 5-1　自注意力机制与交叉注意力机制的区别

名称	作用
自注意力机制	计算输入序列中每个元素之间的关系
交叉注意力机制	计算两个不同的序列中的元素之间的关系

与循环神经网络一样，Transformer 模型旨在处理自然语言等顺序输入数据，可用于翻译、文本摘要等任务。而与循环神经网络模型不同的是，Transformer 模型能够一次性处理所有的输入数据。如果输入数据是自然语言，则 Transformer 模型不必像循环神经网络模型那样一次只处理一个词，Transformer 模型允许更多的并行计算，从而减少训练时间。因此，Transformer 模型常被用于序列到序列（Sequence-to-Sequence）任务，如机器翻译、文本摘要和对话生成等。

使用 Transformer 模型处理输入数据（以文本为主）有以下四个主要步骤。

（1）词嵌入。

词嵌入是一项自然语言处理技术，它将词汇表中的词语或短语转换为稠密的向量表示，以便捕捉词与词之间的语义关联。首先，模型进行词嵌入，将序列中的单词映射到向量的实数空间中。然后，数据通过多个编码层和解码层进行变换与传递。在这些层中，自注意力机制在理解序列中单词之间的关系方面起着关键作用。最后，Transformer 模型根据学到的规律，预测序列中最可能出现的下一个单词或标记，从而生成文本。

在构建大型语言模型的过程中，词嵌入是一个至关重要的起点。它将序列中的单词转换为实数空间中的向量，从而将相似的词汇归并为同一类别。借助词嵌入，模型能够更有效地分析文本数据，理解词语的含义，并以此进行预测，从而提升模型的性能和效果。例如，“猫”和“狗”，这两个词的含义通常比互相无关的另一对词“猫”和“薯片”的含义更接近。因此在词嵌入的过程中“猫”和“狗”被归为一组的可能性远大于“猫”和“薯片”被归为一组的可能性。

词嵌入技术涉及对大量文本数据进行神经网络模型训练，例如，对新闻文章或书籍文本进行训练。词嵌入技术主要是为了解决自然语言处理中的词表示问题，将词的表示转换为容易被计算机理解的形式。常见的词嵌入模型有 Word2Vec、Glove、FastText 等。在底层输入中，使用词嵌入表示词组的方法可以极大地提升语法分析器和文本情感分析等神经网络训练的效果。

（2）位置编码。

位置编码是帮助模型确定单词在序列中的位置的技术，它与单词的含义以及它们之间的关系无关。位置编码主要用于跟踪单词的顺序。例如，当将句子“我喜欢花”输入模型中时，位置编码使模型知道“我”是在句子的开头，而“花”是在句子的结尾。这对模型理解上下文和生成连贯的输出非常重要。

位置编码运用一组特定模式的向量来标识单词的位置信息。这些向量与词嵌入向量结合，从而形成含有位置信息的输入表示。这样，模型就能将单词的位置视为输入的一部分，并在生成输出时保持一致性。

（3）自注意力机制。

自注意力机制是 Transformer 模型的核心部分。它使模型在处理一个序列时可以考虑到序列中每个元素与其他元素的关系。自注意力机制的关键思想是计算输入序列中单词之间的关联度（或称为权重），并将这些关联度用于权衡模型对每个元素位置的关注程度。

自注意力机制允许模型为序列中的每个单词分配权重，权重的值取决于它对预测任务的重要性。这使模型能够捕捉单词之间的关系，更好地理解序列中的上下文信息，从而更准确地处理序列数据。

（4）文本生成。

文本生成一般是大型语言模型实施的最终步骤。在完成训练与微调后，模型能够根据给定的提示或问题，产生结构复杂的文本。它会基于所学到的模式，根据输入的文本信息（包括几个单词、一个句子，或整个段落）生成一个连贯且相关的回应。

模型利用在训练期间学到的参数计算下一个单词或标记的概率分布，然后选择最有可能的一个单词或标记，作为下一个输出。例如，bank 一词有两个含义，分别是“堤坝”和“银行”，如果只显示 bank 这个单词，很难判断是哪种意思。但是，如果显示词组，如“The bank of the river（河堤）”“Money in the bank（银行里的钱）”，就可以通过上下文判断出 bank 的意思。因此，Transformer 模型在训练的过程中，通常将表示“堤坝”的“bank”放在“river”附近的坐标上，将表示“银行”的“bank”放在“Money”附近的坐标上，这样可以在不破坏句子原义的情况下连接单词。

一般而言，人们可以引导机器进行强化学习，从而提供给机器训练模型的持续反馈。对大语言模型来说，如果模型返回错误答案，用户可以纠正模型，从而提高模型的整体性能。

在训练大语言模型时，需要注意一些问题。首先，大语言模型的训练需要大量的语料库，因此需要保证语料库的质量和数量。其次，大语言模型的训练过程需要消耗大量的计算资源，因此需要保证计算资源充足。此外，大语言模型的训练结果可能会受到数据偏差的影响，因此需要对语料库进行适当的预处理和平衡。

总的来说，Transformer 是一个强大的深度学习模型，它通过自注意力机制处理序列数据，在自然语言处理任务中表现出色。

3. 扩散模型

扩散（Diffusion）模型是一种新型的生成模型，属于无监督学习中的概率模型，主要用于图像生成和视频生成等领域。扩散模型是一种基于去噪技术的图像生成模型。在生成图像的过程中，它实际上是在不断地去除噪声和随机性的影响，逐渐得到一个越来越真实、越来越精细的图像。扩散模型首先将先验数据分布转化为随机噪声，再一步一步地修正转换，得到对噪声进行去噪的图片，然后让神经网络学习这个去除噪声的过程。因此，扩散模型可以由给定的噪声图像还原出原始图像。

扩散模型依赖于反向扩散方程，通过多轮迭代创建图像。在每次迭代中，图像中的每个像素都会减少一些噪声，而这些噪声将在后续迭代中逐步消失。与其他模型相比，扩散模型的主要优势在于生成图像的质量佳，不需要对抗性训练，同时训练效率也更好。此外，扩散模型还具备良好的可扩展性和并行处理能力。

扩散模型最常见的应用是图像生成和修复。例如，去噪扩散隐式模型（Denoising Diffusion Implicit Models，DDIM）就是一种基于扩散过程生成模型的图像生成方法，通过它可以生成高质量的自然图像。另一个例子是 Noise2Self，它使用扩散过程生成模型恢复噪声图像。由于扩散模型生成样本的强大能力，扩散模型已被广泛应用于各个领域，如计算机视觉、自然语言处理和生物信息学。此外，扩散模型还可以用于视频预测，即根据给定的前几帧预测未来帧。

常见的扩散模型包括 GLIDE、DALL · E2、Imagen 和完全开源的 Stable Diffusion。扩散模型已经拥有了成为下一代图像生成模型的代表的潜力。以 DALL · E 为例，它能够直接通过文本描述生成图像。

Imagen 是 2022 年 5 月谷歌公司发布的图像生成扩散模型，专门用于高质量图像的生成。用户向模型输入描述性文本，模型会生成与文本匹配的图像。

扩散模型的生成机制更符合人类的思维方式，其原理是逐步向训练数据中添加高斯噪声以进行破坏，随后通过反向操作学习怎样复原数据。经过训练后，用户可以将随机生成的噪声输入去噪过程，从而让模型学习和生成新数据。

4. 多模态深度学习

多模态数据是指记录在不同类型的媒体（如文本、图像、视频、声音）中的描述同一对象的数据。在表征学习领域，“模态”一词指编码信息的特定方式或机制。多模态深度学习是指将来自不同感知模态的信息（如图像、文本、语音等）融合到一个深度学习模型中，以实现更丰富的信息表达和更准确的预测。在多模态深度学习中，模型之间的融合通常有以下 3 种方法。

（1）模态联合学习。

模态联合学习是一种结合多种数据类型进行训练的方法，它将来自不同模态的数据输入同一个模型中，使模型能够同时学习多个模态的特征并进行融合。这种策略能够充分利用不同模态的信息，然而，因为它需要同时训练多个模型，所以增加了计算复杂性。

（2）跨模态学习。

跨模态学习是一种将一个模态的特征转换为另一个模态的特征表示的方法。这种方法的目的是通过特征转换，以及多个模态之间的映射关系，将不同模态的信息融合在一起。例如，可以使用图像的特征表示预测文本的情感偏向。使用这种方法可以减少训练时间并降低计算复杂度，但是需要预先确定好模态之间的映射关系。

（3）多模态自监督学习。

多模态自监督学习是一种无须标注数据，通过模型自身学习来提取多个模态的特征表示的方法。这种方法的优点是模型可以利用大量未标注的数据进行训练，但是需要设计一些自监督任务，引导模型学习多模态的特征表示。例如，可以通过执行视频音频同步、图像文本匹配等任务，进行多模态自监督学习。

总的来说，多模态深度学习是一个较新的研究领域，旨在探索从多种数据模态中学习的算法。例如，人类通过视觉和听觉同时识别他人或物体，而多模态深度学习的目标是使计算机具备类似的能力，能够同时处理来自不同模态的信息。

智慧碰撞

前文介绍了多种 AIGC 算法模型，如变分自编码器（VAE）模型、Transformer 模型和扩散模型。请思考并讨论以下问题。

（1）这些算法模型在生成内容的质量、效率和多样性方面，各有何优缺点？

（2）在实际应用中，如何根据具体需求选择合适的算法模型？

（3）请举例说明这些模型在不同应用场景中的潜在优势和局限性。

四、AIGC 的流程

AIGC 的初衷是人类通过训练模型，让加载模型的机器理解人类赋予的任务（指令），并完成任务（给出答案）。创建 AIGC 的基本过程会因为具体的应用程序和所生成内容的类型不同而有所差别，但通常涉及四个主要步骤：收集数据、预处理数据、训练模型、生成内容、评估和细化。

1. AIGC 的流程步骤

首先是收集数据（用于训练 AI 模型），包括收集现有数据集，以及通过调查、爬取公开数据等方法获得数据。在收集数据后需要进行预处理，预处理涉及清理数据、删除重复数据或不相关数据，以及规范化数据。预处理数据后，使用特定的算法训练 AI 模型，比如有监督或无监督学习。在训练过程中需要调整参数，以降低模型错误率。AI 模型经过训练后，即可用于生成内容，比如撰写文章、编写代码、生成图像或视频等。最后，对生成的内容进行评估和细化，以确保其满足某些质量标准。必要时需要对 AI 模型进行额外的训练，对数据预处理或内容生成步骤做一些调整。从以上过程可以看出，AI 生成内容决定性的起点是数据，因为机器需要从数据中学习，从而模仿人类行为，生成具有创造力的新内容。

2. AIGC 包含的技术

语言模型是 AIGC 技术的核心，其主要功能是通过已有的语言数据学习语言的规则和模式。常见的语言模型有 N-Gram 模型和神经网络语言模型。N-Gram 模型是一种统计模型，主要通过分析已有的文本数据理解不同单词之间的关联，从而生成新的句子。N-Gram 模型基于一个假设：在给定 n 个连续单词的情况下，第 $n+1$ 个单词的出现概率只与前面的 n 个单词有关。N-Gram 模型常用于文本生成和机器翻译等任务中。神经网络语言模型则是基于神经网络的模型，它使用神经网络预测下一个词或字符的概率分布。这种模型可以用于处理自然语言，如机器翻译、语言识别和文本生成等。

除了上述技术，AIGC 还使用词向量、注意力机制、生成对抗网络等技术来提高其生成能力和生成内容的质量。总之，AIGC 技术包括语言模型、神经网络、自动编码器等多种技术，通过不断优化和提高这些技术的性能，AIGC 可以在各种应用场景中发挥作用。

3. AIGC 应用实例

例如，用户提问：在一片森林里，一只熊猫和一只老虎会怎么相处？这是一个极具想象力的问题，因为熊猫给人的印象是温和可爱的，而老虎则是凶猛的肉食动物。但在 AIGC 的帮助下，我们可以通过生成文本、图像或视频来探索这个有趣的问题。

生成文本对话如图 5－5 所示。

在一片森林里，一只熊猫和一只老虎会怎么相处？

在自然环境中，熊猫和老虎的相处模式主要由它们的生态习性、食性和行为特征决定，整体呈现“低互动、高规避”的特点，具体可以从以下几个方面分析。

1. 栖息地的重叠与分离

- 熊猫主要栖息在**高山竹林**（海拔 1200 ~ 3500 米），以竹子为食，活动范围相对固定，且多在竹林密集区域活动。
- 老虎（如中国的东北虎、华南虎）则偏好**森林边缘、山地丘陵**等开阔地带，便于捕猎有蹄动物（如鹿、野猪），活动范围广，具有领地性。
- 两者的栖息地可能在低海拔森林边缘有少量重叠，但熊猫倾向于向高海拔竹林迁移，老虎则更常在低海拔区域活动，自然减少了相遇的概率。

2. 食性差异：无竞争，低冲突

- 熊猫是**严格的植食性动物**，其 99% 的食物是竹子，几乎不会与其他动物争夺食物资源。
- 老虎是**顶级肉食性掠食者**，以其他动物为食，对熊猫没有捕食需求（熊猫体型较大，成年个体的体重可达 100 ~ 150 公斤，且有坚硬的骨骼和一定的防御能力，捕猎性价比极低）。
- 由于食性完全不重叠，两者不存在食物竞争，这是“低冲突”的核心原因。

图 5－5　生成文本对话

在这个回答中，AIGC 表现出了一定的创造性，提供了熊猫和老虎在森林里相处的情境。这种创造性是通过训练过程中模型对大量文本的学习得来的，而不是被提前输入进去的。AIGC 能够从训练数据中提取相关的信息和模式，并将其应用于新的情境中。它能够理解问题的语义，并生成符合逻辑和常识的回答。这种能力使 AIGC 能够在处理各种问题时展现出一定的创造力和灵活性。

然而，需要注意的是，AIGC 的创造性受其训练数据和模型的限制。它只能根据已有的知识和模式进行推理和生成回答，而无法超越这些限制进行真正的创新和创造。因此，虽然 AIGC 可以在某些情况下表现出一定的创造性，但它仍然是一种工具，需要人们对其进行指导和监督。

第二节 AIGC 的使用方法

在快速变化的业务环境中，AIGC 问答系统可帮助我们实时获取行业的最新动态，解决新的难题。它可以大幅提升查询效率、快速响应问询、为决策提供专业支撑，甚至在知识关联上给人以启发。

例如，选择一款聊天机器人，生成文本对话，如图 5－6 所示。

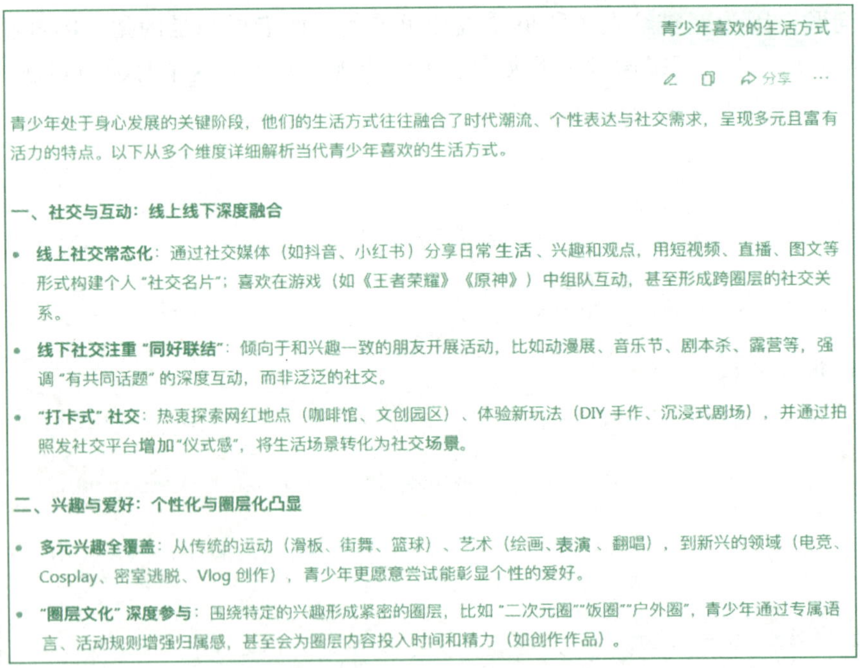
青少年喜欢的生活方式

分享 …

青少年处于身心发展的关键阶段，他们的生活方式往往融合了时代潮流、个性表达与社交需求，呈现多元且富有活力的特点。以下从多个维度详细解析当代青少年喜欢的生活方式。

一、社交与互动：线上线下深度融合

- **线上社交常态化**：通过社交媒体（如抖音、小红书）分享日常生活、兴趣和观点，用短视频、直播、图文等形式构建个人“社交名片”；喜欢在游戏（如《王者荣耀》《原神》）中组队互动，甚至形成跨圈层的社交关系。
- **线下社交注重“同好联结”**：倾向于和兴趣一致的朋友开展活动，比如动漫展、音乐节、剧本杀、露营等，强调“有共同话题”的深度互动，而非泛泛的社交。
- **“打卡式”社交**：热衷探索网红地点（咖啡馆、文创园区）、体验新玩法（DIY 手作、沉浸式剧场），并通过拍照发社交平台增加“仪式感”，将生活场景转化为社交场景。

二、兴趣与爱好：个性化与圈层化凸显

- **多元兴趣全覆盖**：从传统的运动（滑板、街舞、篮球）、艺术（绘画、表演、翻唱），到新兴的领域（电竞、Cosplay、密室逃脱、Vlog 创作），青少年更愿意尝试能彰显个性的爱好。
- **“圈层文化”深度参与**：围绕特定的兴趣形成紧密的圈层，比如“二次元圈”“饭圈”“户外圈”，青少年通过专属语言、活动规则增强归属感，甚至会为圈层内容投入时间和精力（如创作作品）。

图 5－6 聊天机器人生成文本对话

这里使用的是 AIGC 生成文本，除此之外，AIGC 还能生成图像、音频、视频、代码等。用户可以自行选择使用市面上已有的 AIGC 工具，在使用 AIGC 工具之前，需要去对应的平台或网站注册，才能使用。

AIGC 工具的具体使用方法如下。

一、进入 AIGC 应用平台

用户可以使用计算机、手机或其他设备访问 AIGC 应用平台，并完成注册或登录。值得注意的是，各个 AIGC 平台的使用方法和功能可能会有所不同。因此，用户在使用 AIGC 工具时，应该根据自身需求和实际情况选择适合的平台，并掌握其操作方式和功能特点。此外，用户还需要注意保护个人隐私和数据安全，避免泄露个人信息和敏感数据。

二、提问与对话

在 AIGC 工具的主界面，用户可以在文本框中输入问题或对话的内容，并单击“发送”按钮进行发送。AIGC 会分析用户输入的内容，然后生成答案或建议，并将其显示在对话框中。除了简单的问答，用户还可以与 AIGC 进行更深入的对话。用户可以输入一个或几个完整的句子，然后 AIGC 会根据上下文和语义进行回应。这种对话方式使用户可以与 AIGC 进行自然而流畅的交流，就像两个人在交谈一样。AIGC 能够保存以前的对话记录，并在此基础上生成新的回应。这意味着足不出户就可以和 AIGC 逐步深入地探讨一个问题，不断获得新的信息。总的来说，AIGC 为用户提供了一个高效、便捷的途径，获取信息和建议，并允许用户进行更深入、更自然的交流。但在这个过程中，用户仍需保持警觉，要对 AIGC 的答案的真实性、准确性保持质疑，同时注意个人隐私和数据安全。

三、问题追问

当用户的问题不够清晰或不够具体时，AIGC 会进一步追问用户，以获取更多信息。用户可以根据 AIGC 的追问进行补充说明，以使 AIGC 能够更好地理解问题并给出准确的回答。例如，如果用户提问：“什么是人工智能？”AIGC 会进一步追问：“您是指人工智能的定义、历史、应用领域，还是其他方面？”通过追问，AIGC 可以更好地理解用户的意图，并提供更有针对性的答案。需要注意的是，AIGC 的追问方式也会根据具体的领域和问题进行设计，不同的领域和问题可能有不同的追问方式。

智慧碰撞

请结合生活中的实际场景，思考并讨论 AIGC 技术在以下领域可能带来的创新应用。

（1）教育领域：如何利用 AIGC 技术提升教学效果或优化学习体验？

（2）文化创意产业：AIGC 如何为影视、音乐、绘画等艺术创作领域提供新的思路或工具？

（3）社交媒体：AIGC 技术如何改变内容创作和传播的方式？

四、查看历史记录

AIGC平台会自动保存与用户的对话记录，用户可以通过浏览这些记录回顾过去的交流内容。这有助于用户回忆之前的问题和回答，减少重复提问。查看历史记录还能帮助用户更全面地理解对话的背景，从而更有效地参与交流。为了方便用户查看历史记录，AIGC平台提供清晰的界面和易于操作的工具。例如，AIGC平台通常以时间线或列表的形式展示对话的历史记录，使用户能够轻松地浏览和查找所需的信息。此外，AIGC平台还提供搜索功能，用户能够通过关键词快速找到相关的对话内容。

本章小结

本章主要介绍了生成式人工智能（AIGC）的核心概念、技术体系、应用领域以及使用方法。首先介绍了AIGC的定义、发展历程和技术应用层次，包括智能数字内容孪生、编辑和生成的具体应用实例，帮助读者理解AIGC如何推动内容创作的变革。其次，深入探讨了AIGC的算法体系，包括变分自编码器模型、Transformer模型、扩散模型等常见算法模型的原理与特点，以及多模态深度学习的融合方法，揭示了AIGC技术不断创新的核心动力。最后，通过介绍AIGC的生成流程、使用方法以及常见的AIGC工具，展示了如何在实际场景中高效利用AIGC技术，进行内容创作和解决问题。

通过本章的学习，读者能够全面了解生成式人工智能的基本原理和应用场景，掌握AIGC工具的使用方法，提升内容创作效率和创新能力，同时培养对AIGC技术的批判性思维和伦理意识，为未来在相关领域的学习和实践奠定坚实的基础。

课后研思

一、填空题

1. AIGC是利用 ________ 技术快速生成内容的一种新型内容创作方式。

2. AIGC的技术应用可分为三个层次：智能数字内容孪生、智能数字内容编辑和 ________。

3. 变分自编码器（VAE）模型通过编码器将输入数据转换为潜在空间的概率分布描述，并通过 ________ 对抽样的数据进行重构，以生成新数据。

4. Transformer模型的核心机制是 ________，它允许模型在处理序列时关注序列中每个元素与其他元素的关系。

5. 扩散模型是一种基于 ________ 技术的生成模型，通过逐步去除噪声生成高质量的图像或视频。

6. 多模态深度学习是指将来自不同感知模态的信息（如图像、文本、语音等）融合到一个深度学习模型中，以实现 ________ 和更准确的预测。

7. AIGC的生成流程主要包括数据收集、数据预处理、模型训练、内容生成、评估和 ________。

8. IBM Watson 是一款多功能的 AIGC 工具，具备强大的语言处理能力、多领域应用能力和 ________ 能力。

二、简答题

1. 简述 AIGC 的三个发展阶段及其特点。
2. 变分自编码器（VAE）模型和生成对抗网络（GAN）模型的主要区别是什么？
3. 简述 Transformer 模型的工作原理。
4. 多模态深度学习的三种融合方法是什么？请简要说明。

第六章

AIGC 提示词与提示工程

导读

在人工智能生成内容（AIGC）的时代，提示词和提示工程成为人机交互的核心工具。本章将深入探讨提示词的概念、原理、设计方法以及提示工程在实际应用中的重要作用，帮助读者掌握如何通过精心设计的提示词与 AIGC 工具高效沟通，实现高质量的内容生成。

学习目标

知识目标

1. 掌握提示词在 AIGC 中的核心地位及其对内容生成的影响。
2. 了解语言模型的工作机制以及如何通过上下文和指令引导模型生成特定的内容。
3. 明确提示工程的要素（如指令、上下文、示例、限制条件等）及其在优化 AI 交互中的作用。

技能目标

1. 能够根据具体需求设计清晰、简洁且有效的提示词，以优化 AIGC 工具的输出质量。
2. 掌握分隔符、零样本提示、小样本提示、思维链推理等技巧，提升与 AI 交互的效率。
3. 能够根据生成结果分析提示词的不足，并通过调整结构、语言和细节要求优化提示词。

素质目标

1. 通过设计提示词，锻炼逻辑思维和语言表达能力，能够更清晰地表达需求。
2. 通过提示工程的实践，培养创新思维，学会从不同的角度解决问题。
3. 熟悉 AIGC 工具的使用，提升对新兴技术的适应能力和应用能力。
4. 理解技术是为人类服务的工具，培养理性看待技术发展的态度，避免过度依赖技术。

第一节 提示词

提示词是AIGC中用于指导用户进行文本输入和内容生成的关键词汇。通过精心选择和设置提示词，用户可以准确地表达需求，进而获得满意的结果。

一、认识提示词

用户在与AI大模型对话时，所提交的问题称为“提示词”（prompt）。提示词的设计会影响模型处理信息的方式，并最终影响生成的结果。它是用户向模型提供的初始输入，用于引导模型产生特定的输出。

1. 提示词简介

提示词最初是研究者为了下游任务设计出来的一种特定的输入形式，它的作用是帮助大模型回忆起自己在预训练时学习到的东西。而对大模型来说，提示词就是用户的输入，它可以是一个简单的问题、一段较长的文本，也可以是一组指令，这取决于用户的具体需求。

假设用户担任产品经理，则大模型是研发工程师，提示词就相当于需求。产品经理在说明需求时，需要提供背景、版本期望和方案、建议等细节，只有这样，研发工程师才能按照需求编写出符合标准的代码。因此，提示词就像是用户向大模型提交需求时的重要文档。比如，我们在ChatGPT中输入“中国的首都是哪里？”这个问题就是提示词。在生成回答的过程中，提示词的角色就像是大模型的导演，负责设计、优化、指导大模型行动。使用提示词了解大模型的工作原理，并能使用知识优化语言提示，从而引导大模型产生更好的结果。

大模型生成内容时，会先处理提示词，再根据对提示词的理解进行输出。大模型的工作原理是根据用户的输入预测下一个词出现的概率，逐字生成下文。所以，提示词会直接影响输出结果的质量。

以ChatGPT为例，每一次人们与它对话时输入的内容都是一个提示词，而提示词直接决定了ChatGPT输出内容的质量。举个例子，新员工入职时需要填写个人信息，如果给他一张白纸或者模糊的提示，他会疑惑要写什么，但如果给他一个表格，并给了“姓名”“出生年月”“岗位”“性别”等提示，他就能按提示快速完成填写。提示词就可以理解为让白纸变成表格的提示。大模型可以生成任意内容，但它需要通过提示词了解用户需要它生成什么内容。

2. 提示词原理

在使用ChatGPT这样的AIGC文本生成智能应用时，很多人第一次听到“提示词”这个词时感觉很奇怪，原因就是自然语言模型的运行逻辑和传统计算机的运行逻辑不同。

对传统计算机来说，计算机按指令执行，不存在提示计算机应该怎么做。但语言模型不这样工作，NLP 语言模型的工作原理是不断地预测一句话中下一个应该出现的词是什么，这有点像词语接龙，即知道上一个词，通过计算概率得知下一个词是什么。

问：今天我要去________。提示：我发烧了。

答：医院

根据提示“我发烧了”，AI 就会生成医院或诊所，或者生成更加复杂的输出。

问：我想去________。提示：家里没鸡蛋了。

答：超市。

问：今天我想去________。提示：很久没健身了。

答：健身房

简单来说，像 ChatGPT 这样的语言模型做的是复杂的计算和逻辑推理，而不是执行指令或者从数据库里提取数据。从上面的例子可以看出，“提示”是影响大模型生成答案的质量的重要因素。因此提示词的简洁与否、清晰程度、上下文联系的强弱都会直接影响生成答案的质量。提示词可以帮助模型准确地理解用户的意图和需求，从而生成自然、流畅的文本。

通过获得合适的提示词，模型可以理解文本的语境和上下文，从而生成准确和连贯的文本。提示词可以帮助模型在生成文本时避免一些常见的语法和用词错误，进一步提升生成文本的质量。因此，在使用像 ChatGPT 这样的 AIGC 文本生成智能应用时，合适的提示词是至关重要的，它可以提高模型的准确性和可用性，让用户得到更好的体验。

拓展新知

设计提示词的基本原则

设计提示词的基本原则：没有高深的要求，与人类进行交流时要遵循的基本原则是一致的，主要有以下 3 个方面。

（1）提示词应没有错别字、标点错误和语法错误。

（2）提示词要简洁、易懂、明确，尽量不使用模棱两可或容易产生歧义的表述。例如，“请写一篇介绍 Python 的文章，不要太长”是一个不好的提示词，因为其对文章长度的要求过于模糊，“请写一篇介绍 Python 的文章，不超过 900 字”则是一个较好的提示词，因为其明确地指定了文章的长度范围。

（3）提示词最好包含完整的信息。如果提示词包含的信息不完整，就会导致需要用多轮对话补充信息或纠正 AI 工具的回答方向。

3. 提示词实例

下面是通过输入提示词与 AI 进行对话的实例。

问题 1：AIGC 是什么？

答：AIGC 的全称为“人工智能生成内容”（Artificial Intelligence Generated Content）。这是一个近年来越来越受到关注的概念，指的是利用人工智能技术生成的各种类型的内容。AIGC 包含多个领域，常见的领域如下。

（1）文本生成：基于自然语言处理技术，生成文章、故事、博客、新闻等文本内容。例如，GPT 就是一个能够生成连贯文本的模型。

（2）图像生成：使用深度学习模型（如 GAN、VQGAN+CLIP 等）生成新的图像或艺术作品。例如 DALL · E 和 Midjourney 等工具能够根据文本描述创造全新的视觉内容。

（3）音频和音乐生成：利用 AI 技术创作音乐、生成语音甚至模拟人类说话的声音。OpenAI 的 Jukedeck、Google 的 Magenta 在这一领域有着重要的贡献。

（4）视频生成：虽然这一领域尚在发展中，但已有一些工具能够根据简单的文本描述生成短视频或动画。

（5）游戏内容生成：例如，利用 AI 自动生成游戏场景、角色或剧情，以增加游戏体验的多样性和深度。

AIGC 的应用越来越广泛，包括内容创作、广告、游戏开发、教育、艺术等多个领域。AIGC 具有提高生产力、降低成本、激发创意等优点，同时也伴随着一些挑战，如版权问题、内容的真实性等。

问题 2：AIGC 有什么优点?

答：AIGC（人工智能生成内容）具有许多优点，以下是一些优点的列举

（1）高效性：AIGC 可以快速生成大量的内容，从而大大提高内容生产的效率。对于需要快速更新或持续生产内容的领域（如新闻、社交媒体等），这一点尤为重要。

（2）降低成本：使用 AIGC 可以减少人工创作，降低人力成本。尤其对于一些简单、重复性高的内容生成，AIGC 可以发挥巨大的成本优势。

（3）个性化定制：AIGC 可以根据用户的偏好和需求，生成个性化的内容。例如，在营销和广告领域，AIGC 可以根据用户的历史行为生成定制化的广告内容，从而提高转化率。

（4）创新和灵感：AIGC 可以帮助创作者获得新的灵感和创意，在艺术和设计领域，AIGC 生成的内容可能会带来意想不到的创新。

（5）消除创作障碍：对于一些人来说，创作可能会引发心理障碍（如因写作引发的焦虑）。使用 AIGC 可以帮助人们克服创作障碍。

（6）多样性和丰富性：AIGC 可以生成多种风格和格式的内容，包括文本、图像、音乐等，极大地丰富了内容的多样性。

（7）实时更新与适应性：AIGC 可以根据实时数据或用户反馈迅速调整生成的内容，使内容更加符合当前趋势和需求。

（8）辅助教育和培训：在教育领域，AIGC 可以为学生和教师提供个性化的学习材料和辅助工具，帮助他们更好地理解和掌握知识。

（9）多种语言处理能力：基于自然语言处理技术，AIGC 能够处理多种语言，促进国际化应用，促进跨文化交流。

问题 3：请帮我写一条广告文案，表达一款全新智能手机的极致体验，同时体现我

的文学才华。

答：探索未来，尽在掌中——新一代智能手机

当科技的光芒与艺术的灵魂交织，便诞生了这款全新的智能手机。它不仅是一个通信工具，更是你生活的画布，承载着每一缕灵感与梦想。

拥有超高清的显示屏，仿佛让你置身于一场视听的盛宴；通过智能摄影技术，轻松捕捉岁月的柔情，让每一张照片都如同艺术品，定格瞬间的美好。

而那流畅丝滑的操作体验，犹如清风拂面，让每一次划动屏幕都成为一种享受。无论你是在喧嚣的街头，还是在静谧的书房，这款智能手机都能带给你无与伦比的沉浸感，让生活的每一个细节都熠熠生辉。

加入我们，共同书写数字时代的新篇章。你的故事，由这款智能手机开始。

二、提示词设计参考

【案例 1】单词学习，参考提示词如下。

我想了解一些西餐厅菜单上的常见词汇，可以给我提供一些中英文对照的菜名吗？

我打算去云南旅游，想要品尝一些云南当地的特色美食，可以给我提供一些美食参考吗？

我要去英国旅游，请给我提供一些与英国人打招呼时的常用语。

【案例 2】对话练习，参考提示词如下。

请与我进行英语对话，讨论关于提高英语口语水平的技巧，比如常用的口语表达、地道的俚语以及如何流畅地进行日常对话。

我正在学习法语，请与我进行法语对话，帮助我练习日常问候和基本的购物对话，比如询问价格、表达购买意愿以及表示感谢。

我想提高我的随机应变能力，请你充当考官与我对话，对我进行提问。提问内容是关于我在工作中可能遇到的紧急情况，比如如何处理客户投诉、如何在压力下保持冷静以及如何在紧急情况下做出快速决策。

【案例 3】作业辅导，参考提示词如下。

我想了解人类发现亚欧板块的历史，请给我讲解一下。

请介绍一下《泊船瓜洲》这首诗所表达的中心思想。

我正在写一篇关于“老虎伤人”事件的议论文，请帮我提出论点。

【案例 4】购物建议，参考提示词如下。

我想购买一部手机，预算为 3 000 ～ 4 000 元，请推荐一些品牌和款式。

能否请您提供关于这些产品的简短介绍或评价，以便我更好地了解产品的特点和优势。

我想购买一些零食，你能为我推荐一些比较健康的小吃吗？

【案例 5】职业发展，参考提示词如下。

我是一名软件工程师，请您提供一些新的编程语言和技术，并告诉我如何创建一个成功的开源项目。

您能帮助我了解当前最热门的行业吗？我想为我的专业选择提供参考，以便未来的

职业发展。

我是一名教师，您可以提供一些关于如何设计教学计划和活动，以及如何更好地与学生和家长沟通的建议吗？

智慧碰撞

假设你正在使用 AIGC 工具为一款新的运动饮料撰写广告文案。请设计两条不同的提示词，一条简洁模糊，另一条详细具体，并预测这两条提示词可能产生的 AI 输出结果。要求：

（1）分别写出两条提示词，并说明每条提示词的特点；

（2）预测每条提示词可能生成的广告文案风格和内容特点；

（3）讨论为什么详细具体的提示词更容易获得高质量的输出。

第二节　提示工程

提示工程（Prompt Engineering）是大语言模型开发、训练和使用过程中的一个基本元素，涉及输入提示的巧妙设计，以提高模型的性能和准确性。ChatGPT 大火后，提示工程成为大众关注的焦点。许多人为了紧跟 AI 发展的步伐，不断地学习各类提示工程的技巧，以便能够更加高效地与 AI 进行对话，并解决现实生活中的问题。

提示工程

一、认识提示工程

提示工程是一种使用 AI 生成内容的技术，用户需要向 AI 提供输入，AI 则会据此产生输出（Response）。其挑战在于如何设计有效的输入，以便 AI 能够准确理解用户的意图与需求，从而生成优质的输出。

提示工程可以让人们更好地与 AI 对话，更好地利用 AI 的能力和潜力，从而更好地进行创作。提示工程可以帮助我们解决各种问题，提高效率和质量，拓展思维和视野。提示工程不仅适用于语言模型，还适用于其他类型的 AI 模型，如图像模型、音频模型、视频模型等。提示工程是连接人类和 AI 的桥梁，是实现人机协同创新的关键。

需要强调的是，提示工程不仅涉及提示词的设计与开发，还涉及与大语言模型的互动以及相关的技能和技术。提示工程在用户与大语言模型的交互、对接以及理解其能力方面扮演着关键角色。用户可以通过提示工程，提高大语言模型的安全性，用户还可以为大语言模型赋能，比如借助专业领域的知识和外部工具，增强大语言模型的能力。

1. 提示工程要素

在提示工程中输入的提示词，可以包含以下要素。

（1）指令（Instruction）。

希望AI执行的特定任务或指令，常见的指令包括写入、分类、总结、翻译、排序等。例如，“请将以下文本翻译成英文”“请对以下文章进行分类”等。用户输入的指令应该清晰明了，以便AI准确理解任务的要求。

（2）上下文（Context）。

向AI提供所需的背景信息或上下文，有助于其理解任务并生成相关的输出。上下文可以包括问题的描述、场景、背景、之前的对话内容等。通过给予这些信息，使AI能够更清晰地把握任务的具体要求。

（3）示例（Examples）。

提供一些示例，帮助AI理解任务的具体要求和希望的输出格式。示例可以是实际的问题和答案、对话片段、文本段落等。通过提供示例，AI可以生成与示例类似的输出。示例可以是已经存在的数据样本，也可以是手动创建的样例。它们可以展示希望的输出样式或结构，并指导AI生成符合要求的输出。

（4）限制条件（Constraints）。

指定AI在执行任务时应遵循的限制条件。这些限制条件可以是特定的格式要求、输出的主题或内容要求、输出长度限制等。设置限制条件可以使模型的输出满足特定的需求。例如，在生成文本的任务中，可以限制输出长度，避免生成的内容过长。

（5）目标（Objective）。

明确指定AI需要达到的目标或期望的结果。目标可以是生成特定类型的回答、提供特定类型的建议、解决特定类型的问题等。明确的目标可以帮助AI更有针对性地生成输出。

值得注意的是，以上要素是否出现取决于具体的任务，要素不局限于上述5个。表6-1所示为提示工程中指令的详细描述，表6-2所示为提示工程中上下文的详细描述。

表6-1　提示工程中指令的详细描述

相关含义	描述
定义	指令是用户向AI发出的具体、明确的命令或请求，用于指导AI生成特定类型的内容
作用	指令为AI提供了清晰的目标，使其知道应该生成什么类型的内容（如文章、图像、音频等），指令中可能包含生成内容所需的参数，如风格、主题、长度等，这些参数帮助AI更好地理解用户的需求
构成	指令中通常包含一些关键词，这些关键词指示AI生成内容的主题或类型
传递方式	文本输入、语音输入以及图形界面输入
多样性	在AIGC中，指令的多样性是其核心优势之一。通过不同的指令组合，AI可以生成丰富多样的内容
安全性	在制定指令时，需要考虑安全和伦理问题。用户应避免发出可能产生误导或包含有害内容的指令，确保AI生成的内容符合法律规定和社会道德

表 6-2 提示工程中上下文的详细描述

相关含义	描述
定义与范围	上下文通常包括用户之前的输入、历史交互记录、当前的环境设置以及其他可能影响内容生成的信息，上下文是一个宽泛的概念，涵盖从简单的单词、短语到复杂的对话、场景等
作用与重要性	上下文帮助AI理解用户的真实意图，尤其是在指令模糊的情况下。通过考虑上下文，AI可以生成与用户当前讨论的话题、兴趣、需求相关的内容
类型与来源	文本上下文包括用户之前的输入、对话历史、文档内容等；环境上下文包括用户的位置、时间、设备类型等，这些信息可能影响内容的生成；用户的历史行为、偏好设置等也是上下文的一部分，它们可以指导AI生成更符合用户需求的内容

例如，在使用像Midjourney这样的AI绘画工具时，用户可以通过输入文本指令（如“想象宁静的山林日出”），指导AI生成相应的图像。这条提示词中包含场景类型（山林）、时间（日出）和氛围（宁静）等元素，AI绘画工具会根据这些信息，结合其训练数据和算法，生成一幅宁静的山林日出图像。

这些示例展示了如何根据具体任务的需求，结合不同的要素来构建有效的提示词，以获得更好的结果。通过给出明确的指令、提供上下文信息等，模型可以生成符合要求的输出。

例如，如果我们想让AI为我们生成一首诗，可以使用以下提示词。

问：写一首诗，主题是落日思乡。

答：白云悠悠映晚霞，孤舟荡漾随波花。夕阳斜照千山远，愁绪随风送故家。

檀板轻声敲夜雨，故乡月明照我心。悠然独坐窗前影，梦回千里思人情。

心随落日归山乡，愿寻旧游共天长。纵使波涛空恨远，此生无悔念乡肠。

这条提示词包含了一个指令（写一首诗）和一个上下文（主题是落日思乡），AI能够根据提问来进行相应的回答，最终生成用户想要的内容。

又如，我们想让AI扩写句子。

问：根据下面的词语扩写出一个句子。

海滩。

答：在阳光明媚的夏日，我和家人一起来到迷人的海滩，细软的沙子在脚下轻轻滑动，海浪拍打岸边，发出阵阵悦耳的声音，我们在这里享受着温暖的阳光和无忧无虑的快乐时光。

我们告诉AI要扩写一个句子，所以AI给出了一个完整的句子。这种设计最优提示词以指导模型完成任务的方法就是提示工程。以上示例是对大语言模型的使用方法的基本说明，当前，大语言模型能够执行各种高级任务，包括文本摘要、数学推理和代码生成。

值得注意的是，人们需要进行大量实验以获得最优提示词，需尝试不同的指令与不同的关键字、上下文和数据，并观察哪种方法最合适。

2. 提示工程中的技巧

提示工程中的技巧有助于用户更好地理解大语言模型的功能和局限性。研究人员使用提示工程来提高大语言模型在各种常见和复杂任务中的能力，如问答和算术推理。

此外，当人们需要完成一个任务时，可以尝试将任务分解为简单的子任务，避免在提示词设计过程中一开始就添加过多的提示词而导致结果混乱。

提示工程中的技巧示例如下。

（1）使用分隔符，如“###”来分隔指令和上下文，如下所示。

问：### 指令 ### 将以下文本翻译成中文“Good moring！”

答：早上好！

（2）从一段文本中提取特定信息的提示词，如下所示。

问：提取以下文本中的地名。所需格式为地点：< 逗号分隔的地点名称列表 > 输入：5 月中旬，北京的天气已经燥热起来，在高三的漩涡里摸爬滚打了三百多个日日夜夜的孩子们，明显进入了倦怠期。

答：地点：北京。

（3）生成数据的应用。

生成数据是指利用 AI 的文本生成能力，通过有效的提示策略，引导 AI 生成更好、更一致和更准确的数据，并将生成的数据用于各种实验和测试。使用 AI 生成一些情感分析的实例如下。

问：生成 10 个情感分析示例。将示例归类为积极或消极。生成 10 个积极的示例。使用的格式为问：< 句子 > 答：< 情感 >

问：今天天气晴朗，阳光明媚，心情格外舒畅。

答：积极。

问：经过努力，我终于完成了这个项目，感觉非常有成就感。

答：积极。

问：朋友送了我一份特别的礼物，让我感到很温暖。

答：积极。

问：在公园散步时，我看到了美丽的花朵和可爱的小鸟，心情变得很好。

答：积极。

问：老师表扬了我的进步，我感到非常开心和鼓舞。

答：积极。

问：和家人一起度过了一个愉快的周末，感觉生活充满了幸福。

答：积极。

问：我成功克服了困难，内心充满了自信和力量。

答：积极。

问：在朋友的聚会上，大家欢声笑语，气氛非常融洽。

答：积极。

问：我收到了心仪已久的书，迫不及待地开始阅读。

答：积极。

问：运动后感觉身体很轻松，精神也更加饱满。

答：积极。

以上输出就是一些简单的情感分析示例，它们符合输入中给出的要求。当然，这些输出并不是唯一的结果，不同的 AI 可能生成不同风格、质量的内容。通过生成数据，用户可以快速地获取一些样本数据，用于训练或评估情感分类器。

（4）零样本提示。

零样本提示是指利用 AI 的零样本能力，通过简单的提示，让 AI 在没有任何示例的情况下执行任务。常见的应用是使用 AI 进行文本分类，如下所示。

问：将文本分类为中性、负面或积极。

文本：我上班的时候遇到了堵车。

答：中性。

以上输出（答案）就是一个简单的分类（classification）结果，它符合输入中给出的要求。当然，这个输出并不是唯一可能的结果，不同的 AI 可能生成不同风格、质量的内容。通过零样本提示，我们可以让模型利用其内部知识和语言理解、执行各种任务。

（5）小样本提示。

小样本提示是指利用 AI 的小样本能力，通过在提示中提供一些示例，让 AI 在有限的数据下执行任务，如下所示。

问：根据以下上下文回答问题。保持答案简短明了。如果不确定答案，请回复“Unsure about the answer”。文本：在一个阳光明媚的早晨，小明带着他的宠物狗豆豆去公园散步。公园里绿树成荫，花香四溢，景色宜人。小明和豆豆沿着湖边的小路漫步，享受着清新的空气和温暖的阳光。他们停下来欣赏一群在湖面上嬉戏的鸭子，豆豆似乎被这欢乐的场景吸引，兴奋地摇着尾巴。接着，小明在长椅上坐下，从背包里拿出一本书，开始静静地阅读。豆豆则躺在他的脚边，享受着悠闲的时光。不久，小明听到远处传来孩子们的欢笑声，他抬头望去，看到一群孩子在草地上追逐玩耍。他微笑着，感到一种宁静的幸福。

提问：小明在公园里做了哪些活动？

答：小明带着宠物狗豆豆去公园散步，沿着湖边的小路漫步，停下来欣赏湖面上嬉戏的鸭子，坐在长椅上看书，最后听到孩子们的欢笑声并抬头观看。

（6）思维链推理。

大语言模型被看作一个庞大的知识库，能够根据用户的问题提供相应的答案。正如人类会根据不同的提问给予不同的回应，大语言模型也会依据输入的不同生成多样的答案。因此，提问的方式显得尤为关键。

推理能力是人类智能的核心能力之一。随着预训练技术的不断发展，大模型已经具有惊人的推理能力，引起了学术界、工业界的广泛关注。思维链通过将复杂问题分解为易于解决的小问题，为大语言模型推理提供了结构化的提示框架。思维链被认为是最具开拓性和影响力的提示工程技术之一，它可以提升大语言模型在决策过程中的表现。与传统的提示方法强调直接的输入和输出互动不同，思维链迫使模型将推理过程分解为一系列步骤。这种方法类似于人类的认知过程，将复杂的挑战分解为更小、更易于解决的问题。

对提示工程来说，其侧重点是要解决复杂的语义理解问题，而要验证模型是否具备解决这种问题的能力，可以观察 AI 是否能解决复杂的逻辑推理问题。

问：学校有 7 个篮球，校长又买了 5 个篮球，请问学校现在总共有多少个篮球？

答：学校原本有 7 个篮球，又买了 5 个篮球。

所以，学校购买的篮球总数是：5+7=12 个。

基于上述推理过程，可以看出大语言模型能够发现数字之间的潜在运算关系，其具备数学运算和推理能力，这是很强的能力。

（7）问答提示。

问答提示允许 AI 生成回答特定问题的文本。

常用的格式如下。

回答以下事实性问题：[问题]

问：回答以下事实性问题：春天万物复苏。

答：是的，春天是万物复苏的季节。随着气温升高和日照时间增加，植物开始发芽、开花，动物也结束冬眠，重新活跃起来。春天象征着新生和希望，是自然界生命力最旺盛的时期之一。

（8）摘要提示。

摘要提示允许 AI 生成给定文本的概要，同时保留其主要思想和信息。常用于文本摘要和信息压缩等任务。

常用格式如下。

用一句话总结以下新闻文章 [新闻文章]

使用一段简短的话来总结以下书籍 [书名]

使用一段简短的话来总结以下电影 [电影名]

问：使用一段简短的话来总结书籍《红楼梦》。

答：通过描绘贾、史、王、薛四大家族的兴衰，展现了封建社会的种种虚伪和罪恶，深刻揭示了人性的复杂和社会的残酷。

（9）代码提示。

AI 可以帮助人们编写代码，用户只需要把需求清楚地告诉 AI，如告诉 AI 用什么语言开发、需要执行什么样的任务等。

问：在 Python 中生成一个随机数列表，并给出代码。

答：

```
import random
# 设置随机数列表的长度和范围
length = 10
min_value = 1
max_value = 100
# 生成随机数列表
random_list = [ random.randint（min_value, max_value）for _ in range（length）]
```

```
#输出结果
print(" 生成的随机数列表为：", random_list)
```

拓展新知

掌握提示工程的优势

提示工程师就是在 AGI（通用人工智能）领域可以设计和使用提示词的工程师，在 AGI 时代，每个人都要成为优秀的提示词工程师，如果一个程序员的提示工程素养太差，其工作效率也会相应变低，会逐渐被淘汰；当前，了解或精通提示工程，对一个开发者来说是很大的优势。

二、提示工程实战

提示工程实战

1. 提示词的常见类型

使用提示工程，首先要了解提示词的各种类型和结构。表 6－3 所示为提示词的常见类型，如显式提示、对话提示、指令性提示、基于上下文的提示、开放式提示以及代码生成提示等。表 6－4 所示为提示词的常见结构，如细节性结构、复合式结构、情景式结构、引导性问题结构、案例引入结构、任务分解结构、格式与风格要求结构、情感色彩结构、互动式结构、可视化结构以及故事化结构等。

表 6－3　提示词的常见类型

提示类型	类型描述	举例
显式提示	清晰而有针对性地向大语言模型提供一个简单的任务或一个需要回答的问题	写一篇关于一家人经过一系列困难，最终团聚的温馨故事
对话提示	让用户以一种更自然的方式，与大语言模型进行交互	问：你能给我讲一个关于猫的笑话吗？ 答：当然可以！为什么猫喜欢抓老鼠？因为它要练瑜伽，需要抓老鼠作为平衡练习！
指令性提示	提供具体的细节或参数，指令性提示常为设定一个目标，同时给出一些限制条件或要求	编写一个喜剧故事，要求包含 3 个人物的对话，并在 800 字以内
基于上下文的提示	基于上下文的提示为 AI 提供了更多信息，有助于 AI 提供更准确、更有用的答案。这些信息常常包括特定领域的术语或背景信息，以帮助 AI 了解当前的对话或主题	下周我要去湖南旅游。你能给我推荐一些受欢迎的美食吗？
开放式提示	开放式提示鼓励 AI 给出更长、更详细的答案。开放式提示可以帮助用户创造性地写作	想象一下未来的生态环境是怎样的

续表

提示类型	类型描述	举例
代码生成提示	由于 AI 是用公共领域的代码库进行训练的，所以它可以用各种语言生成代码片段。代码生成提示是要求 AI 以一种特定的语言生成代码的提示。提示应该是具体而清晰的，并提供足够多的信息，以便 AI 生成正确的答案	编写一个程序，其主要功能是自动化处理特定的任务，以提高工作效率和减少人为错误

表 6－4　提示词的常见结构

结构名称	结构描述
细节性结构	在指令中明确具体的参数和要求
复合式结构	提出多个指令和要求，并考虑它们的实现
情景式结构	先设定一个具体的背景，再描述情节或事件
引导性问题结构	通过一系列问题，引导 AIGC 进行思考和创作
案例引入结构	先提供一个具体的案例，再要求 AIGC 根据案例进行拓展思考或创作
任务分解结构	将一个总任务分解成若干个子任务，每个子任务都有明确的完成要求
格式与风格要求结构	明确提出内容的格式和风格要求
情感色彩结构	使用积极、正面的词汇，引导 AIGC 进行内容生成
互动式结构	以提问和回答的方式与 AIGC 进行互动，引导其思考和生成内容
可视化结构	要求 AIGC 在生成文字描述的同时，能够生成相应的图像或图表
故事化结构	要求 AIGC 构建一个完整的故事情节，并设定相应的角色

要特别注意的是，上述结构既可以单独使用，也可以根据实际需求进行组合，以便生成丰富多样的内容。在使用这些结构时，应考虑不同类型的提示词和 AIGC 的特性，进行必要的调整，以确保生成内容的效果最佳。同时，需要注意遵守相关的法律法规和伦理规范，确保生成内容的合法性。

2. 提示词使用的注意事项

当前，用户和 ChatGPT、文心一言等大语言模型进行交互时，主要还是利用提示词。因此，掌握提示词的用法，是有效利用 AIGC 提升工作和学习效率的第一步。

优质的提示词没有明确的标准，从收集到的资料和实践来看，优质的提示词应该具备以下特点。

（1）清晰明确，适度简洁。

提示词应该尽可能清晰明了，让 AIGC 能够清楚地知道我们想要什么样的内容，例如指定生成内容的类型、格式、长度、风格、语言等。

问：生成一段长度为 200 字左右的中文短文，风格为诗意，描述春日的山间景色，包括山林和自然环境，以及人物的感受。

这条提示词清晰明确地指定了生成内容的类型（中文短文）、长度（200 字左右）、风格（诗意）和主题（春日的山间景色）。它限定了生成内容的长度，提供了对所描述事物的具体要求，并明确了要传达的感受和氛围。

答：春日的山间，是一幅轻柔的水墨画卷。翠绿的山峦起伏，像是大地温柔的脊背，被新生的嫩叶轻轻覆盖。阳光透过稀疏的云层，洒下斑驳的光影，仿佛是大自然的笔触，随意点染在这无垠的绿意中。

山林间，溪流潺潺，宛如一首低吟的乐章，伴随着鸟儿清脆的歌声，回荡在空谷。花瓣随风飘落，像是天空洒下的粉色雨滴，落在青苔上，落在溪水上，也落在行人的肩头。

行走在山间小径，每一步都踏在柔软的泥土上，仿佛能听见大地的呼吸。微风拂过脸颊，带着花香与泥土的气息，让人心旷神怡。此刻，心灵仿佛也被这春日的山林洗涤，疲惫与忧愁都随风散去，只剩下对自然的共鸣，与对这片山林的深深眷恋。

当输入的提示词发生变化时，则会得到截然不同的结果。

问：生成一段长度为 200 字左右的中文短文，描述春日的景色，包括山林和自然环境，以及人物的感受。

答：春日的山林，是一幅生机勃勃的画卷。阳光透过稀疏的云层，洒在新绿的枝头，嫩叶在微风中轻轻摇曳，仿佛在向世界展示它们的新生。远处的山峦被一层淡淡的青霭笼罩，仿佛是大自然的轻纱，朦胧而神秘。山谷间，溪水潺潺，清澈的水流在碎石间跳跃，发出悦耳的声响，像是大自然的乐章。

山林间弥漫着泥土和青草的芬芳，野花在草丛中悄然绽放，星星点点，装点着这片绿色的世界。小径旁，一只蝴蝶翩翩起舞，似乎也在为这春日的美景而沉醉。

行走在这样的景色中，心情格外舒畅。每一步都踏在柔软的泥土上，仿佛能感受到大地的温暖与生命的脉动。微风拂过脸颊，带着花香，让人心旷神怡。此刻，所有的烦恼都被抛在脑后，只剩下对大自然的热爱与敬畏，以及内心深处的那份宁静与满足。

（2）避免歧义。

提示词应该易于理解，尽量不要使用容易产生歧义的表述。例如，“介绍人工智能的影响，不要太长”是一条不太好的提示词，因为它对文章长度的要求过于模糊。

可以将其改为以下提示词。

介绍人工智能，300 字以内。

为了避免产生歧义，通常需要使用更加准确的提示词，如：

介绍人工智能对就业趋势的影响，500 字以内。

例如，在描述一个人的职业时，可以说“他是一名幼儿保健师”，而不是“他是一个照看小孩的人”。前者明确指出了他的职业是幼儿保健师，而后者可能会引起歧义，因为照看小孩的人可能是保姆、家庭教师、幼儿园的工作人员，或者是亲戚、朋友这种临时帮忙照看的人。为了避免产生歧义，通常需要使用更加准确的提示词，如：

他是一名医生。

他是一名教师。

他是一名警察。

（3）使用正向提示词。

在与 AIGC 交互的过程中，使用正向提示词是用户指定生成内容的一种方式。这些提示词通常由多个单词、词组或短句构成，并以逗号进行分隔。例如，当用户想要生成一张具有特征的图像时，可以输入"一只猫在沙发上睡觉"，这就是将正向提示词输入模型中。

与正向提示词相对的是反向提示词，这类提示词的作用是排除不希望出现在生成内容中的特征。例如，如果用户不希望图像中出现沙发，那么"无沙发"就是一条反向提示词。值得注意的是，在实际使用过程中，用户需要精心设置提示词，以准确地描述需求。

以下是一条正向提示词的实例。

问：生成一张包含"鱼儿在湖里游泳"的图片。

3. 常见的优质提示词

常见的优质提示词需要明确任务或需求，限定范围或主题，指定格式或结构，确定语气或风格。

例如，在写作任务中，好的提示词应该明确任务要求和约束条件，如"写一篇关于电影《浴火之路》的文章，包括剧情介绍、角色分析、导演风格等方面的内容"，这样的提示词既包含任务的具体要求，也给出了具体的约束条件，有助于引导模型进行更深入的内容创作。

（1）明确任务或需求。

在提示词中清楚地指明任务或需求，如撰写、描述、解释、比较、总结等。例如，"写一篇关于人工智能的简介"就明确了任务是写一篇简介，而"分析人工智能在医疗领域的应用案例"则明确了需求是对具体案例进行分析。

问：请描述一下北京圆明园的历史和文化意义。

答：北京圆明园是清代的一座大型皇家园林，始建于 1707 年（康熙四十六年），历经康熙、雍正、乾隆、嘉庆、道光、咸丰六朝 150 余年的不断扩建和修缮，成为集园林艺术、建筑精华和珍贵收藏于一体的"万园之园"。它位于北京西北郊，由圆明园、长春园和绮春园（后改称万春园）组成，合称"圆明三园"。

历史沿革

1. 兴建与繁荣

圆明园最初是康熙赐予皇四子胤禛（后来的雍正）的赐园。雍正即位后大规模扩建，使之成为兼具理政与居住功能的皇家御园。乾隆时期进一步扩充，融入江南园林特色并引入西洋建筑（如长春园内的西洋楼），收藏无数奇珍异宝、古籍书画，成为清代皇家园林的巅峰之作。

2. 毁灭与劫难

1860 年第二次鸦片战争期间，英法联军攻占北京，于 10 月 6 日至 10 月 18 日对圆明园进行疯狂劫掠，并纵火焚烧，大火三日不灭，园内大部分建筑和藏品被毁。1900 年八国联军侵华时，圆明园再遭破坏，逐渐沦为废墟。

3. 近代与现状

民国时期，圆明园残存建材被军阀、民众大量挪作他用，进一步荒废。中华人民共和国成立后，圆明园遗址被列为文物保护单位，1988 年成为圆明园遗址公园，部分区域得到清理和保护，成为爱国主义教育基地。

文化意义

1. 园林艺术的集大成者

圆明园融合了中国传统园林艺术的精髓，借鉴杭州西湖、苏州园林等景致，同时引入西方巴洛克风格建筑（如大水法、海晏堂等），体现了中西文化的交流与碰撞，被誉为“中国一切造园艺术的典范”。

2. 中华文明的象征与创伤记忆

圆明园见证了殖民侵略对中华文明的摧残。它提醒后人铭记历史，激发民族自强意识，成为爱国主义教育的重要载体。

3. 文化遗产与学术价值

园内曾藏有《四库全书》、历代书画、瓷器等大量文物，虽多数散失海外，但仍是研究清代宫廷文化、建筑艺术和中外交流的重要依据。

4. 民族情感与世界意义

圆明园遗址是中华民族的伤痛符号，其命运引发全球对战争破坏文化遗产的反思，推动了国际社会加强保护人类共同遗产的共识。

结语

圆明园既是中国古代园林艺术的巅峰，也是近代民族苦难的深刻烙印。它承载着中华文明的辉煌与伤痛，至今仍在警示世人珍视和平。

（2）限定范围或主题。

在提示词中指定特定的主题、领域或背景，以便模型生成与之相关的内容。优质的提示词应该明确限定文章的范围或主题，避免过于模糊或宽泛的描述。例如，“介绍人工智能的基本概念和应用领域”就限定了文章的主题是人工智能的基本概念和应用领域，而“探讨人工智能对就业市场的影响”则限定了文章的范围是就业市场。

问：分析人工智能在教育领域的应用案例。

答：人工智能（AI）在教育领域的应用正变得越来越广泛，它为传统教育模式带来了深刻的变革，提升了教学效率、个性化学习体验以及教育资源的可及性。以下是人工智能在教育领域的应用案例分析。

个性化学习平台：Khan Academy 是一个知名的在线学习平台，它利用人工智能技术为学生提供个性化的学习路径。平台通过分析学生的学习进度、答题情况和知识点掌握程度，自动生成个性化的学习计划，推荐符合学生水平的课程和练习题。

智能辅导系统：松鼠 AI 是一家专注于智能教育的公司，其系统通过人工智能技术为学生提供一对一的智能辅导，能够实时分析学生的学习状态，自动调整教学内容和难度，确保学生在适合自己的学习路径上前进。

智能作业批改与反馈：Mathpix 是一款能够通过图像识别技术批改数学作业的应用。学生只需将手写或打印的数学题目拍照上传，Mathpix 就能自动识别并给出答案和解题步骤。此外，它还能为教师提供详细的分析报告，帮助教师了解学生的学习情况。

虚拟教师与智能助教：Cognii 是一款虚拟教师助手，能够通过自然语言处理技术与学生进行交互，回答学生的问题，并提供学习建议。它还可以根据学生的提问频率和内容，生成个性化的学习报告。

智能教育管理系统：ClassDojo 是一款面向教师和家长的教育管理平台，利用人工智能技术帮助教师管理班级、跟踪学生行为和学习进度，并与家长实时沟通。它通过数据分析为教师提供教学建议，帮助教师更好地管理班级。

（3）指定格式或结构。

如果用户有特定的文本格式或结构要求，可以在提示词中明确指定，如“3 个理由”“4 个回答”“5 个方案”等。例如，“写一篇 500 字以内的文章”就指定了文章的长度，“按照问题—原因—解决方案的结构进行分析”“按照重要性排序”则指定了文章的结构，“以列表形式列出”则要求生成的内容以特定的形式呈现。

问：请列出五个理由，解释为什么氧气对人体重要。

答：1. 维持细胞的呼吸作用

氧气是细胞进行有氧呼吸的关键物质。在细胞的线粒体中，氧气参与细胞呼吸链的最终反应，与氢离子结合生成水，同时释放大量能量（以 ATP 的形式储存）。这些能量是细胞进行各种生理活动的基础，包括新陈代谢、生长发育和修复损伤等。如果没有足够的氧气，细胞无法有效地产生能量，生命活动将无法维持。

2. 支持大脑功能

……

（4）指定语气或风格。

如果用户希望生成的文本有特定的语气、风格或口吻，可以在提示词中表达清楚。优质的提示词应该指定文章的语气或风格，使 AI 能够准确把握写作的态度和方式。例如，“客观分析人工智能的发展趋势和未来前景”就指定了文章的语气是客观的，而“用幽默的语言描述人工智能的应用案例”则指定了文章的风格是幽默的。

问：给我讲一个冷笑话。

答：有一天，冰箱对冰柜说：“你是不是很冷啊？”

冰柜回答：“还好，我有保温层。”

冰箱点点头，说：“那就好，我怕你冷得发抖。”

冰柜愣了一下，然后说：“冰箱，你是不是没关好门？”

冰箱回答：“没有啊，我关得很紧。”

冰柜说：“那你怎么还这么冷？”

智慧碰撞

请结合本章介绍的提示工程技巧（如零样本提示、小样本提示、思维链推理等），设计一个任务，帮助 AI 完成以下内容生成。

"根据以下场景，生成一段描述：在一个寒冷的冬夜，一个人独自走在回家的路上。"

要求：

（1）分别使用零样本提示和小样本提示设计两条提示词。

（2）对比这两种提示方式的优缺点。

（3）如果你希望 AI 生成的内容更具情感色彩，你会如何调整提示词？

第三节　写作类提示词设计步骤

使用写作类 AIGC 工具，提示词的设计至关重要。精心设计的提示词不仅能引导 AIGC 工具生成符合预期的内容，还能极大地提高生成内容的质量和效率。下面探讨针对写作类 AIGC 工具的提示词设计步骤，以帮助大家实现高效率与高质量的写作。

写作类提示词设计步骤

一、明确应用场景

设计针对写作类 AIGC 工具的提示词的第一步是明确应用场景（或明确写作目标），即明确需要 AIGC 工具生成哪个领域（类型）的文本内容及其使用场景。

第一步的确认与用户的需求高度相关，需遵循以下原则。

1. 具体性

应用场景越具体，越有利于 AIGC 工具的内容生成，因此描述应用场景的语言不可模糊不清。

模糊的描述语言：	具体的描述语言：
写一篇文案	写一篇商业广告营销文案

2. 独一性

独一性是指一条提示词中只设置一个应用场景，避免用 AIGC 工具一次性生成过多不同类型的内容，导致生成的内容过于杂乱。

杂乱的描述：	独一的描述：
生成一份应届生求职简历、一份学习计划和一篇影评	生成一份应届生求职简历

二、确认细节要点

写作类 AIGC 工具提示词设计的第二步是明确细节要点，这是在清楚应用场景的基础上，进一步确认更多的具体要求，以确保提示词既完整又具有实用性。提示词的丰富性直接关系到生成内容的质量。

下面的案例展示了两类不同的提示词。

提示词一：写一篇商业广告营销文案。

AIGC 工具生成的内容如下所示。

你是否还在为城市拥堵而烦恼？是否渴望一次自由自在的公路旅行？全新［品牌名］汽车，以智能科技与卓越性能，重新定义您的驾驶体验！

功能亮点：

智能导航系统：实时路况更新，让每一次出行都更加顺畅，轻松避开堵车！

卓越燃油效率：节能设计，让您的每一公里都更具经济性，环保又省心。

高级安全配置：全方位安全保护，12 项主动安全科技，全力守护您和家人的每一次旅程！

设计理念：

全新［品牌名］车型结合现代美学与舒适实用，流线型车身造型让您在任何场合都显得格外吸引人。宽敞的内部空间设计，让每位乘客都能享受无与伦比的舒适体验。

限时优惠：

现在购车，即可享受年度保养服务及车辆保险五折优惠！前 50 名购车用户更可获得价值 2 000 元的综合配件礼包，升级您的驾驶乐趣！

立即行动：

找到离您最近的［品牌名］汽车经销商，或访问我们的官方网站，体验试驾和了解更多信息。让全新［品牌名］汽车带您驶向每一个梦想的目的地！

［品牌名］汽车——驾驭未来，探索无限可能。

提示词二：请你写一篇商业广告营销文案，该广告的主体是 A 品牌的越野汽车。其主要受众是年轻群体，尤其是男性。风格为阳刚、激情、狂野。另外，字数要控制在 50 字以内，确保简约吸睛。

AIGC 工具生成的内容如下所示。

征服每一寸土地！A 品牌越野汽车，专为热爱冒险的你而生！

强悍动力，无畏挑战，无论沙漠、山丘或泥泞，勇往直前，释放你的野性！现在就来体验真实的狂野驾驶！

从以上案例中不难发现，如果将“写一篇商业广告营销文案”作为提示词发送给 AIGC 工具，其生成的内容将会过于宽泛，缺乏针对性，也难以直接应用；而在第二个案例中，提示词的要求精确至广告主体、主要受众、风格和字数，相应地，AIGC 工具生成的内容也更具针对性。

在使用写作类 AIGC 工具时，需要从多个维度仔细审视和确认细节，只有对写作目标、文本风格、受众群体等细节进行充分的思考和规划，才能让 AIGC 生成更加精准、实用的文本。

表 6－5 从多个维度提供了写作类 AIGC 工具的提示词设计要点。在设计提示词与实际操作工具时，可以有针对性地参考。

表 6-5 写作类 AIGC 工具的提示词设计要点

维度	说明	提示词举例
框架	所需内容包括的板块、环节、细分内容	列出不同绩效水平对应的激励措施，包括奖金、晋升、培训等框架板块
风格	某种文体 / 平台 / 写作手法 / 作者的风格特点	符合公文写作的风格 / 符合小红书平台的风格
禁忌事项	需要避免的事项	不需要解释 / 不需要包括我已经给出的内容
格式	所需内容的呈现方式	整合成一段话 / 以表格的形式 / 以代码的形式 / 需要 × 级标题
字数	所需内容的字数	不超过 2 000 字
受众	所需内容面向的人群受众	面向女性群体 / 面向 12 岁以下儿童
目的	文本想取得的效果与目标	激发购买欲望 / 提高品牌知名度
语言	文本的语言类型与水平	以中文写作 / 翻译成英语 / 以日语初学者的口吻写作

三、完善提示词

经过明确应用场景与确认细节要点两个步骤后，一条完整的提示词所需的信息已基本具备。为了让 AIGC 工具快速理解并把握重点信息，还需继续完善提示词，使其结构清晰、要点明确。具体来讲，完善提示词要遵循以下五大原则。

1. 结构清晰

提示词应具备清晰的逻辑结构，根据信息的重要性或相关性排列。这种方式使 AIGC 工具能够快速识别关键内容，并按照预定的逻辑顺序处理，从而避免信息混乱或遗漏。通常将应用场景（或需求）和细节要点（或要求）分为两个板块，便于直观阅读。

2. 重点突出

在提示词中，应通过使用换行、序号、标点符号等，突出重要信息。重点突出的提示词有助于提高 AIGC 工具对特定信息的敏感度，增强生成内容的针对性。

图 6-1 中的示例将需求单独置于一行，再换行分点介绍具体的细节要求。

需求：根据“×××”，帮我生成×个×××，要求如下。
1. 要求1 2. 要求2 3. 要求3

图 6-1 提示词示例

3. 语言简练

提示词应当使用简洁明了的语言，避免使用冗长复杂的句子和过多的修饰词。简练的语言有助于减轻 AIGC 工具处理信息的负担，提高处理速度；同时，简练的语言也更容易被 AIGC 工具理解和识别，可以减少产生误解和偏差的可能性。

设计提示词时可以多用短句，少用长句，精简信息。

4. 易于理解

提示词应采用简单易懂的语言，避免使用专业术语和生僻词汇。这一原则能够帮助 AIGC 工具更准确地理解用户的意图和需求，从而生成更符合用户期望的内容。

提示词中应尽量使用可以量化的词汇或描述具体的场景，如将"不要太长"改为"300 字以内"。另外，少用生僻字句，多用直白的表达。

5. 善用提问法

善用提问法有助于提高 AIGC 工具生成内容的效率与生成内容的质量。部分提问法如表 6－6 所示。

表 6－6　部分提问法

名称	介绍	举例
角色扮演法	让 AIGC 工具扮演某个角色，如专家、学者、名人等，解决专业领域的问题	假如你是一名营销文案写作高手； 假设你是大诗人李白
示例法	为 AIGC 工具提供案例，让其学习、模仿	请学习领悟下面这些广告文案的特点。 1. 钻石恒久远，一颗永流传； 2. 唯美食与爱不可辜负； 3. 百度一下，你就知道
模板法	提供固定的模板，让 AIGC 工具补充完整	以"亲情"为主题，用"最……的不是……，而是……"句式造句，一共造 10 句，每句的字数不少于 30 字

遵循以上原则，可以将一条较为粗糙的提示词打磨得更为清晰明了、内容丰富。下面仍然以商业广告营销文案的生成为例。示例如下。

提示词完善前：请你写一篇商业广告营销文案，该广告的主体是 A 品牌的越野汽车。其主要受众是年轻群体，尤其是男性。风格为阳刚、激情、狂野。另外，字数要控制在 50 字以内，确保简约吸睛。

提示词完善后：假设你是一位营销文案大师，请你撰写商业广告营销文案，具体要求如下。

（1）该广告的主体是 A 品牌的越野汽车。

（2）主要受众是年轻群体，尤其是男性。

（3）风格为阳刚、激情、狂野。

（4）字数要在 50 字以内，确保简约吸睛。

（5）请模仿下面这些文案的风格："抓住春节的尾巴，再野一回。""加一箱逃离城市的油吧。"

AIGC 工具生成的内容如下所示。

"燃烧热血，让荒野成为你的 playground！"

"扔掉束缚，驾驶 A 品牌越野车，征服每一条未探征程！"

"开启狂野之旅，释放真实的你！"

智慧碰撞

假设你正在使用写作类 AIGC 工具撰写一篇关于"人工智能在医疗领域的应用"的文章。请设计一条完整的提示词，并通过追问的方式逐步优化生成的内容。

要求：

（1）设计一条初始提示词，明确应用场景和基本要求。

（2）提出至少两个追问，分别用于扩写某个段落和润色语言风格。

（3）讨论通过追问优化内容的过程如何帮助你获得高质量的写作输出。

四、追问

尽管 AIGC 工具在写作领域已取得极大的进步，但其仍不能完全取代人类写作。作为操作 AIGC 工具的人，需要依靠自己的判断力审读生成内容，并查漏补缺、反馈优化、力求完善。写作类 AIGC 工具能够理解与用户的上下文对话，这便使追问成为可能。

1. 追问的定义

追问指在 AIGC 工具生成内容之后，通过再次发送提示词指令的方式，让它修改自己生成的内容。用户可以通过扩写、补充、润色、转换、批评指正等技巧让 AIGC 工具对生成的内容进行完善，追问提示词如表 6－7 所示。

表 6－7 追问提示词

名称	介绍	提示词举例
扩写	指定某一部分，让 AIGC 工具扩写	请将第 × 点内容扩写到 300 字
补充	指定某一部分，让 AIGC 工具丰富更多的内容	请给第 × 点补充更多的细节
润色	优化生成内容的语言准确性和风格倾向	请对第 × 部分的内容进行润色，使其表达更正式
转换	修改某一部分的格式	请将第 × 部分的内容用表格的形式呈现
批评指正	指正某一部分的错误，并要求修改	第 × 部分的说法有误，请你改为正确的说法
发散思考	就某一部分提供更多可能性，引导 AIGC 工具继续思考	对于第 × 点，还有哪些可行的方案？请你列出

续表

名称	介绍	提示词举例
质疑提问	对 AIGC 工具生成的内容提出进一步的问题	为什么你会说“××是××”？
总结归纳	要求 AIGC 工具总结并归纳其生成的内容	现在请你将你生成的内容归纳总结为 × 个小点

AIGC 工具通过维护对话历史的状态来理解上下文，这意味着它能够记住之前的对话内容，并将其作为当前交互的一部分来参考。用户可以就某一领域的话题持续讨论与提问。

2. 追问与连续对话的重要性

追问与连续对话是使用写作类 AIGC 工具时非常有效的方法。通过追问，用户能够获取更深入的信息和具体细节，这有助于 AIGC 工具全面理解特定话题或问题。连续对话则使 AIGC 工具能够根据用户提供的额外信息或背景调整回复，从而生成准确和个性化的内容。另外，追问和连续对话充分模拟了现实生活中的对话情境，为用户提供了一种更自然、更类似人类对话的交互方式。

3. 追问案例

使用追问提示词，用户可以将一个复杂的任务拆解为多个小任务，从而连续提问、逐一击破。下面一组追问案例展示了这个技巧的效果。

提示词一：请介绍向顾客销售产品的 4 个有效的策略。

AIGC 工具生成的内容如下所示。

向顾客销售产品的 4 个有效的策略如下。

（1）建立信任关系。

倾听顾客的需求与问题，表达真诚的关心。

提供专业的建议和解决方案，使顾客感受到您是可信赖的顾问。

通过个性化的服务和后续的跟进来维护与顾客的关系，提高客户满意度和忠诚度。

（2）使用社交证明和推荐。

分享其他顾客的成功案例、评价和推荐，突出产品的价值和有效性。

在社交媒体和网站上展示用户生成的内容，比如照片和视频，增强品牌的可信度。

引入意见领袖或行业专家的认证，增加产品的吸引力。

（3）突出产品的独特卖点。

明确传达产品的独特性和优势，如质量、创新、性能、价格等。

运用生动的语言和视觉效果，让顾客能够轻松理解产品的价值。

结合顾客的需求，展示产品如何解决他们的问题或提升他们的生活质量。

（4）创造紧迫感与稀缺性。

通过限时优惠、特价活动、库存有限的提示激励顾客尽快购买。

传达促销信息时，明确指出优惠的截止日期或剩余库存，促使顾客行动。

利用节庆、季节性活动或产品发布来制造购买的紧迫感。

提示词二：请具体介绍一下策略 1。

AIGC 工具生成的内容如下所示。

策略 1 是“建立信任关系”，这是销售过程中非常关键的一步。以下是对这一策略的具体介绍。

（1）倾听与理解顾客需求。

主动倾听：在与顾客交流时，要专注于他们所说的话，积极倾听并用心理解顾客提出的需求、疑虑和期望。

提问：通过开放性问题引导顾客分享更多的信息，从而了解他们的真实需求。这不仅能帮助您提供合适的解决方案，还能让顾客感受到您的真诚。

（2）提供个性化的建议与方案。

量身定制：根据顾客的具体需求和背景，提供个性化的产品推荐或解决方案。这种定制化的服务可以让顾客感到被重视，并提高购买的意愿。

教育与分享知识：通过分享与产品相关的知识、使用技巧、行业趋势，帮助顾客进行明智的决策，增强他们对您的信任。

（3）维护良好的客户关系。

持续沟通：通过定期的沟通，例如发送问候、节日祝福、产品更新信息，保持与顾客的联系。

快速响应：及时解决顾客的问题和反馈，表达您对顾客至上的重视态度。

（4）建立品牌信誉。

透明度：在销售过程中保持透明度，诚实地传达产品的优缺点，让顾客感到放心。

社会责任感：参与社会责任项目、环保活动等，以增强品牌形象，令顾客对品牌产生共鸣。

（5）形成良好的口碑。

鼓励顾客反馈：主动询问顾客的意见和建议，积极采纳并改进，展现您对顾客的诚意。

分享成功案例：利用满意顾客的评价和故事，增强潜在顾客对品牌的信任。

提示词三：现在我有一款新型手机，请你结合策略 1 的技巧要点，为我设计向顾客推销的话术。

AIGC 工具生成的内容如下所示。

（1）开场白。

“您好！我看到您在关注这款新型手机，非常荣幸能和您聊聊。可否请您分享一下，您目前使用的手机有哪些方面让您觉得不够好呢？”

（2）倾听与理解。

“我明白了，许多用户在使用手机时确实会遇到这些问题。您希望新手机具备哪些功能呢？是希望拍照效果更好，还是希望电池续航更持久？”

（3）个性化推荐。

“非常感谢您分享这些信息！根据您的需求，我想给您推荐我们这款新型手机，它具备超高像素的相机，能够拍出清晰的照片，还具备智能优化技术，可以让您在不同的光照条件下都能拍出优质的照片。此外，在电池续航方面，这款手机的续航时间可以达到两天，非常适合像您这样的商务用户。”

（4）教育与分享知识。

“这款手机采用最新的处理器，不仅运行速度快，还支持多任务处理，让您在使用过程中能够体验流畅的操作感。同时，它还具备智能助手功能，可以帮助您更好地管理日程，是个省时省力的小帮手！”

（5）维护良好的关系。

“如果您有疑问或者需要进一步了解，请随时联系我。我可以带您亲自体验这款手机的功能，让您感受一下它的真实表现。”

（6）社会证明。

“实际上，我们已经有很多顾客使用这款手机并给予了很高的评价，他们特别喜欢它的拍照效果和电池续航能力。如果您愿意，我可以分享一些顾客的使用心得，帮助您更好地了解这款手机。”

（7）强调售后与支持。

“我们提供全方位的售后服务，您购买后如果遇到任何问题，可以随时联系我们的客服团队，我们会尽快为您解决，这样您在使用时就没有后顾之忧了。”

（8）结尾。

“您觉得这款手机能够满足您的需求吗？如果您感兴趣，我可以为您准备一个优惠方案，让您享受更多的优惠和福利！”

更多追问如下所示。

你的这套话术用语太书面，请修改成更口语化、更亲切的版本。

请分别面向学生、25 ～ 30 岁的职场女性和 40 岁的商务男性，将上述话术改写为 3 个不同的版本。

将以上话术修改为短视频的口播脚本，并用表格的形式呈现。

第四节　提示词应用——新媒体写作

新媒体写作场景下的提示词应用

新媒体写作是指利用新媒体平台进行的创作活动，包括博客、微博、微信公众号、知乎等。它要求作者具备快速适应新媒体的能力，以吸引读者和满足读者的阅读需求。

进入互联网时代，新媒体写作的需求量大增，撰写优秀的文章成为新媒体运营人员的普遍追求。下面将逐步分析如何利用 AIGC 工具完成一篇新媒体文章的写作。

场景：AIGC 技术取得的成果让人刮目相看，人们意识到 AI 时代即将来临。面对新时代的浪潮，我们需要做些什么才能紧跟时代？请根据这一主题撰写一篇微博，并发布在你的大学校园的官方微博上。

一、分析应用场景和细节要求

不难看出，上述场景要求撰写一篇微博，主题为“如何紧跟 AI 时代”，面向的群体是大学生。撰写时还需考虑微博的内容一般较为通俗化、口语化、让人容易理解和接受。

除此之外，一篇微博的标题应吸引人且简洁明了，能够迅速引起大学生的注意。目前的 AIGC 工具很难一次性生成符合要求的内容。因此，可以将写作任务拆分为几个步骤，通过设计多个提示词与连续对话完成写作。

二、设计并完善提示词，获得标题与大纲

在设计并完善提示词时，用户要遵循结构清晰、重点突出、语言简练、易于理解、善用技巧的原则。对于案例中的微博，下面的提示词点明了其写作要求和具体细节要点。

提示词：假设你是一位优秀的新媒体写作者，请你为一篇校园官方微博撰写 5 个标题，具体要求如下。

（1）这篇微博的主题是：技术的发展引起时代的变革，AIGC 技术取得的成果让人刮目相看，人们意识到 AI 时代即将来临。面对新时代的浪潮，我们需要做些什么才能紧跟时代？

（2）文章的受众：大学生群体。

（3）标题风格：有趣、有悬念、具有吸引力。

（4）字数：每个标题不超过 20 字。

AIGC 工具生成的内容如下所示。

未来已来，AIGC 如何改变你的校园生活？

AI 时代来临，大学生该如何应对潮流？

技术革命！你准备好迎接 AIGC 的浪潮了吗？

从课堂到职场，AIGC 如何重塑我们的未来？

别让时代抛下你！大学生如何紧跟 AI 的步伐？

除了生成标题，在这条提示词的基础上进行修改，还能快速生成这篇微博的大纲。

提示词：假设你是一位优秀的新媒体写作者，请你为一篇校园微博撰写一个大纲，具体要求如下。

（1）这篇微博的主题是：技术的发展引起时代的变革，AIGC 技术取得的成果让人刮目相看，人们意识到 AI 时代即将来临。面对新时代的浪潮，我们需要做些什么才能紧跟时代？

（2）文章的受众：大学生群体。

（3）大纲风格：有趣、有悬念、具有吸引力、简单易读。

（4）大纲标题的数量：不少于 3 个大纲标题。

AIGC 工具生成的内容如下所示。

以下是为您提供的微博大纲。

大纲标题一：AI 来临！你准备好迎接新挑战了吗？

- 引言：介绍 AIGC 技术的突破与发展。

举例说明 AIGC 在各领域（如艺术、教育、内容创作）的应用与成就。

提出问题：你是否已经意识到 AI 技术改变了我们的生活？

大纲标题二：AI 时代的机遇与挑战：大学生该如何抉择？

- 探讨 AI 技术带来的机遇。

职业选择新方向：AI 相关职业岗位的崛起。

学习方式的改变：如何利用 AI 工具进行有效的学习。

- 讨论面临的挑战。

如何提升个人能力以应对 AI 带来的竞争。

防范技术依赖和忽视基础技能的风险。

大纲标题三：跟上时代的脚步：大学生该采取的行动。

- 学习与适应：如何快速掌握 AI 的相关知识。

推荐课程、书籍和在线资源。

- 实践与参与：加入与 AI 相关的社团或项目。

鼓励参与实习、科研项目等。

- 持续创新：培养创造力与批判性思维。

分享创新思维的重要性与实践方法。

大纲标题四：展望未来：你的 AI 时代蓝图是什么？

- 鼓励大学生思考个人目标与定位。

提出问题：在 AI 时代，你希望成就什么？

- 设定行动目标，鼓励分享梦想与计划。

鼓励在评论区讨论，共同交流想法。

结尾：一起迎接 AI 时代的到来！

- 呼吁共同努力、积极适应。
- 提醒大家关注接下来的技术发展动态，保持学习的热情。

三、反馈追问，完成正文

用户可以通过追问，命令 AIGC 工具扩写大纲内容，完成一篇完整的微博。

提示词的示例如下。

提示词：请你根据刚刚生成的大纲，完成“大纲标题一：AI 来临！你准备好迎接新挑战了吗？”的正文内容，不少于 500 字。

AIGC 工具生成的内容如下所示。

随着科技的迅猛发展，尤其是 AIGC（人工智能生成内容）技术的崛起，时代的变革已悄然进行。曾几何时，我们幻想人工智能能够为我们的生活带来的便利，而如今，AIGC 技术已经在许多领域展现出了非凡的实力。无论是生成艺术作品、撰写新闻报道，还是辅助教学，AIGC 技术都在推陈出新，创造令人惊叹的成果。

在艺术领域，AIGC已经生成了许多独具风格的作品，甚至有些作品已经在画廊展出并获得了高度评价。值得一提的是，由人工智能创作的音乐和视觉艺术作品，正在引起越来越多人的关注。这不仅改变了艺术家的创作方式，也重新定义了我们对艺术的理解。

在教育行业，AIGC的应用同样引人注目。例如编写教科书、生成学习材料、提供个性化辅导的功能，让教育变得更加高效和个性化。想象一下，在未来的课堂上，人工智能可能会根据每个学生的学习进度和兴趣，实时调整教学内容，这是令人振奋的前景！

在这样的背景下，作为大学生的我们，是时候认真思考这个问题：你准备好迎接新的挑战了吗？

首先，面对AIGC技术的飞速发展，我们是否具备足够的知识储备和技能，以适应这个愈发智能化的社会？在这方面，主动学习是关键。无论你所学的专业是什么，了解并掌握一些基本的人工智能知识，都是非常有必要的。在今天的课堂上，除了传统的学科知识，增加AI课程及相关的学习，将为你的未来职业发展打下坚实的基础。

其次，我们要培养开放的心态。AI技术在不断进步，作为新一代的大学生，我们应当对新技术保持好奇的态度。可以尝试参加相关的讲座和研讨会，积极交流想法和观点，甚至参与实际项目的开发，亲自感受AI技术的应用与挑战。通过这种方式，我们不仅能提升对技术的理解，更能扩展人脉，结识志同道合的小伙伴。

然后，面对AI技术带来的职业竞争，我们需要不断提升自己的综合素质。简单的技能培训已经不再够用，我们还需要培养创造力、批判性思维和团队协作能力。这些软技能将使我们在未来的职场中脱颖而出，成为不可或缺的人才。

最后，时代的发展不仅仅在于科技的进步，也在于我们思维的转变。我们要学会与AI技术合作，而不是视其为威胁。在人机协作的时代，人工智能可以帮助我们更好地发挥创造力，但最终的决策和创新依然取决于人类自身的智慧。

在这个充满机遇与挑战的时代，大学生们，准备好迎接AI时代的挑战了吗？让我们一起通过学习与探索，紧跟时代的步伐，迎接未来的无限可能！

追问提示词示例：这部分文字的口吻太正式，请修改为更加轻松有趣的文字。

请在这部分内容的开头加入3个真实案例，使人直观地感受到AI的重要性。

德润课堂

加速人工智能应用落地，既要立足自身、用足用好应用场景中丰富的优势，也要面向未来，坚持不懈地以科技创新推动产业创新。一方面，巩固网络基础设施领先优势，继续加快5G网络和千兆光网建设，扩大网络覆盖范围，深化算网融合，稳步构建智能高效的融合基础设施，为智能化发展提供有力支撑。另一方面，聚焦关键核心技术和重要智能装备，深化产学研合作创新，积极培育智能产品、智能装备和智能服务，让更多的智能技术在产业舞台上有用武之地。

可以预见，以大模型为代表的人工智能爆发式发展，将给人们的生产和生活带来巨大变化，人形机器人等前瞻技术让产业界和消费者看到了未来的产业发展方向。

同时也要看到，推动人工智能应用加速落地，一定要抓住通用人工智能与制造业融合的关键，积极推进智能技术在制造、交通、民生等行业的推广应用和迭代升级。特别是要支持制造业企业通过加快数字化转型、智能化改造降本增效，推动人工智能与传统产业、新兴产业以及未来产业的深度融合，加快推动新质生产力发展。

本章小结

本章主要介绍了 AIGC 提示词与提示工程的基本概念、原理、设计方法及其在写作类 AIGC 工具中的应用。首先介绍了提示词的定义、作用及其在 AIGC 中的重要性，详细阐述了提示词的原理，包括语言模型的预测机制以及提示词如何通过上下文和指令引导模型生成高质量的内容。其次介绍了提示工程的核心要素（如指令、上下文、示例、限制条件等）和常用技巧（如零样本提示、小样本提示、思维链推理等），并通过具体实例展示了如何通过提示工程优化与 AI 的交互。最后介绍了写作类 AIGC 工具的提示词设计步骤，包括明确应用场景、确认细节要点、完善提示词结构以及通过追问优化生成内容的方法，并结合新媒体写作案例展示了提示词设计的完整流程。

通过本章的学习，读者能够深入理解提示词在 AIGC 中的关键作用，掌握提示工程的设计方法和技巧，并学会如何根据具体需求设计高效的提示词，以提升与 AIGC 工具的交互效率和内容生成的质量。

课后研思

一、填空题

1. 提示词是 AIGC 中用于指导用户进行文本输入和内容生成的 ________，通过精心选择和设置提示词，用户可以准确地表达需求。

2. 提示词的设置可以影响模型处理信息的方式，进而影响最终的 ________。

3. 提示词最初是研究者为了 ________ 设计出来的一种特定的输入形式，它的作用是帮助大模型“回忆”自己在预训练时学习到的东西。

4. 在使用 AIGC 工具时，提示词的 ________、清晰程度、上下文联系的强弱都会直接影响生成答案的质量。

5. 提示工程（Prompt Engineering）是大语言模型开发、训练和使用过程中的一个基本元素，涉及输入提示的巧妙设计，以提高模型的 ________ 和准确性。

6. 提示工程的难点在于如何设计合适的输入，让 AI 能够理解用户的意图和需求，并生成 ________ 的输出。

7. 提示工程中的“指令”是用户向 AI 发出的具体、明确的命令或请求，用于指导 AI 生成特定类型的 ________。

8. 在提示工程中，通过提供 ________，可以帮助 AI 更好地理解任务的具体要求和期望的输出格式。

二、简答题

1. 请简述提示词在 AIGC 中的作用。
2. 什么是提示工程？它的重要性体现在哪些方面？
3. 请列举提示工程中的四个要素，并简要说明它们的作用。
4. 请简述零样本提示和小样本提示的区别，并分别举例说明它们的应用场景。

第七章

AIGC 多元应用场景

导读

随着人工智能技术的飞速发展，AIGC（人工智能生成内容）已成为推动各领域创新的关键力量。本章将深入探讨 AIGC 在写作、图表、演示文稿、图像、音乐、视频等多个领域的广泛应用，揭示其如何通过高效的内容生成和优化，为创作者、企业和学习者带来前所未有的便利与突破。

学习目标

知识目标

1. 了解 AIGC 技术的基本概念及其在不同领域的应用场景。

2. 掌握写作类、图表类、演示文稿类、图像类、音乐类和视频类 AIGC 工具的主要功能和应用方式。

3. 理解 AIGC 工具在文本生成、优化润色、语言翻译、数据可视化、图像编辑、音乐创作、视频生成和编辑等方面的具体实现方法。

技能目标

1. 能够熟练使用各类 AIGC 工具生成高质量的文本、图表、演示文稿、图像、音乐和视频内容。

2. 学会利用 AIGC 工具进行文本优化、润色、翻译，以及数据整理和可视化。

3. 能够运用 AIGC 工具进行图像编辑、音乐创作和视频剪辑，提升内容的创意和表现力。

素质目标

1. 培养对新兴技术的敏锐洞察力和学习能力，能够快速适应 AIGC 技术的发展和变化。

2. 提高信息素养，学会从海量信息中筛选、分析和利用 AIGC 工具生成的内容。

3. 增强创新思维能力，通过 AIGC 工具激发创作灵感，探索新的内容创作方式。

4. 关注 AIGC 技术对社会就业结构的影响，培养终身学习的意识，以适应未来社会的变化。

第一节 写作类 AIGC 工具的应用场景

AIGC 技术日益成熟，写作类 AIGC 工具已应用于多个领域。它们能够协助创作者快速生成高质量的文本内容，模拟自然流畅的对话互动，提供优化建议，进行文本润色，甚至实现跨语言的无缝沟通。

熟悉这些具体的应用场景有助于后续有针对性地撰写提示词、使用 AIGC 工具，提高内容生成的效率。

一、文章文案

写作类 AIGC 工具的应用场景（文章文案）

文章文案是以文字来表达特定信息、情感或观点的内容形式。对于职场、商业、学术、社交媒体等多个领域，文章文案都具有重要的作用。AIGC 技术在这些领域的应用显著提高了创作的效率和质量。

文章文案根据具体的场景，可分为 5 种具体的类型，如表 7-1 所示。

表 7-1 文章文案的类型

类型	描述
职场应用文	包括简历、求职信、报告、会议纪要等。AIGC 工具可快速生成格式规范、内容准确的职场应用文，帮助用户提升工作效率
商业营销文案	包括广告文案、产品描述等。AIGC 工具能精准把握品牌调性，创作引人入胜、转化率高的商业营销文案
新媒体文案	如社交媒体帖子、博客文章、公众号内容等。AIGC 工具能结合新媒体特点，创作出既吸引眼球又易于传播的新媒体文案
论文	在学术领域，AIGC 工具可以协助完成文献综述、论文摘要等部分，提高写作效率，同时确保学术规范性和准确性
文艺作品	如小说、散文、诗歌等。AIGC 工具在保证作品原创性的基础上，能够协助创作者进行情节构思、语言润色等，丰富文艺创作的可能性

将生成文章文案的要求命令发送至 AIGC 工具的聊天对话界面，即可快速得到生成的内容。下面的案例展示了利用天工 AI 生成诗歌的过程。

提示词：请写一首现代诗，主题是“秋去冬来”。

AIGC 工具生成的内容如下所示。

秋去冬来

在落叶最后的叹息里

秋天拖着疲惫的身躯隐退
金黄的梦渐渐模糊
残留在枝头的倔强
也被冷风一一剥落

田野不再有丰收的欢歌
稻草人孤独地守望
那片空旷
曾经的热闹
已随南飞的雁群远去
只留下寂静
在天地间蔓延

霜花悄悄爬上窗棂
像是冬寄来的神秘信件
雪花开始在云端集结
准备一场盛大的降落仪式

街头的行人裹紧衣裳
脚步匆匆
踏碎秋的余温
炉火在屋内跳跃
试图温暖这逐渐冰冷的世界

秋去了
带着眷恋与不舍
冬来了
怀揣冷峻和希望
季节的轮盘不停转动
生命在交替中默默成长

天工 AI 的内容生成界面如图 7-1 所示。

写作类 AIGC 工具的应用场景（对话互动）

二、对话互动

对话互动作为 AIGC 工具在交互性内容领域的核心应用之一，展现了人工智能在模拟人类语言习惯与思维方式方面的卓越能力。天工 AI 的对话界面如图 7-2 所示。

图 7-1 天工 AI 的内容生成界面

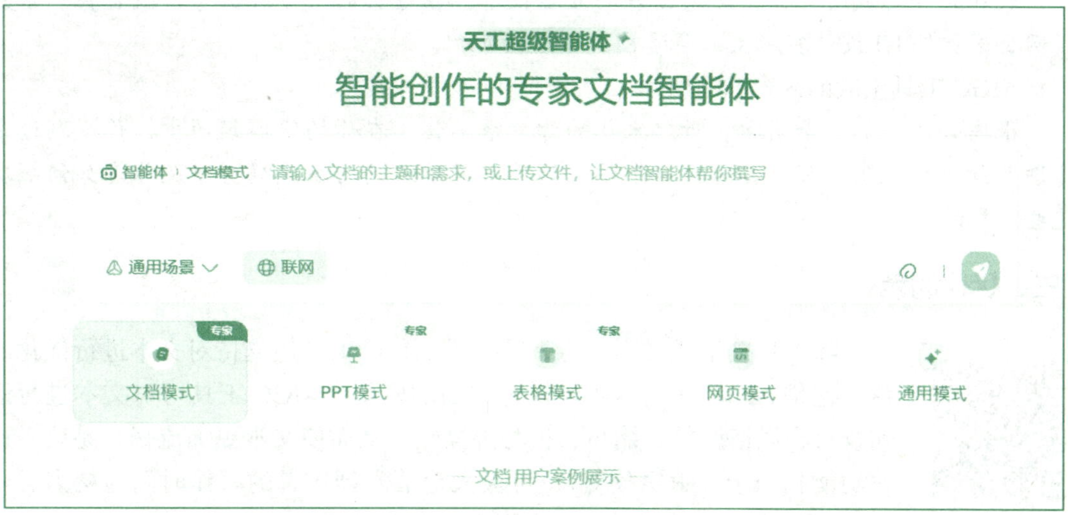

图 7-2 天工 AI 的对话界面

通过深度学习和自然语言处理技术，AIGC 工具能够与用户进行自然、流畅且高度个性化的对话互动。对话互动的应用场景广泛，也具有很强的实用性，包括情境模拟、情感交流、事务咨询、灵感启发等，如表 7－2 所示。

表 7－2　对话互动的应用场景

场景	简介	举例
情境模拟	AIGC 工具通过模拟不同情境，与用户进行角色扮演和互动	模拟面试、角色扮演游戏
情感交流	AIGC 工具以人性化的方式与用户进行情感交流	生活闲聊、心理疏导、倾听烦恼
事务咨询	AIGC 工具作为虚拟“行业专家”，为用户提供各种事务咨询服务	日程安排、健康建议、法律咨询、财务规划
灵感启发	AIGC 工具为用户提供创意灵感和启发	写作取材、设计思路
客户服务	在客户服务领域，AIGC 工具可以通过模拟对话，提供快速、准确的服务响应	解答常见问题、处理投诉、提供售后支持

与 AIGC 工具进行对话互动类似于使用微信、QQ 等通信工具对话，通过在聊天框发送对话内容即可完成。下面的案例展示了模拟面试的对话过程。

提示词：我是一名 UI 设计师的求职者，请你扮演我的面试官。接下来我们会进行模拟面试。请你一次提一个问题。

AIGC 工具生成的内容如下所示。

感谢你参加这次面试。首先，我想了解一下你对设计的理解。请你告诉我，在你看来，一位优秀的 UI 设计师需要具备哪些核心技能？

提示词：你好，我叫李 ×，是 ×× 大学 2025 届的毕业生。我的专业是视觉传达设计，我在大学时成绩优异，熟悉图片的处理技术。在过去的实习经历中，我曾在一家互联网公司担任 UI 设计实习生，负责图片细节的优化。

AIGC 工具生成的内容如下所示。

很高兴认识你，李同学。听起来你的背景很不错。在你的实习经历中，你提到过负责图片细节的优化，可以具体说一下你在这个过程中遇到的挑战吗？以及你是如何解决这些问题的？

三、优化润色

写作类 AIGC 工具的应用场景（优化润色）

除了直接生成文本内容，写作类 AIGC 工具还支持对文本进行优化润色，这是 AIGC 在文本质量提升方面的应用。AIGC 工具可对文本进行语句校对、风格调整、缩写、扩写等操作，从而使文本更加流畅、易读。这一功能相当于“编辑校对”，可极大地节省创作者的写作时间与精力。表 7－3 所示为优化润色的具体应用场景。

利用 AIGC 工具可以节省校对与优化文本的时间，下面是一个利用 AIGC 工具修改语病与错别字的案例。

表 7-3　优化润色的具体应用场景

场景	描述
语句校对	检查文本中的语法错误、拼写错误和标点符号使用不当等问题，并提供相应的修正建议
风格调整	根据用户的需求或特定场合的要求，对文本的语言风格进行调整。例如，AIGC 工具可将文本从正式风格调整为轻松幽默的风格，或者将专业术语转换为通俗易懂的语言
缩写、扩写	根据文本内容自动进行缩写或扩写。对于长篇文本，AIGC 工具可以智能地提炼出关键点，将文本压缩为简洁明了的概要；而对于简短的内容，AIGC 工具则能够补充细节，扩展文本的内容和深度
内容优化	除了基本的校对和风格调整，AIGC 工具还可以对文本的内容进行优化。例如分析文本的逻辑结构和语言表达，提供优化建议，使文本更加连贯、有说服力

提示词：请你修改下面这段文字中出现的语法与字词错误。

"在一个阳光明媚的下午，我和我的朋友去公园里散步，看到了很多花和树，还有小鸟在唱歌，这让我感到非常地开心，因为我喜欢大自然的美丽，而且我们讨论了许多有趣的事情，这样的时光总是太短暂了，我希望能永远停留在这美好的一刻。"

AIGC 工具生成的内容如下所示。

"去公园里散步"可以简化为"去公园散步"。

"非常地开心"改为"非常开心"，去掉"地"更简洁。

将"而且"前的句子的标点符号改成"。"以进行分句，使其更加连贯。

修改后的内容如下。

"在一个阳光明媚的下午，我和我的朋友去公园散步，看到了很多花和树，还有小鸟在唱歌，这让我感到非常开心，因为我喜欢大自然的美丽。而且我们讨论了许多有趣的事情，这样的时光总是太短暂了，我希望能永远停留在这美好的一刻。"

四、语言翻译

AIGC 工具的语言翻译功能是指利用人工智能和机器学习技术，实现不同语言之间的自动翻译。这一功能在全球化日益加速的今天显得尤为重要。AIGC 工具不仅能够快速地将一种语言转换为另一种语言，还能保持原文的语义、语调和风格，使翻译结果更加准确、自然。对比传统的翻译工具，AIGC 工具更加灵活、强大。

写作类 AIGC 工具的应用场景（语言翻译）

在下面的案例中，AIGC 工具准确地翻译了散文名篇《秋夜》，且仅用了数秒。

提示词：请你将下面这段话翻译成英文。

这上面的夜的天空，奇怪而高，我生平没有见过这样奇怪而高的天空。他仿佛要离开人间而去，使人们仰面不再看见。然而现在却非常之蓝，闪闪地映着几十个星星的眼，冷眼。他的口角上现出微笑，似乎自以为大有深意，而将繁霜洒在我的园里的野花草上。

AIGC 工具生成的内容如下所示。

The night sky above is strange and lofty，a sight I've never witnessed in my life. It seems poised to depart from the mortal realm, leaving those who gaze upward to see nothing but emptiness. Yet now it appears exceptionally blue, with dozens of stars winking coldly, their eyes indifferent. A faint smile plays on its lips, as if it believes itself to hold profound secrets, while heavy frost blankets the wildflowers in my garden.

智慧碰撞

在写作类 AIGC 工具中，文本优化润色功能可以自动调整文本的语言风格和内容逻辑。如果你是一名文案创作者，你会如何利用 AIGC 工具的优化润色功能来提升你的文案质量？请结合实际场景，举例说明你可能会使用哪些具体功能（如语句校对、风格调整、内容优化等），并阐述这些功能如何帮助你提高工作效率。

第二节　图表类 AIGC 工具的应用场景

图表类 AIGC 工具的应用场景（表格）

一、表格

表格是数据处理和信息展示的关键工具，其重要性不言而喻。无论是企业管理、财务分析还是科研数据整理，表格都发挥着至关重要的作用。图表类 AIGC 工具在 Excel 等表格领域的应用，极大地提升了内容整理的效率。

在制作与处理 Excel 表格时，AIGC 工具能在许多方面起到作用，如表 7－4 所示。

表 7－4　AIGC 工具在制作与处理 Excel 表格中的应用

类型	描述
根据内容生成表格	用户可通过口头指令或文字输入，向 AIGC 工具描述数据结构或内容概要，由其理解这些指示并据此自动生成表格
根据表格生成图	AIGC 工具可根据表格内容自动生成不同类型的图，如饼图、条形图、折线图等
自动生成公式	在面对复杂的数学计算或逻辑关系时，AIGC 工具可智能识别表格中的数据模式，并根据用户的需求自动插入恰当的 Excel 公式
快速处理表格	AIGC 工具可以帮助用户快速完成大量烦琐的数据清洗和格式化任务，如批量修改单元格格式、清理无效数据、统一格式、进行智能填充，以解决诸如时间序列、序列编号等问题
快速统计	快速汇总数据，执行复杂的条件统计分析，例如用户可以请 AIGC 工具对特定列按照多种条件分类计数、计算、生成交叉表等
数据问答	用户可就表格内容与 AIGC 工具聊天，快速获得所需的信息

这些由 AIGC 工具处理数据与表格的任务场景，都只需用户提供简单的文字提示词。下面的案例展示了用户通过文心一言将一组数据快速生成表格。

提示词：

请将下面的内容整理为简洁直观的表格。

李四，手机号 158××××3589，家庭住址山西省××××。

王五，手机号 131××××5963，家庭住址广东省××××。

赵六，手机号 136××××5896，家庭住址河北省××××。

孙七，手机号 177××××2369，家庭住址北京市××××。

周八，手机号 139××××2361，家庭住址上海市××××。

AIGC 工具生成的内容如下。

姓名	手机号	家庭住址
李四	158××××3589	山西省××××
王五	131××××5963	广东省××××
赵六	136××××5896	河北省××××
孙七	177××××2369	北京市××××
周八	139××××2361	上海市××××

包括文心一言在内的绝大部分写作类 AIGC 工具都支持生成表格，用户只需在提示词中明确指令“请以表格的形式……”。下面的提示词示例都能让 AIGC 工具生成表格。

我想成为一名教师，请你用表格的形式为我整理这个职业所需要的能力与素养。

请你为我制定一份大学生日常作息表，用表格的形式呈现。

智慧碰撞

假设你需要为一个企业制作一份年度销售报告，你会如何利用 AIGC 工具快速生成相关的表格和图？请详细描述你的操作步骤，并说明这些工具如何帮助你更高效地完成任务。

二、图

图是一种可视化思维工具，它通过形象的图形结构展现主题及其相关概念的层级关系，帮助人们发散思考、整理文字或数字信息，增进记忆与理解力。常见的图有思维导图、鱼骨图、雷达图等。AIGC 工具在处理图方面的应用场景如表 7-5 所示。

图表类 AIGC 工具的应用场景（图）

表 7-5　AIGC 工具在处理图方面的应用场景

类型	描述
自动生成图	用户输入一段文字等信息，AIGC 工具能够智能识别关键词、主题和子主题，自动生成相应的图
快速编辑与优化	在创建和编辑的过程中，AIGC 工具能够辅助调整图的逻辑性与美观度
图表数据与图的转换	将表格转换为图，实现高效的数据分析与图像可视化

图 7-3 所示为利用 TreeMind 工具，通过图片快速生成思维导图。

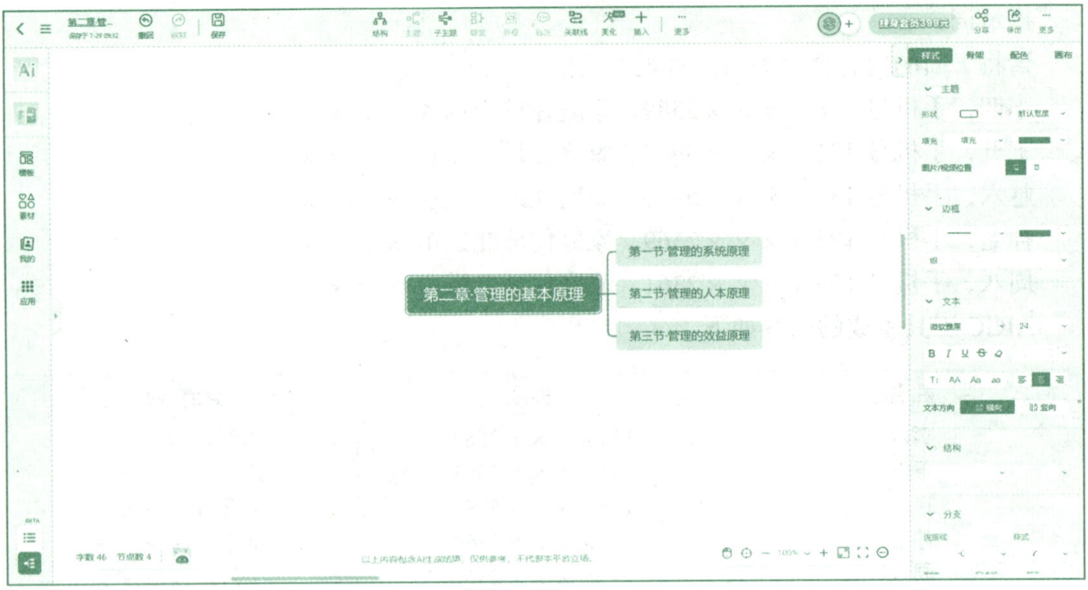

图 7-3　利用 TreeMind 工具生成思维导图

拓展新知

TreeMind 工具的特点如下。

简洁易用：界面设计非常友好，用户可以快速上手。

可扩展性强：可以随时添加、删除、编辑节点和链接，支持节点、字数、文件等自定义。

多人协作：支持在线多人协作，没有人数限制，实时数据传输。

海量模板：60 万＋免费模板可供下载和修改，满足各种需求。

云存储与导出：支持云存储，并可导出为多种格式，如 PDF、PNG、SVG 等。

TreeMind 工具的优势如下。

可视化效果好：帮助用户将复杂的思维过程和信息组织成清晰的图表。

易于理解和记忆：通过图表形式，用户可以更好地理解和记忆信息。

丰富的模板：除了思维导图，还提供管理、教案等多种模板，满足不同的需求。

第三节　演示文稿类 AIGC 工具的应用场景

演示文稿类 AIGC 工具的应用场景

制作一个完整的 PPT 通常需要保证足够的页数，每一页通常需要有标题、正文、图像等内容，因此制作 PPT 往往会耗费制作者几小时甚至几天的时间，而演示文稿类 AIGC 工具的出现让快速生成与处理 PPT 成为可能。

一、生成 PPT

AIGC 的核心价值在于其能够从零开始自主生成内容，这一特点在 PPT 领域显得尤为突出。制作 PPT 通常需要花费大量的时间和精力，而演示文稿类 AIGC 工具可以根据用户提供的信息和提示词，在短时间内自动创建一份完整且优质的 PPT。这不仅大大提高了工作效率，还为用户提供了更多的创意和灵感，无疑为广大用户带来了极大的便利。表 7-6 所示为演示文稿类 AIGC 工具生成 PPT 的主要方式。

表 7-6 演示文稿类 AIGC 工具生成 PPT 的主要方式

方式	简介
已有大纲生成	用户提供完整的 PPT 大纲，演示文稿类 AIGC 工具根据大纲内容填充具体的 PPT 内容，并进行设计
无大纲生成	用户不提供任何具体大纲，仅提供关键词或主题，演示文稿类 AIGC 工具自由发挥生成 PPT，注重内容的连贯性和创新性
根据文档文章生成	用户上传文档或输入文章，演示文稿类 AIGC 工具分析内容并提取关键信息，自动生成对应的 PPT，保留原文的逻辑结构和要点
根据思维导图生成	用户提供思维导图，演示文稿类 AIGC 工具根据思维导图的层级结构和内容自动生成对应的 PPT，便于直观展示思维逻辑

不同的演示文稿类 AIGC 工具支持的生成方式有所不同，用户需要根据自己的需求和工具的功能选择合适的方式，生成 PPT。图 7-4 所示为 Kimi 生成 PPT 的界面。

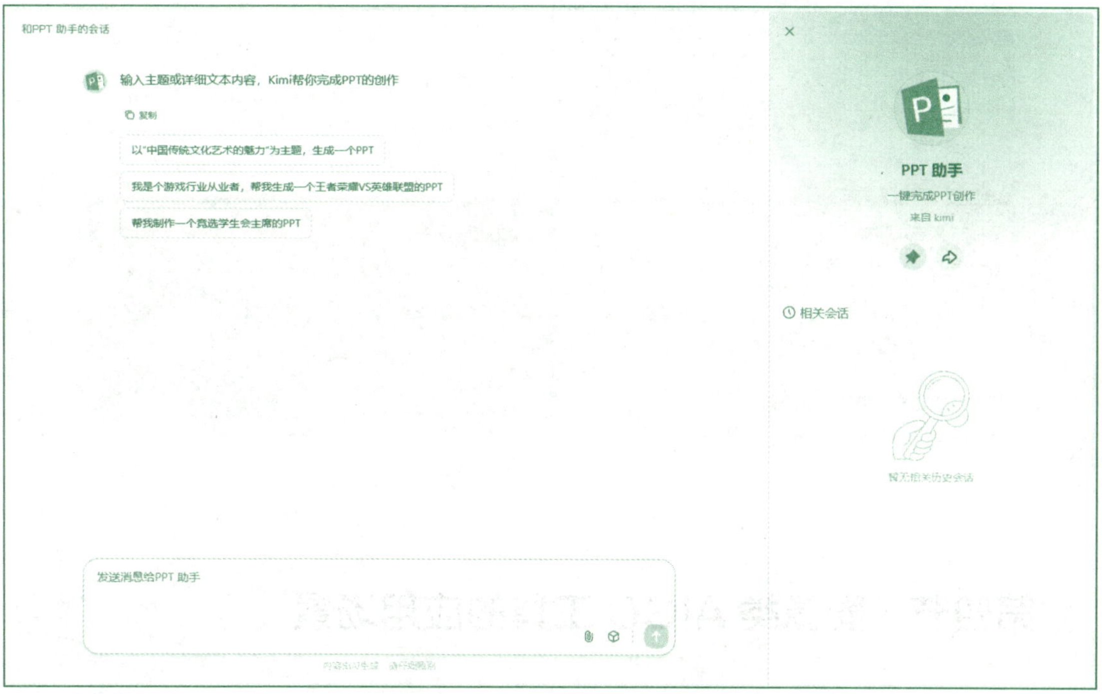

图 7-4 Kimi 生成 PPT 的界面

二、编辑 PPT

演示文稿类 AIGC 工具在 PPT 编辑方面，不仅限于从零开始生成内容，更展现出强大的智能编辑功能。通过这一工具，用户可以轻松地对现有的 PPT 进行智能化修改和优化，包括调整布局、优化配色、改进文字表述等。利用演示文稿类 AIGC 工具编辑 PPT 的主要方式如表 7 - 7 所示。

表 7 - 7　利用演示文稿类 AIGC 工具编辑 PPT 的主要方式

类型	描述
快速更换主题	轻松更换 PPT 的主题风格，无须逐页调整，实现整体视觉效果的快速统一
排版与编辑	根据提示词自动调整 PPT 的布局，同时提供便捷的编辑工具，使用户能够轻松调整 PPT 的细节，如字体、颜色等
扩写与简化内容	智能分析 PPT 中的文字内容，根据提示词进行扩写或简化，帮助用户更精准地传达意图
生成演示备注	基于 PPT 内容生成详细的演示备注，为演讲者提供有力的支持

图 7 - 5 所示为 Kimi 中的 PPT 编辑界面。

图 7 - 5　Kimi 中的 PPT 编辑界面

第四节　图像类 AIGC 工具的应用场景

由于功能强大，图像类 AIGC 工具已广泛渗透到各类与图像相关的应用场景中，极大地提升了视觉内容创作的效率。这些工具的使用场景主要分为两类：一类专注于从零开始生成全新的图像，另一类则致力于对现有的图像进行智能化编辑与美化。本节将详述这两种场景的具体应用情况。

一、图像生成

图像类 AIGC 工具的核心特色之一是其图像生成功能。这些工具利用深度学习和人工智能算法，根据用户提供的提示词或信息，自动生成符合需求的图像。无论是风景、人物、建筑还是抽象的概念，图像类 AIGC 工具都能凭借强大的生成能力，迅速创作出独特的视觉作品。

1. 生成方式

目前主流的图像类 AIGC 工具是通过提示词生成图像与通过图像生成图像，一般将这两种方式简称为“文生图”与“图生图”。

（1）文生图。

文生图是指通过输入一段文字描述，由 AI 模型自动生成对应的视觉图像的过程。这种生成方式的核心在于将自然语言理解与计算机视觉技术相结合，构建能够从文本语义中解码出视觉特征的复杂模型。

文生图的生成方式是目前最常用的方式，也是一种非常依赖提示词的方式。只有精心打磨提示词，才能让图像类 AIGC 工具理解并生成符合要求的图像。图 7－6 所示为通义万相的文生图示例。

图像类 AIGC 工具的应用场景（文生图）

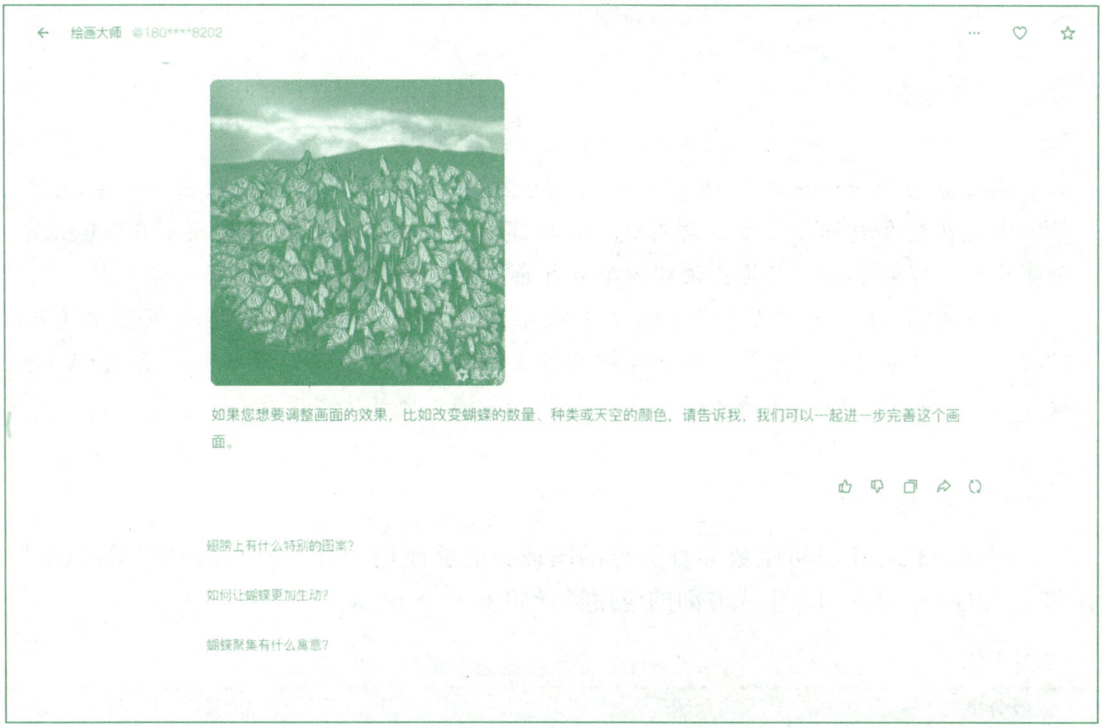

图 7－6　通义万相的文生图示例

图像类 AIGC 工具的应用场景（图生图）

（2）图生图

图生图是指以现有图像作为输入，通过 AI 算法对其进行编辑、转换或增强，从而生成新的图像。这一生成方式聚焦于在保持原始图像核心内容的同时，实现特定的编辑目标或风格变化。

使用这一生成方式，需要用户自行准备图像，并上传至图像类 AIGC 工具。图 7－7 所示为通义万相根据已有图像生成图像的示例。

图 7－7　通义万相的图生图示例

拓展新知

通义万相 2.1 模型的技术特点

高性能与低硬件需求：通义万相 2.1 模型在文生视频和图生视频任务中表现出色，尤其在指令遵循、复杂运动生成、物理建模等方面领先，其 14B 模型在 VBench 评测中综合得分第一，尤其在物理模拟和复杂运动生成上表现突出。

多任务能力：通义万相 2.1 模型支持中文文字视频生成、高清视频生成（如 720P）、3D 变分自编码器等技术，能够处理多种输入并生成高质量视频。其 3D VAE 模块实现了时空压缩，显著降低了显存占用，支持长视频生成。

2. 内容应用场景

图像类 AIGC 工具可生成多种类型的图像，能够应用于几乎所有需要图像的领域。图像类 AIGC 工具在图像生成方面的应用场景如表 7－8 所示。

表 7－8　图像类 AIGC 工具在图像生成方面的应用场景

场景分类	介绍	案例
艺术创作	利用 AIGC 工具生成艺术品，为艺术家提供灵感，辅助艺术家创作或独立生成作品	绘制一幅印象派风格的风景画，展现夕阳下的麦田与风车，可供展览或出售

续表

场景分类	介绍	案例
广告与营销	生成吸引眼球的视觉素材，用于产品推广、社交媒体广告、海报设计等，提升品牌传播效果	生成一款新手机的产品渲染图，展示其多种配色和使用场景，用于电商平台宣传
新闻与传媒	快速生成新闻配图、信息可视化内容，增强报道的视觉冲击力和信息的传达效果	根据天气预报数据生成未来一周的全国气温分布地图，供新闻网站发布
教育与培训	生成教学示意图、卡通形象、交互式学习资源，提升教学内容的吸引力并降低其理解难度	制作一系列动物解剖结构图，标注关键部位的名称，用于生物课程的教材
游戏与娱乐	生成游戏内角色、场景、道具等美术资源，用于动态背景、特效设计，提升游戏体验	设计一套科幻主题的角色套装及武器模型，供玩家在大型多人在线游戏中选择使用
建筑与室内设计	快速绘制建筑设计方案、室内布局效果图，帮助客户预览和决策，提升设计沟通的效率	根据设计师的草图生成住宅楼外观的三维渲染图，展示不同光照条件下的视觉效果
时尚与零售	设计服装款式、提供搭配建议、实现虚拟试衣，提升线上购物体验或为设计师提供灵感	为用户生成个性化的服装搭配建议，包括上装、下装、配饰的组合及颜色搭配，用于电商平台推荐
影视与动画	生成背景、角色、特效等动画元素，简化制作流程，降低制作成本，或者用于预可视化	创作一部短片的动画分镜，包括场景切换、角色动作、镜头移动等，用于导演的前期策划

表 7－8 展示了 AIGC 在艺术、商业、教育、娱乐、建筑等多个领域的广泛应用潜力，随着技术的不断进步，图像类 AIGC 工具的适用范围注定持续扩大。

二、图像编辑与美化

图像编辑与美化是指运用 AIGC 工具完成图像处理任务，涵盖瑕疵修复、内容填充、风格迁移、对象识别与分离、图像增强、内容感知缩放等方面，如表 7－9 所示。

表 7－9 图像类 AIGC 工具在图像编辑与美化方面的应用场景

功能类别	介绍	案例
瑕疵修复	自动识别并去除图像中的噪点、划痕、污渍、红眼等缺陷，使画面更纯净	用于美颜等领域，快速消除人物面部的粉刺、皱纹、眼袋，实现平滑的肌肤效果，提升肖像照的质量
内容填充	基于周围像素信息，智能填充图像中缺失的部分，如去除水印、物体移除后的填补等	移除照片中碍眼的电线杆，并自然填充背景
风格迁移	将原图像的艺术风格转化为另一种风格（如油画、素描、卡通等）	将普通的风景照片转化为梵高《星月夜》风格的油画
对象识别与分离	精确识别并分离图像中的特定对象，便于单独编辑或替换背景	提取照片中的人物，将其与原背景分离，以便将其置于新的背景环境中

续表

功能类别	介绍	案例
图像增强	提高图像细节的清晰度、降噪、增强弱光区域，尤其适用于低质量或老旧的照片	提升老照片的清晰度，去除噪点，恢复暗部细节，使之焕然一新
内容感知缩放	在调整图像尺寸时，保持重要细节完整，避免常规缩放导致的失真或质量下降	在缩小风景照片的尺寸时，智能保持山脉、建筑等主体结构的清晰度，无明显失真

上述功能极大地简化了图像后期处理的工作流程，使用户无需具备专业知识，也能轻松提升图像质量和艺术表现力。图像类 AIGC 工具平台通常具备直观且用户友好的设计，通过图形界面和功能按钮，将复杂的图像处理算法封装在易用的界面元素中，让用户无需编写代码或使用特定的提示词，只需通过单击、拖动、滑动等简单的交互方式，就能完成各种编辑和美化任务。改图鸭的图像处理界面如图 7－8 所示，用户只需上传图片并选择抠图方式，就能实现图像的消除。

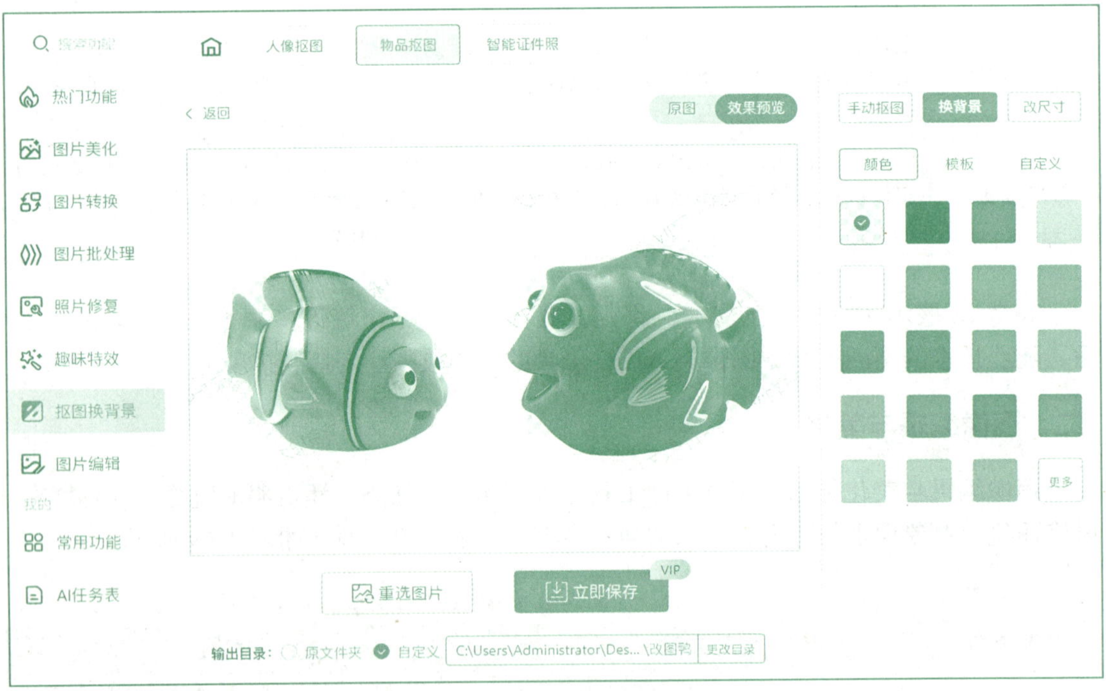

图 7－8　改图鸭的图像处理界面

第五节　音乐类 AIGC 工具的应用场景

音乐类 AIGC 工具的应用已深入音乐创作、教育、娱乐乃至专业制作等诸多领域，展现出了前所未有的广阔前景。从智能编曲、生成歌词，到 AI 歌手模拟真声演绎歌曲，音乐类 AIGC 工具不仅革新了传统工作模式，还带来了全新的音乐应用场景。接下来，让我们一同探索音乐类 AIGC 工具在不同场景下解锁音乐创作的新维度。

一、音乐生成

AIGC 工具在音乐生成领域的应用，标志着音乐创作进入了一个极为高效且智能的时代。音乐类 AIGC 工具运用机器学习和深度学习技术，分析大量的音乐数据，从中学习不同的音乐风格、旋律结构、和弦走向及节奏模式。用户只需输入特定的指令、情感描述或关键词，AIGC 工具便能快速生成全新的原创音乐片段或完整的歌曲。

音乐类 AIGC
工具的应用场景

音乐生成的细分场景如表 7－10 所示。

表 7－10　音乐生成的细分场景

细分场景	功能描述
生成词曲编唱	自动创作歌词；AI 辅助作曲，生成旋律；编曲环节自动化，生成伴奏；歌声合成，无需真人演唱
生成纯音乐	根据用户指定的风格、情绪、速度等参数，自动生成无歌词的完整音乐作品
根据歌词生成歌曲	用户输入歌词文本，音乐类 AIGC 工具基于歌词内容和上下文生成相应的旋律和编曲

以上各场景体现了音乐类 AIGC 工具在不同维度的应用，这使音乐创作变得灵活和普遍，词曲一体化创作、纯音乐的生成、依据歌词创作完整的歌曲，都变得更加便捷、高效。

图 7－9 所示为豆包 AI 的音乐生成界面，可以看到该工具支持用户输入自己的歌词、选择音乐风格，以此生成完整的音乐。

图 7－9　豆包 AI 的音乐生成界面

二、音乐编辑

音乐编辑是一种借助 AI 技术辅导创作者优化和调整作品的过程。这类 AIGC 工具能够智能分析音频素材，识别音乐的结构，提供自动化或半自动化的编辑建议。同时，它们还可以直接修改音乐元素（如旋律、和弦、节奏和混音效果等）或生成新的创作部分。

用户在使用音乐编辑这一功能时需要具备一定的乐理知识，因此它更适合有音乐基础的创作者。

以网易天音为例，其为音乐创作者提供的音乐编辑功能如表 7 - 11 所示。

表 7 - 11　网易天音的音乐编辑功能

功能模块	功能描述
自由创作	手动谱曲，个性化和弦编排，选择风格，生成编曲作品
基于曲谱创作	海量经典曲谱直接导入，快速生成编曲
上传作曲	上传 MIDI，AIGC 工具基于 MIDI 匹配生成可编辑的歌曲

注：乐器数字接口（Musical Instrument Digital Interface，MIDI），是一组能表示音乐参数的代码，用于让计算机理解各类音乐参数。

上述功能使音乐创作者能借助音乐类 AIGC 工具实现高效的音乐编辑和创作，快速将自己的音乐想法落地。用户可以登录网易天音的网站，在线体验这些功能。图 7 - 10 所示为网易天音的音乐编辑功能界面。

图 7 - 10　网易天音的音乐编辑功能界面

智慧碰撞

如果你是一名音乐爱好者，想尝试创作一首关于“青春”的歌曲，你会如何利用 AIGC 工具完成歌词创作、旋律生成和编曲？请详细描述你的创作思路，并说明这些工具如何激发你的创作灵感。

第六节　视频类 AIGC 工具的应用场景

视频类 AIGC 工具的应用正逐步拓展到影视制作、在线教育、广告营销及日常娱乐等多个领域，展现出令人瞩目的应用潜力。具体来讲，这类工具在视频生成和视频编辑两大领域取得了革命性的进步。从智能生成、配音、剪辑到 AI 数字人，视频类 AIGC 工具可谓颠覆了传统的视频制作流程。下面将深入介绍其各个应用场景。

一、视频生成

视频生成指将文字或图片等内容直接转化为动态视频的功能。借助先进的深度学习技术，AIGC 工具能够准确理解用户输入的文字或图片信息，并将其转换为生动逼真的动态视频。无论是创作一部短片、设计一段广告，还是生成个性化的动态海报，AIGC 工具都能轻松应对，并且省去传统视频拍摄的大量烦琐的工作。

视频类 AIGC 工具的应用场景

1. 文字生成视频

文字生成视频指通过提示词文本命令 AIGC 工具直接生成视频内容的生成方式。用户只需输入一段描述性的文字，AIGC 便能理解其意图，并据此生成与之匹配的视频内容。

用户只需构思并设计提示词，无需准备其他的图片或视频素材，因此文字生成视频是一种非常便捷且高效的生成方式。这样的方式使 AIGC 工具能够充分利用其理解和合成能力，创作出既与提示词相符又富有创意的视频。

图 7－11 所示为输入提示词“清晨阳光照进田地”后生成的视频的截图。

图 7－11　文字生成视频的截图

2. 图片生成视频

图片生成视频技术是利用 AIGC 工具，将静态的图片转化为动态的视频。使用这一功能时，用户需要上传现有图片，AIGC 工具将根据图片里的内容元素进行理解与合成，使图片中的元素运动起来。

与文字生成视频不同，通过图片生成视频需要用户提前准备好图片资源。在准备图片资源的基础上，用户可自行选择是否需要用文字提示词加以辅助。表 7－12 所示为图片生成视频的两种细分场景。

表 7－12　图片生成视频的两种细分场景

细分场景	功能描述
文字＋图片生成	上传图片，同时使用提示词加以描述，辅助图片生成更符合预期、更具变化性的视频
纯图片生成	仅上传图片，不借助提示词，让 AIGC 工具自行读取图片内容，生成视频

上述的两种细分场景各有用处。利用提示词辅助生成视频的示意图如图 7－12 所示。可以看到，用户输入一张现有的图片，并输入辅助提示词“傍晚夕阳照射大地，金色的余晖如同温柔的画笔，将山川、河流、田野和村庄都染上了一层温暖的色彩”，AIGC 工具便根据现有图片的构图和提示词生成了一条有阳光照射动态效果的视频。

图 7－12　利用提示词辅助生成视频的示意图

智慧碰撞

如果你是一名自媒体创作者，计划制作一条关于“环保生活”的短视频，你会如何利用 AIGC 工具完成视频的剪辑、配音和字幕添加？请结合实际操作，说明这些功能如何帮助你提升视频的质量和吸引力。

二、视频编辑

视频类 AIGC 工具的另一个应用场景便是视频编辑，这是指对原有的视频素材进行高效的二次编辑，包括智能剪辑、智能字幕生成、人脸识别、物体跟踪、数字人播报等。这些功能大大简化了原本复杂的视频编辑步骤。下面举例讲解常见的视频编辑功能。

1. 智能剪辑

智能剪辑是视频编辑中的一种重要的功能，它利用深度学习和计算机视觉技术，对视频内容进行智能分析和自动处理。

在视频智能剪辑的过程中，AIGC 工具能够自动识别视频中的关键帧、场景切换和动作序列，根据预设的剪辑规则和用户输入的提示词，进行精准而高效的剪辑操作。除了基本的剪辑功能，智能剪辑技术还支持智能配乐、智能调色等高级功能，能够根据视频内容自动生成匹配的背景音乐，提供虚拟配音，可提升视频的整体观感。

目前，包括腾讯智影、一帧秒创、剪映在内的视频类 AIGC 工具的功能大同小异。以腾讯智影为例，其文章转视频的功能区如图 7－13 所示。

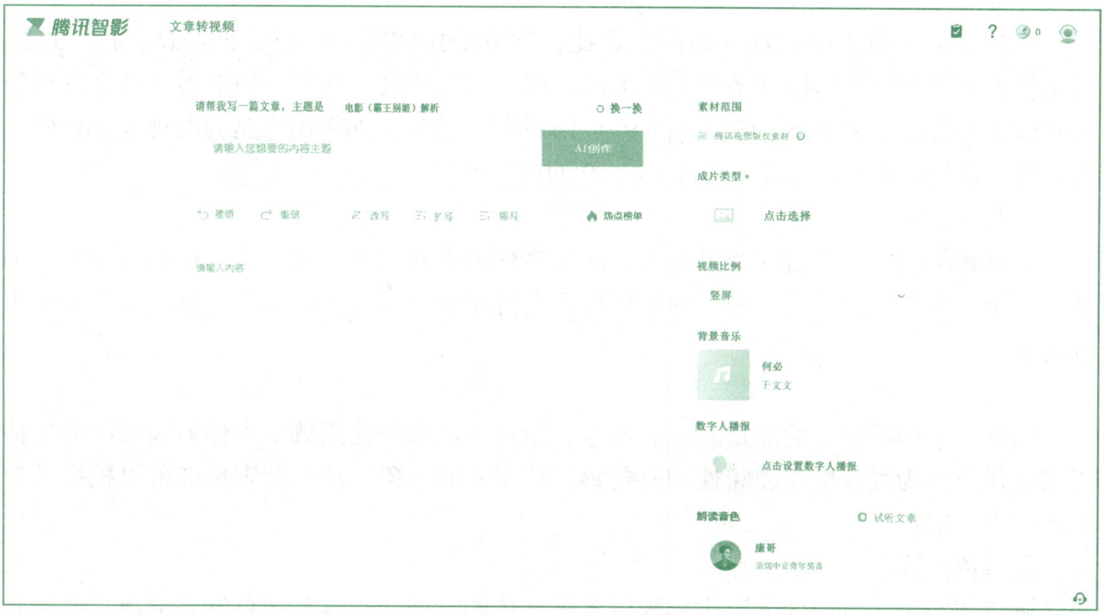

图 7－13　腾讯智影的文章转视频的功能区

腾讯智影包括 3 个功能区域。

（1）主题输入区。

主题输入区即用户输入视频标题、主题、核心内容的区域。用户只需在此输入简短的主题提示词，AIGC 工具就能自动生成长段文章，作为视频文案与口播依据。

（2）文案输入区。

文案输入区是用于生成、输入和编辑视频文案的部分。用户在主题输入区输入主题后生成的文案会显示在这里。同时，用户也可以自行准备文本并将其复制粘贴到文案输入区。

此区域还支持 AI 改写功能，支持对文章内容进行润色、改写、缩写。

（3）内容编辑区。

内容编辑区是编辑与调整视频形式的功能区，支持对素材匹配、成片类型、视频比例、背景音乐、数字人和音色朗读的修改与调整。

①素材匹配。

AI 视频剪辑依据已有的素材来生成视频，因此素材匹配成为关键步骤。腾讯智影拥有丰富的素材，包括图像、视频片段、特效等。当用户上传文章并选择“文章转视频”功能时，腾讯智影会根据文章内容和用户设定的参数，从素材库中自动匹配最合适的素材来构建视频。用户还可以手动调整或替换素材，以进一步优化视频的效果。这种灵活的素材匹配方式，使视频创作更加个性化和专业化。

②成片类型。

成片类型影响视频的整体风格和展示方式。腾讯智影提供多种预设成片类型，包括新闻、纪录片和微电影风格等。用户可根据文章内容及目标观众选择适合的成片类型。腾讯智影会自动调整视频的节奏、转场效果和字幕样式，以实现理想的视觉效果。

③视频比例。

视频比例是指视频的宽度和高度之比，常见的比例有 16 ∶ 9、9 ∶ 16、4 ∶ 3 等。腾讯智影允许用户根据播放平台和需求灵活调整视频比例。例如，如果用户打算将视频发布到手机的短视频平台，可以选择 9 ∶ 16 的竖屏比例；如果用户是为电视或计算机上的播放平台制作视频，则可以选择 16 ∶ 9 的横屏比例。

④背景音乐。

腾讯智影提供了丰富的背景音乐，涵盖多种风格和流派。用户可以根据视频内容和情感需求选择合适的背景音乐。腾讯智影还支持用户自定义上传音乐，以满足其个性化的需求。

⑤数字人。

腾讯智影的数字人功能是其一大特色。用户可以选择使用数字人作为视频中的主持人或解说员，为视频增添趣味性和科技感。数字人的形象、动作和表情都可以根据用户的需求进行定制。

⑥音色朗读。

腾讯智影为文章中的文字内容提供多种音色朗读选择。这些音色涵盖男声、女声和童声等，每种音色还有不同的风格和语速可供用户选择。

编辑调整好以上所有参数后，通过“文章转视频”功能生成的视频会跳转到视频剪辑的剪辑窗口，以便用户充分发挥主观能动性，自行替换素材、进行二次剪辑。

2. 其他 AI 视频编辑功能

在视频编辑领域，智能剪辑和数字人播报以其独特功能和颠覆性效果成为亮眼的 AI 功能。除了这两种功能之外，还有其他 AI 功能可为视频编辑提供便利。

（1）文本配音。

文本配音是 AIGC 工具在视频编辑中的重要应用，它能够将用户输入的文本转化为自然流畅的语音。用户只需提供文本内容，AIGC 工具会根据选定的语言、语言风格（如男声、女声、童声、专业播音员声等）、语速、语调和情感色彩（如高兴、悲伤、严肃等），自动生成高质量的配音音频。这种功能极大地简化了配音制作的过程，节省了聘请专业配音人员的成本和时间，尤其适用于教育视频、产品演示、解说短片、自媒体内容等场景。腾讯智影的文本配音界面如图 7－14 所示。

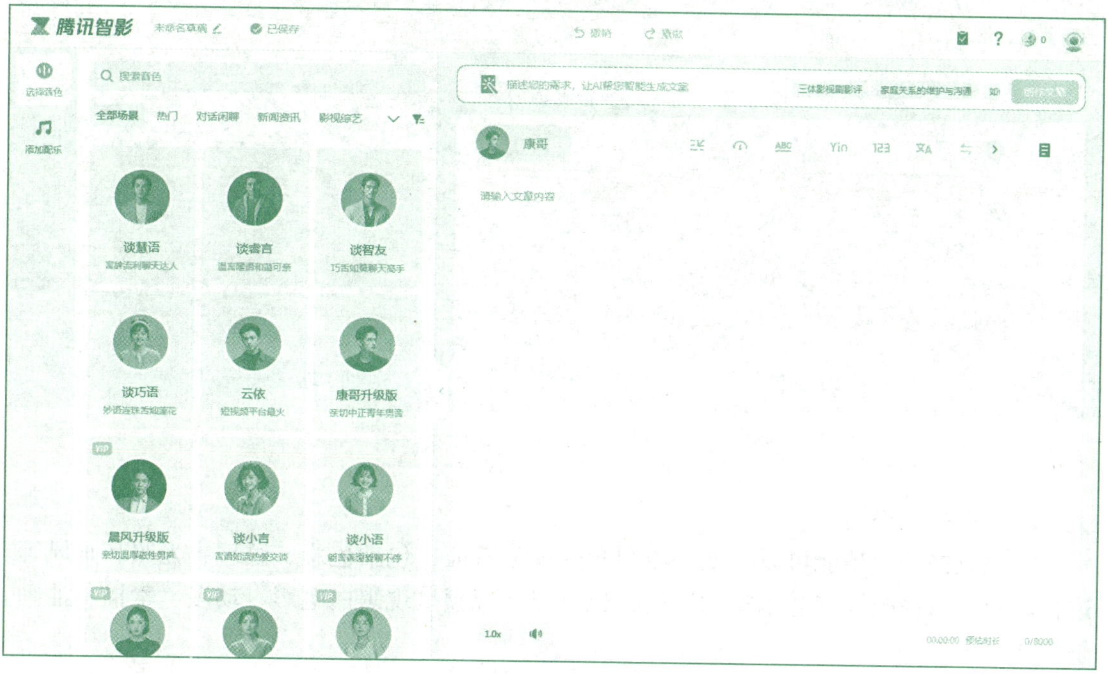

图 7－14　腾讯智影的文本配音界面

（2）自动字幕。

自动字幕功能利用 AIGC 工具的语音识别技术，实时或批量地将视频中的对话或解说转换成文字，并自动生成精准匹配的视频字幕。腾讯智影的“字幕识别”功能如图 7－15 所示。

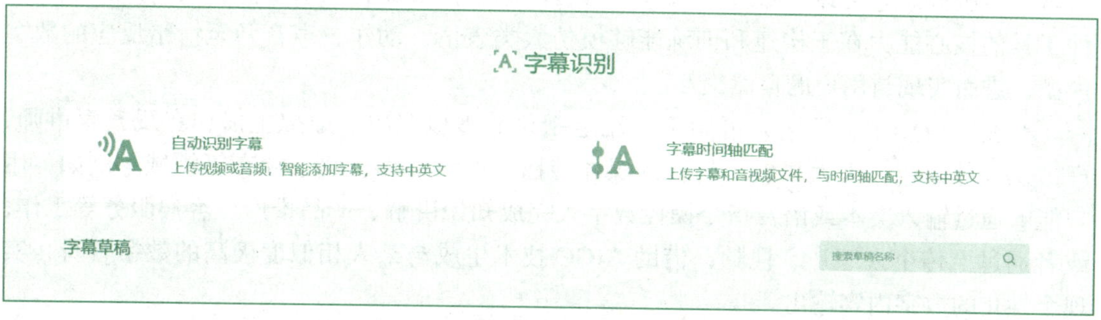

图 7－15　腾讯智影的“字幕识别”功能

（3）视频智能抠图。

视频智能抠图功能运用深度学习和计算机视觉技术，能够自动识别并精确提取视频帧中的人物、物体或特定区域。这项功能使用户无需手动操作，即可快速完成复杂的抠图任务，如更换背景、合成特效、去除水印、分离前景与背景等。图 7 - 16 所示为剪映的智能抠图示意图。

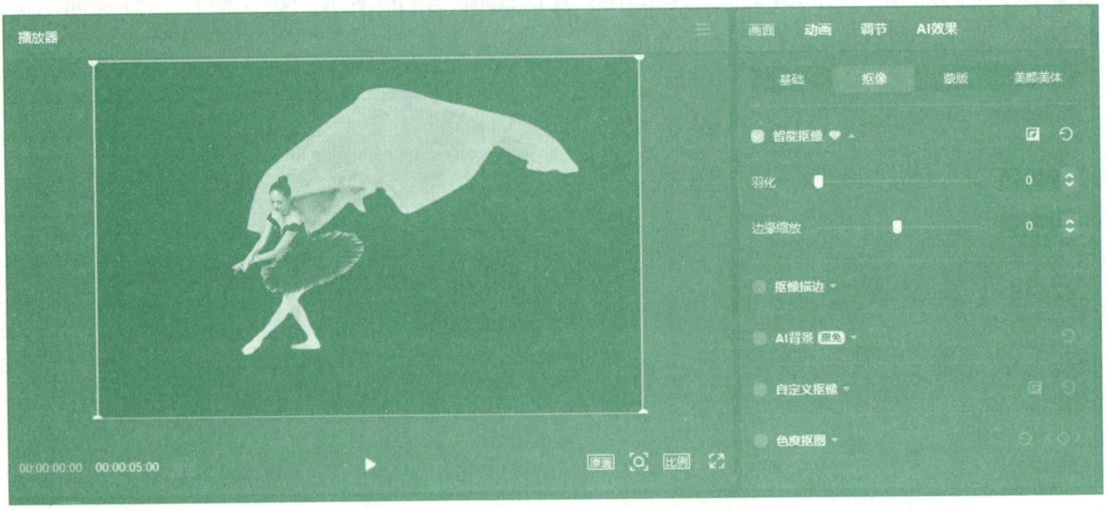

图 7 - 16　剪映的智能抠图示意图

（4）视频风格转换。

视频风格转换功能可以改变一段视频的视觉特征，包括色彩、纹理、光照和画风等。这种转换可以模拟知名艺术家的风格，也可以让视频呈现黑白电影、动漫、素描、油画、复古滤镜等效果。

三、数字人

在 AI 视频领域，不得不提到一个特殊的功能，即数字人。

1. 数字人的定义

数字人是一种结合了人工智能、机器学习、自然语言处理和三维建模技术的创新应用软件与服务。它可以生成高度拟人化且智能的虚拟形象，以满足多种场景的需求。这种工具的核心能力在于构建和训练能够模仿人类表情、动作、声音乃至情绪反应的数字模型，进而实现与用户的自然交互。

在实际应用中，数字人可用于创建定制化的虚拟客服、虚拟主播、在线教育讲师、虚拟偶像等角色，大大拓展了传统的媒体传播、教育培训、娱乐社交等领域。例如，用户能够通过输入文本或语音指令操控数字人完成知识讲解、产品推广、客户服务等工作；或者通过上传个人照片、视频，借助 AIGC 技术生成与某人相似度极高的数字替身，实现个性化的数字内容输出。

一部分高级的数字人还能实时捕捉并模拟真人的面部表情、肢体动作，使虚拟形象的表现更为生动真实。同时，结合大数据分析和深度学习算法，数字人还可以不断优化交流策略和内容生成，以适应不同用户群体的需求和反馈，从而在各行各业发挥重要作用。

2. 数字人的应用

数字人播报的核心是虚拟数字主播。数字人可以设计成不同性别、年龄和职业形象，以满足不同的应用场景和用户偏好。

用户在输入文本后，AIGC 工具会将其转换成自然且富有情感的语音，模拟真实人类的说话节奏、韵律和语气，甚至涵盖停顿、重音和笑声等细节，从而增强表达的真实性。

腾讯智影的数字人播报界面如图 7－17 所示。

图 7－17 腾讯智影的数字人播报界面

腾讯智影的数字人播报功能支持用户选择数字人的形象、播报模板、播报背景、背景音乐和播报文案等。

使用数字人的相关功能，一般需遵循以下步骤。

（1）选择平台。

选择并登录视频类 AIGC 工具服务平台，如腾讯智影或其他提供数字人播报功能的软件或网站；需确保已注册账号并能够访问相关功能。

（2）进入数字人模块。

在工具主界面找到并单击“数字人播报”“虚拟主播”或类似的选项，进入专门的数字人制作工作区。

（3）选择并编辑数字人形象。

浏览平台提供的数字人库，选择符合项目需求的虚拟主播。考虑因素包括性别、年龄、风格（正式、休闲、卡通等）、语言、声音特质（如亲和力、权威性等）、语速。有的平台允许自定义数字人的外貌特征，也可购买、上传特定的数字人模型。腾讯智影的数字人音色编辑界面如图 7－18 所示。

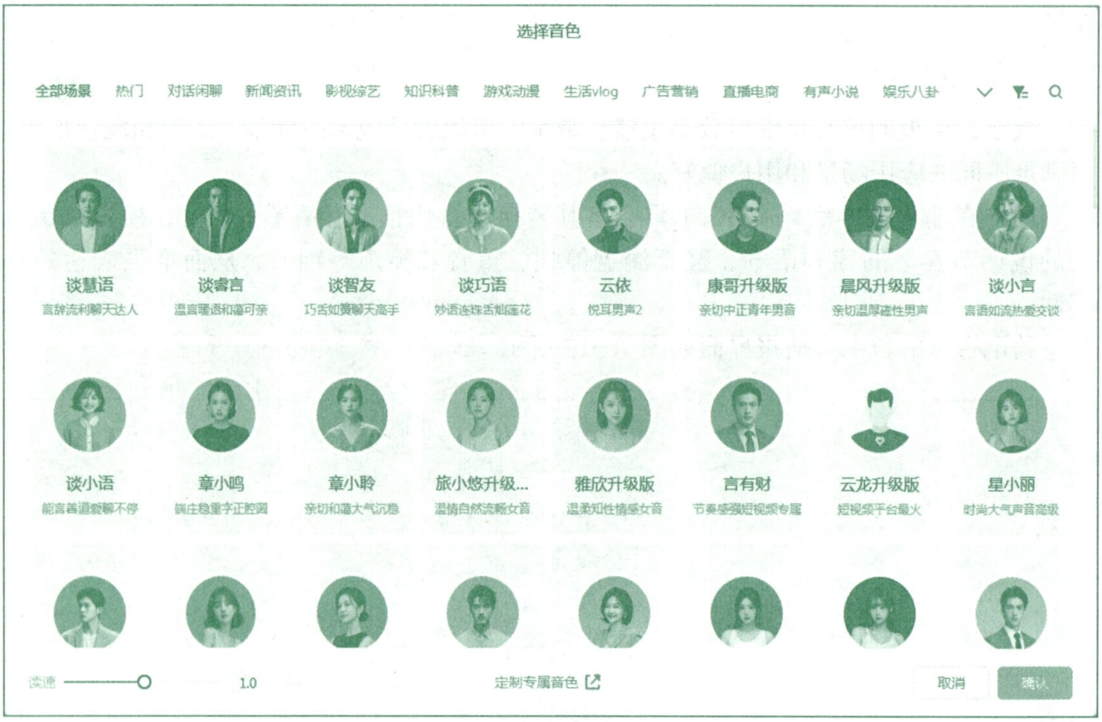

图 7－18　腾讯智影的数字人音色编辑界面

（4）导入或生成播报文本。

导入或创建需要由数字人进行播报的文本内容，需确保文本的准确性、符合播报风格和目标受众的需求。一些视频类 AIGC 工具可能具备文本生成的功能，用户可以根据输入的主题直接生成播报文本，从而省去自行撰写的环节。

（5）配置视觉呈现。

定制数字人的背景图片、背景音乐、站位及动画特效等要素，确保呈现风格与视频内容的主题一致。

（6）添加额外元素。

根据视频制作需求，添加其他视觉或音频元素，如视频、图像、图表、音乐、音效、字幕样式、过渡效果等，以丰富视频的内容和观赏体验。

德润课堂

中国香港生成式人工智能研发中心（HKGAI）近日正式发布 HKGAI V1 大模型。这是香港首个人工智能大模型，揭开了香港人工智能发展的新篇章。

中国香港生成式人工智能研发中心的负责人介绍，这是业界首个基于 DeepSeek 全参数微调，并持续训练产生的大模型。这一创新成果标志着 HKGAI 成功完成了 DeepSeek 的首次香港本地化，为香港人工智能生态发展注入了新的活力，亦充分展现了香港与内地在人工智能领域的强大协同创新能力。

本章小结

本章主要介绍了 AIGC 技术在多个领域的广泛应用及其带来的创新与变革。首先介绍了写作类 AIGC 工具在文章文案创作、对话互动、文本优化润色和语言翻译方面的应用，展示了其如何提升创作效率和内容质量；其次介绍了图表类 AIGC 工具在表格生成、数据可视化和图形化思维方面的功能，体现了其在数据处理和信息展示中的高效；接着介绍了演示文稿类 AIGC 工具在 PPT 生成与编辑中的智能化应用，帮助用户快速制作高质量的演示文稿；最后介绍了图像、音乐和视频类 AIGC 工具在内容生成、编辑与优化方面的强大功能，揭示了其在创意设计和多媒体制作中的巨大潜力。

通过本章的学习，读者能够全面了解 AIGC 技术在不同领域的具体应用方式，掌握如何利用这些工具提升工作效率、激发创意潜能，并探索 AIGC 在实际工作与生活中的广泛应用前景。

课后研思

一、填空题

1. AIGC 工具在文章文案领域的应用可以极大地提升创作效率和质量，其应用场景包括职场应用文、商业营销文案、新媒体文案、______ 和文艺作品。

2. 在对话互动中，AIGC 工具可以通过模拟不同的情境，与用户进行角色扮演和互动，例如模拟面试和 ______。

3. 通过 AIGC 工具的优化润色功能可以对文本进行语句校对、风格调整、______ 和内容优化。

4. 图表类 AIGC 工具可以根据用户输入的内容自动生成表格、图表，并且能够快速处理表格数据，执行复杂的 ______ 分析。

5. 演示文稿类 AIGC 工具可以根据用户提供的大纲、文档或 ______ 自动生成 PPT。

6. 图像类 AIGC 工具的生成方式主要分为“文生图”和“______”两种。

7. 音乐类 AIGC 工具可以实现生成词曲编唱、生成纯音乐、根据歌词生成歌曲等功能，其中，生成词曲编唱包括自动创作歌词、AI 辅助作曲、编曲自动化和 ______。

8. 视频类 AIGC 工具的智能剪辑功能可以自动识别视频中的关键帧、进行场景切换和 ______，并根据预设规则和提示词进行剪辑。

二、简答题

1. 简述 AIGC 工具在写作类应用场景中的主要功能。

2. 请列举 AIGC 工具在图像生成中的两种主要方式，并简要说明其特点。

3. 简述音乐类 AIGC 工具在音乐生成中的应用场景。

4. 视频类 AIGC 工具的智能剪辑功能有哪些特点？

第八章

AIGC 的发展与展望

导读

随着人工智能技术的飞速发展，AIGC 已经成为当今科技领域最具影响力和变革性的力量之一。本章将深入探讨 AIGC 的发展历程、产业生态、技术趋势，以及 AIGC 对社会和行业的深远影响。

学习目标

知识目标

1. 掌握 AIGC 的基本概念及其与传统内容生产方式的区别。

2. 了解 AIGC 的三层架构（基础层、中间层、应用层）及其在不同层次中的技术特点和应用场景。

3. 熟悉 AIGC 在技术升级、数据增长、应用场景拓展、数据安全和隐私保护方面的未来发展方向。

技能目标

1. 学会通过 AIGC 工具对数据进行分析，提取有价值的信息，并应用于实际问题解决。

2. 能够识别 AIGC 应用中的潜在风险（如知识产权问题、虚假信息等），并掌握基本的应对策略。

3. 初步了解多模态内容生成的概念，并尝试通过 AIGC 工具实现简单的文字与图像、音频与文字之间的转换。

素质目标

1. 通过学习 AIGC 技术的应用与发展，培养创新意识和探索精神，勇于在内容创作和技术应用中尝试新的方法和思路。

2. 提高对新兴技术的适应能力和学习能力，能够快速掌握并应用 AIGC 等前沿技术。

3. 培养对 AIGC 技术的批判性思维，能够理性地看待 AIGC 带来的机遇与挑战，避免盲目乐观或过度担忧。

4. 思考 AIGC 对社会的影响，培养关注社会问题、服务社会的意识，在未来的学习和工作中能够积极履行社会责任。

第一节 AIGC 的发展

2022 年，ChatGPT 横空出世，掀起了 AIGC 的热潮。2023 年以来，各行各业都在竞相引入这项技术，那些能够跟上 AIGC 潮流的企业将能取得长足发展。

一、AIGC 的产业生态体系与内容创作阶段

AIGC 技术的进步与创新为各行各业带来了深刻的变革，推动了产业的发展。

1. AIGC 的产业生态体系

随着 AIGC 在各个领域的广泛应用，它已成为人工智能技术发展的新趋势，推动 AI 迈入一个新的时代。从目前初步形成的产业生态结构来看，AIGC 的框架分为三个层次。

（1）基础层。

第一层为基础层，即以预训练模型为基础搭建的 AIGC 技术基础设施层。以 2020 年推出的 GPT-3 模型为例，根据公开资料，GPT-3 训练的硬件和电力成本高达 1 200 万美元。ChatGPT 采用的 GPT-3.5 系列模型更为强大，训练成本也更高。

（2）中间层。

第二层为中间层，即垂直化、场景化、个性化的模型和应用工具。中间层可以快速生成场景化、定制化、个性化的小模型，实现在不同行业、垂直领域的工业流水线式部署。

（3）应用层。

第三层为应用层，即面向客户端用户的文字、图片、音视频等内容生成服务，人们日常接触到的很多 AIGC 应用就属于这一层。

2. AIGC 内容创作的三个阶段

在 2021 年之前，AI 生成的主要是文字内容，并且 AI 只能作为创作的辅助。新一代 AI 模型问世后，AIGC 可以处理更多格式的内容，包括文字、语音、图像、视频、代码等，AI 可以在创意、表现力、迭代、传播、个性化等方面协助创作者。ChatGPT 横空出世后，AIGC 开始高速发展，其中深度学习模型的不断完善、开源模式的推动让 AIGC 在内容创作方面取得了较大突破。

（1）助手阶段。

在助手阶段，AIGC 发挥着辅助工具的作用，帮助人们进行内容创作。早期的 AIGC 能够依据特定的模板或规则，进行基本内容的生成与输出。然而，这一生产过程的灵活性不足，大部分 AI 模型依赖于预设的统计模型或专家系统来执行特定的任务，因此生成的内容常常显得单薄、刻板，容易出现与主题不符的情况。

（2）协作阶段。

在协作阶段，AIGC 能够与人类进行更紧密的互动，携手创作内容。借助人类的输入与 AIGC 的深层学习，AIGC 可以更准确地把握人类的意图与需求，从而生成更加丰富、有趣和个性化的内容。AIGC 甚至可以以虚实并存的虚拟人物形态出现，形成人机共生的局面。研究者普遍认为，在终极元宇宙（元宇宙是人类运用数字技术构建的，由现实世界映射或超越现实世界，可与现实世界交互的虚拟世界，具备新型社会体系的数字生活空间）形态中，工作和生活将被数字化，在线的时间显著增长、三维数字世界、高度智能的 AI 技术等将带来人类数字经济的高度繁盛。终极元宇宙将是科技与人文的结合，是科技对人的体验和效率的赋能，是技术对经济和社会的重塑。

互联网内容生产方式经历了 PGC—UGC—AIGC 的过程。PGC（Professionally Generated Content）的含义是专业生产内容，如 Web 1.0 和广电行业中专业人员生产的文字和视频，其特点是专业、内容质量有保证。UGC（User Generated Content）的含义是用户生产内容，伴随 Web 2.0 的概念而产生，其特点是用户可以自由上传内容。随着自然语言生成技术和深度学习模型的成熟，AIGC 逐渐受到大家的关注，目前它已经可以自动生成文字、图片、音频、视频，甚至 3D 模型和代码。AIGC 将极大地推动元宇宙的发展，元宇宙中大量的数字原生内容需要由 AI 创作。表 8－1 所示为内容生产方式的演变过程。

表 8－1　内容生产方式的演变过程

互联网时代	Web 1.0	Web 2.0	Web 3.0/ 元宇宙
内容生产方式	专业生产	用户生产	AI 生产
特点	专业	内容丰富	高效率

（3）原创阶段。

原创阶段是对 AIGC 未来的设想，希望它能够实现完全的自主创作。当然，从目前的技术水平来看，这只是一个美好的愿景。为了实现这一愿景，AIGC 必须不断发展和完善其核心技术，并扩展其产品种类。只有这样，AIGC 才能超越文本、音频和视觉这三种基本形式，探索包括嗅觉、触觉、味觉和情感在内的更多形态，AIGC 的原创阶段才有可能真正到来。

随着 AIGC 走向原创阶段，原创内容生成的成本会更加低廉，真正实现高效低价的“有人格的 AI”。

目前，人们已经认同 AIGC 的出现意味着将创作者从复杂的基础性工作中解放出来，使他们能够把更多的精力放在创意表达上，这是未来内容创作行业的发展趋势。

智慧碰撞

AIGC 在内容创作中经历了从助手阶段到协作阶段，再到未来的原创阶段的演变。请结合实际应用场景，思考并讨论以下问题。

（1）在你所熟悉的内容创作领域（如写作、绘画、音乐等），AIGC 目前处于哪个阶段？请举例说明。

（2）你认为 AIGC 在该领域实现原创阶段的最大挑战是什么？

（3）如果 AIGC 在未来完全实现自主创作，你认为这对创作者和消费者会分别带来哪些机遇和挑战？

二、AIGC 的发展趋势

AIGC 是一种新型的人工智能技术，涉及机器学习、自然语言处理和计算机视觉等多个领域。随着人工智能技术的持续进步，AI 行业正迅速崛起，成为当前科技和商业界的热门话题之一。

1. AI 技术的不断升级和改进

随着 AI 技术的不断发展，AIGC 的应用场景也在不断扩大。现在，AIGC 已经大量应用于金融、医疗、教育、物流等领域，未来还将应用于更多的领域，如智能家居、智能交通等。

2. 数据量的不断增加和数据质量的不断提升

随着互联网和物联网的不断发展，数据量正在呈指数级增长，而且数据的质量也在不断提升。这意味着 AIGC 算法的训练数据来源越来越广泛，同时模型的准确率也越来越高。

3. 应用场景的不断拓展和创新

未来，AIGC 将成为商业和社会转型的重要驱动力。

4. 对数据安全和隐私保护的重视程度的提高

随着 AI 技术的不断发展，人们对数据安全和隐私保护的关注也在不断增加。未来，AI 行业将加强数据安全和隐私保护技术的研究和应用，以确保数据安全，保护隐私。

当前，AIGC 技术和产业生态正进入发展的快车道。AIGC 在内容生成中的覆盖率将快速提升，应用规模快速扩大，预计 2030 年 AIGC 的市场规模将超过万亿元。当前，百度、腾讯优图、阿里巴巴、快手、字节跳动、网易、商汤、美图、科大讯飞等企业都加大在 AIGC 领域的投入。AI 产业正在迅速从技术探索转向商业化应用，AIGC 行业的活跃度显著提高。领军企业的主动参与将推动 AIGC 在行业中的应用进程。展望未来，随着微软等大型企业的加入和技术的不断更新，AIGC 结合搜索、知识图谱等技术，有望进一步扩展 AI 的应用场景，加速商业化落地。

拓展新知

我们应该如何应对 AIGC 带来的变化

随着 AIGC 的发展，许多传统的职业和工作将会消失，同时会出现许多新的职业和工作。为了适应这种变化，我们需要改变教育的方式和内容，从传统的知识教育向技能教育转变。学校应该注重培养学生的创造力、解决问题的能力和合作精神，使他们具备适应未来社会的能力。

同时，我们也需要加强对 AIGC 的教育和普及，让人们了解 AIGC 的基本概念、应用领域、优缺点以及可能带来的影响，这样才能更好地应对 AIGC 带来的变化。

在 AIGC 的影响下，未来的职业将变得更加多样化和灵活。人们需要不断学习和适应新技术，发展新的技能和知识。因此，职业生涯规划变得尤为重要。每个人都需要了解自己的优势和弱点，并制定相应的职业生涯规划，不断培养自己的兴趣和创新能力，并根据市场需求进行调整和更新。

AIGC 的发展提出了许多必须解决的道德和治理问题。必须确保用于训练人工智能系统的数据集是多样的，并具有社会代表性。此外，必须制定道德准则，防止开发危害社会或歧视某些群体的人工智能系统。

政府在应对 AIGC 带来的变化方面起着重要的作用。政府需要制定相应的政策和法规，保护公众的利益和安全，同时鼓励和支持创新和发展。政府还需要投资相关的研究和开发，以推动技术的进步和应用。

公众的参与是应对 AIGC 带来的变化的重要因素。公众需要了解 AIGC 的基本概念、应用领域和潜在风险，以及如何适应和利用新技术。协作是管理 AIGC 带来的变化的关键。政府、行业领袖和民间社会组织必须共同制定政策和法规，以确保负责任地开发和使用人工智能。

在使用 AIGC 的过程中，我们不仅需要技术支持，还需要人才支持。因此，我们应该重视 AIGC 技能人才的培养，提高人才的素质和技能水平，为实现 AIGC 技术应用和产业发展提供人才保障。

总之，AIGC 是一种变革性技术，它有可能彻底改变我们的生活和工作方式。然而，我们必须在识别和解决与 AIGC 开发相关的潜在风险方面保持警惕。通过共同努力，我们可以确保 AIGC 是一支向善的力量，并能为所有人创造繁荣和公平的未来。

三、AIGC 对社会的影响

腾讯研究院发布的《AIGC 发展趋势报告 2023：迎接人工智能的下一个时代》指出，AIGC 的商业化应用将快速成熟，市场规模会迅速壮大。当前 AIGC 已率先在传媒、电商、影视、娱乐等数字化程度高、内容需求丰富的行业取得重大发展，市场潜力逐渐显现。

1. AIGC 改变人们的工作模式

随着科技的不断发展，AI 逐渐进入人们的日常生活中，并逐步改变人们的工作模式。

AIGC 是一项创新的人工智能技术，提供多种办公功能，如文本编辑、表格处理和演示制作等。与传统的办公软件相比，AIGC 的突出特点在于其强大的人工智能辅助能力。借助深度学习和自然语言处理技术，AIGC 可以理解用户的输入，提出智能建议和解决方案，从而显著提升工作效率。

例如，在文本编辑方面，AIGC 可以根据用户输入的内容自动生成摘要，帮助用户快速获取信息；在表格处理方面，AIGC 可以自动识别和填充数据，减少手动操作；在演示文稿制作方面，AIGC 可以自动生成幻灯片模板，节省用户的时间。

此外，AIGC 还具有强大的数据分析能力。通过机器学习算法，AIGC 可以从大量的数据中提取有价值的信息，为决策提供支持。这对需要处理大量数据的企业来说，无疑是一种强大的工具。

目前，AIGC 为协同办公带来了两个显著变化：首先，传统的办公软件将被更适合人机共生或具备人机协作能力的新型软件取代，甚至可能出现多模态办公工具。其次，未来每个人都能够利用 AI 技能，灵活地完成多种职业任务，并输出工作成果。例如，在写作过程中，AIGC 可以提供自动纠错、智能推荐词汇、语法优化等功能，使用户能够更轻松地完成工作。未来，AIGC 的发展将推动办公软件向更多的平台拓展，如智能手机、平板计算机等。同时，办公软件厂商也可能将 AIGC 与云服务结合，使用户的工作数据和配置能够实时同步，提供更好的协作和灵活性。

2. AIGC 赋能企业创新

随着 AI 技术的发展，越来越多的企业开始关注和探索 AI 在业务中的应用，AI 技术可以帮助企业提高生产效率、优化生产计划等。例如，通过与 5G 技术的结合，AIGC 能够实现设备间大量数据的快速传输，提高工厂的自动化水平。同时，AIGC 在图像识别、语音识别、预测性维护等领域的应用，也能够大幅提高企业的生产效率。

（1）提高生产效率。

AIGC 的应用能够实现生产线的自动化和智能化，降低人工干预，从而提升生产效率。以制造业为例，AIGC 可以应用机器视觉和深度学习技术进行缺陷检测，减少不良品率，进而提高生产效率。

（2）优化生产计划。

AIGC 可以通过分析历史订单、库存等数据，制订更优的生产计划，降低库存成本，提高产能利用率。例如，在钢铁制造企业中，AIGC 可以通过预测市场需求和价格波动，优化生产计划，降低生产成本。

（3）智能维护与故障预测。

AIGC 可以通过监测设备的运行数据，预测设备的维护需求和故障风险，降低设备的维护成本和故障对生产的影响。例如，在电力行业中，AIGC 可以通过分析设备的运行数据，预测设备的故障风险，提前进行维护，降低设备故障对生产的影响。

（4）协同设计与生产。

利用 AIGC 可以实现不同部门之间的协同工作，提高设计部门与生产部门之间的沟通效率，降低沟通成本。例如，在汽车制造企业中，AIGC 可以将设计部门的设计方案转化为生产部门的制造指令，实现自动化、智能化的生产线控制。

值得注意的是，AIGC 的应用过程中存在一些挑战。首先，AIGC 需要大量的数据作为训练基础，而企业中往往存在数据采集与处理的问题。其次，AIGC 的应用过程需要专业的技术人员进行维护和优化，而这种人才在当前市场上相对稀缺。此外，AIGC 在应用过程中还需解决隐私保护、数据安全等问题。

第二节　AIGC 的风险与展望

AIGC 是 AI 领域的重要研究方向，ChatGPT 的出现掀起了关于 AI 的讨论热潮。ChatGPT 及其 API 的开放，都进一步推动了 AIGC 的发展。在可预见的未来，AIGC 将被广泛应用于各行各业的内容生产实践中，成为互联网内容行业的新一轮增长点。然而，人们也需要警惕 AIGC 带来的诸如虚假信息等的风险与挑战。

一、AIGC 的风险

随着 AI 技术的持续进步，传播主体正在从单纯的人转向人机共生。在信息的生产、传播、事实核查以及用户互动等各个环节中，AI 技术都扮演着关键的角色。它不仅变革了信息传播和人际沟通的方式，还重新塑造了人、技术与社会之间的互动关系。

然而，AI 领域日新月异的发展也引发了人们对该技术的一系列担忧，如其带来的社会风险、伦理风险，以及对人类主体性的挑战。目前，学界和工业界对 AIGC 存在褒贬不一的看法，虽然其强大的生产能力和适配能力在很大程度上解放了人类生产力，但其在应用过程中带来的内容失真、内容违规、内容侵权、信息冗余、技术伦理等问题，也让人担忧。

1. 知识产权风险

AI 生成的内容有可能侵犯他人的知识产权，这可能导致企业和个人面临法律风险和经济损失。AI 创作引发的知识产权问题主要体现在两个方面：首先，用于训练算法模型的数据有可能侵犯他人的版权；其次，AI 生成的内容是否能够获得版权保护依然存在争议。例如，在 AI 绘画中，深度学习模型训练所用的数据集可能包含受版权保护的作品，若使用这些作品时未经授权，则可能视为侵权行为。根据现有的法律规定，AI 并非著作权人主体，因而其产出不具备著作权。这意味着其他主体可以自由使用和传播由 AIGC 生成的内容。如果企业投入大量资源开发 AIGC 系统以获得商业化的广告创意，这无疑面临较大风险。AIGC 在广告创意生成的过程中，需要受训于海量数据与素材，这些训练数据的著作权归属较难确定。若其中使用了其他公司或平台的素材与数据，有可能引发争议和法律纠纷。而且不同国家和地区对 AIGC 生成内容的著作权认定存在差异，这给跨国广告主和平台带来了较大的不确定性，增加了企业的合规与风险成本。

拓展新知

各平台的版权处理方式

（1）生成物是由作者使用 AIGC 工具创造的，其版权完全归作者所有。

（2）生成物是由平台的 AIGC 工具生成的，其版权归平台所有，但作者可以在非商用的情况下自由使用图片，对于商用的情况，只有付费用户有权自由使用。

（3）生成物是由公共的作品数据训练而成的，其知识产权也不应由某个机构或个人占有，而是应该回归大众，任何人生成的作品都可以由其他人自由地以任何符合法律规定的形式使用。

2. 道德伦理与法律风险

AI 创作在提高生产效率的同时，也存在着道德伦理与法律风险。

首先，AI 创作可能会对人类的伦理观念和价值判断产生影响。目前，机器学习生成的内容在形式和逻辑上越来越成熟，甚至能够“以假乱真”。以近期非常受欢迎的 ChatGPT 为例，它能够生成结构完整的文本，并对各种问题给出看似合乎逻辑的回答。然而，这些生成的文本或回答中可能含有严重的错误，或含有与人类基本伦理观念相悖的有害信息。当前，AIGC 运用的语言模型是在大量的文本数据上训练的，其中包括虚构作品、新闻报道和其他类型的文本。AIGC 可能无法准确地区分数据集中的事实和虚构类文本，这导致它可能生成不准确或不恰当的回答。这些有害的内容如果无法受到有效的识别和控制，可能影响人们的伦理取向与价值判断。例如，AIGC 缺乏背景知识和对文化差异的理解力，尤其缺乏对不同文化和社会背景的细微差别和复杂性的理解，这可能导致它生成不恰当或令人反感的回答。OpenAI 在 2021 年发布的 GPT-3，就被发现有时会产生虚假或误导性的信息。

其次，AI 技术可能被滥用、误用，比如被用于抄袭、恶搞，甚至被用于危害国家安全、社会公共利益和个人生命财产安全的活动。AIGC 应用的门槛较低，使得有害内容的创作者具备分散性、流动性和隐蔽性等特点，这可能导致虚假信息及违反社会公序和伦理标准的内容在网络上泛滥，从而影响网络生态。以撰写新闻稿为例，AIGC 生成的假新闻可能会扰乱社会秩序、引发公众恐慌，甚至影响国家安全和社会稳定。因此，有必要对 AI 创作进行法律约束，特别是对 AI 技术使用者的行为进行有效约束，防范安全风险与伦理风险。

3. 人类被替代的风险

就目前 AI 技术的发展水平来看，其创作主要基于模仿，AI 缺乏人类的情感和思想，如果 AI 脱离了与人之间的交流和沟通，尚无法创作出高水平的艺术作品。2022 年 8 月，在美国科罗拉多州举办的艺术博览会中，一位没有绘画基础的参赛者提交了一份由 AIGC 生成的画作《太空歌剧院》，并获大奖，这引起业内关于“ AI 是否能取代艺术家”的一场争论。与人类的创作过程相比，AI 创作具有快速、量大、多元等特点，正在艺术创作、绘画、影视编辑等领域引发变革。按这种发展态势，未来世界中可能充斥着由 AI

创作的画，而人类创作的作品却被埋没。许多人对 AI 创作可能对传统艺术、文化造成冲击表示担忧。人们对画家失业的焦虑或许源于人类艺术作品中的高质量创作逐渐减少。然而，AIGC 实际上是一种赋能工具，艺术家可以利用其在素材搜集和信息整合方面的优势，进而将更多的时间用于创作。因此，人工智能与人类创作并非对立，两者可以和谐共存并相互促进，其中的密码或许在于人机结合的方式。

4. 数据处理、隐私与安全风险

合规的数据收集、存储和处理措施是保护用户隐私权的关键。以 ChatGPT 为例，作为 AI 生成内容的热门应用，ChatGPT 在模型训练阶段、应用运行阶段涉及海量数据的处理。一般认为，模型的成熟度以及生成内容的质量都与训练数据高度相关。与此同时，训练数据所包含的隐私风险也将映射到生成内容上。目前，训练数据的风险集中在数据收集阶段，即数据处理者在处理训练数据中的个人信息前，是否尽到告知的基本责任，确保个人信息处理的合法性、正当性、必要性。数据清洗和标注阶段的核心任务是将收集到的数据处理成机器可读并适合训练的格式。在这一过程中，会检查数据集中是否有大量可识别的个人信息或敏感数据，以降低训练数据的风险。

当前，对训练数据的需求庞大，以 GPT-3 模型为例，其在训练阶段使用了多达 45TB 的数据。随着 AIGC 技术的发展，已有的有效网络数据将无法满足训练模型所需的数据量，与此同时，数据获取的成本也在不断上涨，在这样的背景下，合成数据（Synthetic Data）开始进入市场。以人脸数据为例，如果将一个自然人所能提供的人脸数据设为 1 个人脸数据，那么通过合成、编辑等处理过程，对基础的人脸数据（五官或表情）进行调整，可以获得 10 个或者 100 个人脸数据，大大降低了训练数据的成本和获取难度。合成数据也需进行个人信息保护，根据《互联网信息服务深度合成管理规定》，深度合成服务提供者和技术支持者应当提示使用者依法告知被编辑的个人，并取得其同意。

此外，在数据安全方面，数据准确性、数据保密性和数据合规性是构成数据安全的三大要素。AIGC 所依赖的海量数据可能面临数据泄露、误用的风险，其生成内容的真实性也难以完全保证，可能被用于进行虚假广告宣传等。这就需要企业采用技术手段保护数据安全，并对内容的真实性进行权威验证。例如，在包头警方发布的一起案件中，福州某科技公司的老板郭先生遭遇“AI 换脸拟声”诈骗，10 分钟内被骗 430 万元。据郭先生说，骗子通过 AI 换脸和声音模拟技术，以自己好朋友的身份拨打视频电话，说在外地竞标，让郭先生通过公对公账户转款——由于视频中朋友的形象十分逼真，加上自己对朋友的信任，郭先生转了款。之后很快他意识到受骗，并报警拦截，但仍然有 93 万元被转移。这类 AIGC 技术诈骗在多地都有发生，除了换脸拟声，犯罪分子还能利用 AIGC 技术，按照理财、相亲等需求属性智能筛选受害人，生成相应的诈骗脚本。

目前，我国对于 AIGC 涉及的隐私问题，主要可以参考《中华人民共和国个人信息保护法》《中华人民共和国数据安全法》《数据出境安全评估办法》等法律法规。因此，在使用 AIGC 工具时，要确保数据的使用符合相关法律法规，避免违规。AI 服务提供者要确保用户提供的个人信息符合《中华人民共和国个人信息保护法》的规定，并获得用户的明确授权。

回顾人类历史，技术创新总伴随着新的法律和伦理挑战。这些问题并不可怕，真正令人担忧的是我们逃避这些挑战，任由技术不受控制地发展，或因害怕出现问题而停止技术进步。我们需要追求工具理性与价值理性的平衡。无论是 AI 创作还是人机结合，在追求技术创新时，都应始终保持社会责任感，努力使技术更好地为人类服务。

智慧碰撞

AIGC 技术的快速发展带来了诸多风险，如知识产权问题、虚假信息传播和伦理争议等。请思考并讨论以下问题。

（1）你认为在 AIGC 应用中，哪一种风险最值得关注？为什么？

（2）针对你所关注的风险，提出一种可能的应对策略，并说明其可行性和局限性。

（3）从个人、企业和政府的角度出发，分别可以采取哪些措施来降低 AIGC 带来的风险？

二、AIGC 的展望

AIGC 引领数字内容创作领域的全新变革，有望塑造数字内容生产与交互新范式，成为未来互联网内容生产的基础设施。AIGC 将作为生产力工具推动元宇宙的发展，并进一步推动 AI 技术更广泛地应用。

1. 个性化内容生成

AIGC 的不断发展使更加个性化的内容生成成为可能。例如，AIGC 可以根据用户的兴趣和需求生成更加符合用户口味的新闻、广告、商品信息等内容。又如，AIGC 可以通过学习大量的音乐数据，生成具有旋律和声的音乐作品。这不仅为音乐人提供了更多的创作素材，还可以让普通用户体验个性化的音乐创作过程。AIGC 还可以根据用户的喜好和情感倾向，生成特定风格的音乐，提供更加个性化的音乐推荐服务。

2. 多模态内容生成

未来，AIGC 有望实现多模态内容生成的功能，这意味着能够同时生成文字、图片、视频等多种类型的内容。这将显著扩展 AIGC 的应用领域，并创造更多的商业机会。多模态的应用为生成模型带来了新的机遇和挑战。在生成模型中，多模态的应用可以为 AIGC 提供更丰富的输入信息，帮助模型更好地理解和生成内容。具体而言，多模态在生成模型中的作用包括以下 3 个。

（1）信息融合。

通过融合多种感官模态的数据，模型能够获取更全面和准确的输入信息，提高生成结果的质量和多样性。

（2）上下文理解。

多模态数据可以提供丰富的上下文信息，帮助模型更好地理解语境和背景，生成更具连贯性和适应性的内容。

（3）跨模态生成。

多模态数据可以用于实现不同感官模态之间的转换和生成。例如，将一段文字描述转换为图像，或者将一段音频转换为文字。需要强调的是，大模型和多模态数据的处理对计算资源和存储空间的需求非常高，这给硬件和算法的效率带来了挑战。为了解决这一问题，可以采用分布式计算和并行处理的方法，通过运用分布式系统和高效计算平台来提升训练和推理的效率。此外，还可以使用模型压缩和加速技术，如通过模型剪枝、量化和混合精度训练来减少大模型的计算和存储需求，提高运行效率。多模态数据的融合和对齐是实现多模态生成的关键。不同模态的数据可能具有不同的表示形式和特征，如何将它们融合到一个统一的表示空间中是一个挑战，这个挑战可以通过多模态表示学习的方法来解决，即通过共享的表示空间，将不同模态的数据映射到同一空间，实现模态之间的对齐和融合。

3. 智能对话生成

未来，AIGC 技术将实现智能对话生成，能够通过分析和学习用户的语言数据，实现更自然、流畅的交流。这将显著提升人机互动的效率和质量，有助于 AI 技术的推广和发展。随着技术的不断进步，AIGC 将在更多领域中发挥关键作用。未来，我们可能会看到更加智能的聊天机器人、能够自动生成创意的广告系统、能够根据用户需求进行个性化创作的音乐和绘画系统等。

人们可以期待 AIGC 向更加智能化、自主化、可持续化的方向发展，并在更多的领域得到应用。

德润课堂

2025 年 2 月 14 日，江苏省苏州市发布了《苏州市支持人工智能领域人才发展的若干措施》，围绕人才引进、培养、评价、激励、服务等方面，集成推出了 9 条针对性举措，其中，对顶尖人才给予最高 1 亿元项目资助和最高 1 000 万元购房补贴。

当前，苏州已将人工智能列为全市发展的重要产业，形成了涵盖人工智能基础层、框架层、模型层、应用层等较为完整的产业链。

近年来，苏州不断强化政策牵引和生态优化，努力建设人才友好型城市。此次新推出人才措施，旨在进一步抢抓人工智能发展机遇，大力吸引、集聚相关人才，推动人工智能产业高质量发展。

本章小结

本章主要介绍了 AIGC 的发展历程、产业生态、技术趋势及其对社会的深远影响。首先介绍了 AIGC 的产业生态体系与内容创作阶段，包括其三层架构（基础层、中间层、应用层）以及内容创作从助手阶段到协作阶段再到原创阶段的演变过程。其次介绍了 AIGC 的发展趋势，包括技术升级、数据增长、应用场景拓展以及数据安全和隐私保护的重要性。最后介绍了 AIGC 对社会的影响，如改变工作模式、赋能企业创新以及推动元宇宙的发展，同时也探讨了 AIGC 带来的风险与挑战，如知识产权问题、虚假信息传播和伦理争议等。

通过本章的学习，读者能够全面了解 AIGC 的现状与未来的发展方向，掌握其在技术、应用和社会层面的核心价值，同时学会理性看待 AIGC 带来的机遇与挑战，并思考如何在 AIGC 时代实现个人和企业的创新发展。

课后研思

一、填空题

1. AIGC 的产业生态体系包括基础层、中间层和 ______。

2. AIGC 内容创作的三个阶段分别是助手阶段、______ 阶段和原创阶段。

3. AIGC 技术的进步推动了从 PGC（专业生产内容）到 UGC（用户生产内容）再到 ______ 的演变。

4. AIGC 的发展趋势之一是数据量的不断增加和 ______ 的不断提升。

5. AIGC 在内容创作中的应用可以解放创作者，使其将更多的精力放在 ______ 上。

6. 在 AIGC 技术的应用过程中，需要应对的挑战包括数据采集与处理、专业人才稀缺以及 ______ 保护等问题。

7. AI 生成的内容可能侵犯他人的 ______，这将给企业和个人带来法律风险和商业损失。

8. AIGC 的未来发展方向之一是实现 ______ 内容生成，即同时生成文字、图片、视频等多种形式的内容。

二、简答题

1. 简述 AIGC 的三层产业生态体系。

2. AIGC 内容创作的三个阶段分别有什么特点？

3. AIGC 的发展趋势有哪些？

4. AIGC 对社会的影响主要体现在哪些方面？

参考文献

[1] 唐滔，郁云，王震. 人工智能基础与应用 [M]. 北京：中国人民大学出版社，2025.

[2] 王忠元，周蓉. 人工智能：AIGC 基础与应用 [M]. 北京：中国人民大学出版社，2025.

[3] 唐贤传，许斗. 人工智能概论 [M]. 上海：上海交通大学出版社，2024.

[4] 杨阳，等. 人工智能基础与实践 [M]. 北京：北京邮电大学出版社，2024.

[5] 丁艳. 人工智能基础与应用 [M]. 2 版. 北京：机械工业出版社，2024.

[6] 贾艳光，李宗远. 人工智能应用基础 [M]. 北京：高等教育出版社，2024.

[7] 王北一，蒙志明. AIGC 应用实战：慕课版 [M]. 北京：人民邮电出版社，2024.

[8] 张亭婷，汤景，陶蕊. 生成式人工智能（AIGC）应用 [M]. 北京：北京希望电子出版社，2024.

[9] 雷波. AIGC 应用实战互动咨询 + 办公应用 + 教育学习 + 文案写作 + 绘画设计 + 视频音频 [M]. 北京：化学工业出版社，2024.

[10] 黄源，张莉. AIGC 基础与应用 [M]. 北京：人民邮电出版社，2024.

[11] 杜雨，张孜铭. AIGC：智能创作时代 [M]. 北京：中译出版社，2023.

[12] 陈雪涛，张子烨. AIGC 的未来：探索前景与市场机会 [M]. 北京：中国经济出版社，2023.